DU PAPYRUS
À L'HYPERTEXTE

DU MÊME AUTEUR

Apprendre à lire des fables, Montréal, Le Préambule, 1989.

Christian Vandendorpe

DU PAPYRUS À L'HYPERTEXTE

Essai sur les mutations du texte et de la lecture

Boréal

Les Éditions du Boréal remercient le Conseil des Arts du Canada
ainsi que le ministère du Patrimoine canadien et la SODEC
pour leur soutien financier.

Cet ouvrage a été publié grâce à une subvention de la Fédération canadienne
des sciences humaines et sociales, dont les fonds proviennent du Conseil
de recherches en sciences humaines du Canada.

L'auteur remercie les Collections spéciales des bibliothèques de l'Université
d'Ottawa et de Queen's University (Kingston), qui lui ont généreusement
ouvert leurs trésors.

Dépôt légal : 3e trimestre 1999
Bibliothèque nationale du Québec

Diffusion au Canada : Dimedia

Données de catalogage avant publication (Canada)

Vandendorpe, Christian

Du papyrus à l'hypertexte : essai sur les mutations du texte et de la lecture
Comprend des réf. bibliogr. et un index.
Publ. en collab. avec : La Découverte.

ISBN 2-89052-979-7

1. Communication écrite. 2. Hypertexte. 3. Multimédias interactifs. 4. Lecture. 5. Communication écrite – Histoire. I. Titre.

P211.V36 1999 302.2'244 C99-941186-1

Pourquoi premier chapitre ? Il serait aussi bien partout ailleurs. D'ailleurs, je dois avouer que j'ai écrit le huitième chapitre avant le cinquième, qui est devenu ici le troisième.

CHARLES NODIER, *Moi-même*

Présentation

Jusque vers la fin des années soixante-dix, on pouvait encore croire que l'ordinateur n'aurait d'effet que sur les domaines scientifique et technique. On se rend compte aujourd'hui que cet appareil et les technologies qui l'accompagnent sont en train de révolutionner la façon même dont notre civilisation crée, emmagasine et transmet le savoir. À terme, cette mutation transformera l'outil le plus précieux que l'homme ait inventé pour construire ses connaissances et élaborer son image de soi et du monde : le texte. Et comme celui-ci n'existe qu'en fonction de la lecture, les mutations du premier auront des répercussions sur la seconde, de même que celles de la seconde entraîneront nécessairement la mise en place d'autres modes de textualité. On ne lit pas un hypertexte comme on lit un roman, et la navigation sur le Web procure une expérience différente de la lecture d'un livre ou du journal.

C'est à ces bouleversements qui touchent tous les plans de notre civilisation qu'est consacré cet ouvrage. Celui-ci s'inscrit au croisement de travaux de plus en plus nombreux qui portent sur l'histoire de la lecture (Chartier, Cavallo, Manguel, Quignard, etc.), l'hypertexte (Aarseth, Bolter, Landow, Laufer, etc.), l'ordre de l'écrit (Christin, Ong, Derrida), la « fin » du livre et la médiologie (Debray).

La problématique abordée posait inévitablement la question du « format » ou, si l'on préfère, du média. Fallait-il opter pour un livre ou pour un hypertexte ? Même si l'absence de maturité de ce dernier justifie en dernière analyse le recours au support papier pour cet ouvrage, il pouvait paraître inconséquent de réfléchir à l'aide d'outils anciens sur un phénomène aussi important pour notre civilisation que la révolution numérique et hypertextuelle. Quelle serait la valeur d'un point de vue qui ne serait étayé par aucune expérimentation ? Le lecteur ne pourrait-il pas soupçonner l'essayiste d'être biaisé à l'égard du nouveau média, de mener un combat d'arrière-garde ou de prêcher pour sa chapelle ? Par honnêteté intellectuelle, autant que par esprit de recherche, l'essentiel de la présente réflexion a donc été d'abord rédigé à l'aide d'un outil d'édition hypertextuelle élaboré à cette fin et dont les fonctions se sont raffinées au fur et à mesure que se précisaient les besoins. Ce n'est qu'à l'étape finale de la rédaction que les pages ainsi créées ont été intégrées dans un traitement de texte et retravaillées en vue d'une publication imprimée. Une telle démarche était nécessaire pour éprouver de première main les conséquences du choix d'un média sur l'organisation interne et sur le contenu même de la réflexion proposée ici.

Si le livre a d'emblée une fonction totalisante et vise à saturer un domaine de connaissances, l'hypertexte, au contraire, invite à la multiplication des hyperliens, dans une volonté de saturer les associations d'idées, de « faire tache d'huile » plutôt que de « creuser », dans l'espoir de retenir un lecteur dont les intérêts sont mobiles et en dérive associative constante. Chaque concept convoqué à l'intérieur d'un hypertexte est ainsi susceptible de constituer une entrée distincte qui, à son tour, pourra engendrer de nouvelles ramifications ou, plus justement, de nouveaux rhizomes. Il faut ajouter à cela que, par sa nature, un hypertexte est normalement opaque, à la différence du livre qui présente des repères multiples et constamment accessibles. Il en découle que la dynamique de lecture est très différente d'un média à un autre. Alors que la lecture du livre est placée sous le signe de la durée et d'une certaine continuité, celle de l'hypertexte est caractérisée par un sentiment d'urgence, de discontinuité et de choix à effectuer constamment. En fait, chaque lien hypertextuel remet en question l'éphémère contrat de lecture passé avec le lecteur : celui-ci poursuivra-t-il sa quête en cliquant sur l'hypermot ou abandonnera-t-il ?

Cette dynamique de la lecture a forcément des répercussions sur la mise en texte, tant le scripteur a tendance à moduler sa réflexion sur la forme d'attention qu'il s'attend à recevoir. Dans le cas qui nous occupe, le passage du format hypertexte au format livre a engendré des regroupements considérables et une plus grande cohérence des points de vue, l'élimination d'un bon nombre de redondances et des modifications d'ordre énonciatif dans les renvois internes. Toutefois, l'ouvrage est sans doute encore fortement marqué par la forme première sous laquelle il a été conçu. Au lieu d'être organisé selon une structure arborescente, il se présente sous la forme de blocs de texte, qu'on peut aussi voir comme des chapitres, ou mieux encore comme des entrées offertes à la réflexion — ce qui rapproche cette entreprise du genre de l'essai. La version hypertextuelle contenait de nombreux liens d'une page à une autre, ce qui permettait au lecteur de suivre le fil associatif le plus approprié. Pour la version papier, il a évidemment fallu renoncer à cette logique associative, ce qui a rendu plus aigu le problème de l'agencement des entrées. L'ordre chronologique ne convenait pas, du fait que la plupart de celles-ci ne relèvent pas d'une perspective historique. Un ordre logique n'était pas plus évident, car plusieurs points de vue s'entrelacent ici. Fallait-il alors choisir l'ordre alphabétique ? Depuis plus de huit siècles, c'est celui qui indique au lecteur qu'il n'y a pas d'ordre imposé, comme dans les dictionnaires. Mais il serait inexact de croire que les chapitres de ce livre sont indépendants les uns des autres. En fait, il a été possible de les regrouper en diverses grappes en fonction des thématiques abordées, entre lesquelles on découvrira une continuité certaine et qu'il est donc recommandé de lire de façon séquentielle.

Le lecteur pourrait aussi choisir de naviguer à partir de l'index, en explorant d'abord les entrées les plus denses. De même, sous la forme de l'hypertexte, les pages qui présentent le plus d'affinités entre elles sont celles qui possèdent le plus d'hypermots pointant réciproquement de l'une à l'autre. On verra ainsi que l'entrée « tabularité » est la plus importante. S'il y a un fil conducteur dans cet ouvrage, c'est bien là qu'il faut le chercher, et dans le concept opposé qu'est la linéarité. En spatialisant l'information, le texte tabulaire permet à l'œil de se poser où il veut et au lecteur d'aller directement au point qui l'intéresse. À ce concept sont étroitement liées les notions de codex et de *volumen,* et naturellement celle d'hypertexte. L'ensemble de cet ouvrage est évidemment dominé par la question de la lecture, qui est abordée sous les divers angles du sens et de l'effet, du contexte, de la lisibilité, des filtres cognitifs et des automatismes. La façon dont on conçoit la lecture détermine aussi, en dernière analyse, la mise en forme du texte et la part de contrôle que l'auteur accepte de donner au lecteur ou qu'il choisit de se réserver. Sur ce plan, l'ordinateur a le pouvoir de bouleverser radicalement la donne établie par des millénaires de culture écrite.

Un écueil auquel se heurte le projet poursuivi ici, et qui explique aussi la forme éclatée de cet ouvrage, est l'impossibilité de catégoriser les multiples incarnations que peut prendre le texte, d'en embrasser l'infinie diversité. Voilà déjà plus de deux siècles, les auteurs de l'*Encyclopédie,* tâchant de définir cet objet informe qu'est le livre, croyaient pouvoir en proposer les catégories suivantes.

> Par rapport à leurs qualités, les livres peuvent être distingués en :
> — livres clairs et détaillés, qui sont ceux du genre dogmatique [...]
> — livres obscurs, c'est-à-dire dont tous les mots sont trop génériques et qui ne sont point définis [...]
> — livres prolixes [...]
> — livres utiles [...]

> — livres complets, qui contiennent tout ce qui regarde le sujet traité. Relativement complets [...]

Cette classification vaut presque celle qu'une encyclopédie chinoise aurait dressée des animaux, selon ce que rapporte Borges :

> Ces catégories ambiguës, superfétatoires, déficientes rappellent celles que le docteur Franz Kuhn attribue à certaine encyclopédie chinoise intitulée *Le Marché céleste des connaissances bénévoles.* Dans les pages lointaines de ce livre, il est écrit que les animaux se divisent en (a) appartenant à l'empereur, (b) embaumés, (c) apprivoisés, (d) cochons de lait, (e) sirènes, (f) fabuleux, (g) chiens en liberté, (h) inclus dans la présente classification, (i) qui s'agitent comme des fous, (j) innombrables, (k) dessinés avec un très fin pinceau de poils de chameau, (l) et cætera, (m) qui viennent de casser la cruche, (n) qui de loin semblent des mouches (1967, p. 141)*.

L'approche présentée ici, est-il besoin de le préciser, n'est ni classificatrice, ni historique, ni encyclopédique et ne prétend surtout pas à l'exhaustivité. Elle vise seulement à offrir une réflexion sur un bouleversement culturel qui se produit sous nos yeux et à tenter d'en saisir quelques-uns des enjeux.

---

* Pour ne pas alourdir le texte, nous avons généralement incorporé à celui-ci, entre parenthèses, les renvois relatifs aux citations, sous la forme d'un chiffre correspondant à la page du livre d'où est tirée la citation, et ce, lorsque le nom de l'auteur est mentionné dans les lignes qui précèdent immédiatement. Si plusieurs textes du même auteur sont utilisés, l'ouvrage est identifié par l'année de publication. Lorsque le nom de l'auteur ne figure pas dans le texte, le renvoi fait généralement l'objet d'une note. La liste des ouvrages cités se trouve à la fin du volume.

Au commencement était l'écoute

L'expérience littéraire et le rapport au langage sont longtemps passés par l'oreille, qui est aussi notre première voie d'accès au langage. Pendant des millénaires, c'est oralement que conteurs, aèdes et troubadours ont fait leurs récitals devant des publics venus les écouter. De ce fonds d'oralité première, la littérature ne se délivrera que tardivement, et peut-être jamais totalement.

La situation d'écoute se caractérise par un triple niveau de contraintes : *a*) l'auditeur n'a pas la possibilité de déterminer le moment de la communication ; *b*) il n'en maîtrise pas le débit, prisonnier qu'il est du rythme choisi par le conteur ; *c*) en matière d'accès au contenu, il n'a aucune possibilité de retourner en arrière afin de sélectionner, dans un récit déjà connu, la séquence qui l'intéresse particulièrement : il doit suivre le fil, irrémédiablement linéaire parce qu'inscrit dans le temps, de la récitation qui en est faite.

L'invention de l'écriture va modifier cette situation en transformant la relation du récepteur à l'égard de l'œuvre. Devant le texte écrit, en effet, le lecteur a toujours le choix du moment de la lecture et celui de la vitesse à laquelle assimiler les informations. Il a également, dans une mesure variable selon les types de textes, la possibilité de sélectionner des segments du texte — chapitres, pages, paragraphes — et d'en aborder la lecture dans l'ordre qui lui convient. En somme, l'écrit permet au lecteur d'échapper, en tout ou en partie, aux trois contraintes fondamentales qui caractérisent l'oral. Mais cette libération ne s'est pas faite du jour au lendemain. Longtemps asservi aux normes de la production orale, qu'il s'efforçait de calquer, le texte ne s'en est que progressivement détaché, au fur et à mesure que se perfectionnait son support matériel — en passant de la tablette au rouleau, puis au codex — et que se mettaient en place les repères destinés à faciliter les rapports entre écriture et lecture, faisant ainsi accéder le langage à l'ordre du visuel.

En se plaçant sous le règne de l'œil, toutefois, l'écrit fait disparaître toute la dimension intime que véhicule la voix, avec ses phénomènes de vibré, ses frémissements, ses hésitations, ses silences, ses faux départs, ses reprises, ses tensions. Il prive aussi le lecteur d'une quantité d'informations accessoires, car en plus d'être sexuées les voix sont géographiquement et socialement marquées : elles révèlent l'âge, la culture, voire les attitudes, des personnes qui parlent. Un texte lu à haute voix nous arrive ainsi chargé de toutes sortes d'alluvions attachées à une personnalité donnée.

Si toute voix est signature, autant que peut l'être une empreinte digitale ou une séquence d'ADN, le texte, au contraire, peut se faire parfaitement neutre et dépouillé de toute référence à la personne qui l'a porté et conçu. Il semble même que ce soit là un idéal dont le texte scientifique se rapproche de plus en plus, et nous verrons plus loin pourquoi. Cette neutralité tendancielle de l'écrit exacerbera paradoxalement la recherche du style, dont Buffon a mis en valeur la composante individuelle avec sa formule célèbre : « Le style, c'est l'homme même. » Tentative désespérée pour restituer dans le texte la signature de la voix, telle que l'idéalise l'écrivain, le style trouve sa justification ultime dans la phrase qui « se lit bien », c'est-à-dire qui « se dit bien ». On sait que, pour Flaubert, une phrase n'était considérée comme achevée que lorsqu'elle était passée avec succès « par le gueuloir ». Et, cent ans plus tard, Michel Tournier renchérira : « Quand j'écris, je m'écoute écrire, et c'est encore à haute voix que j'essaie ensuite mon texte écrit[1]. » Ce n'est pas un hasard si le questionnement stylistique s'est accentué dans la deuxième moitié du XIXe siècle, au moment précisément où la mécanisation de l'imprimerie devait assurer à l'écrit une prépondérance absolue. Aujourd'hui, par un curieux retour des choses, cette recherche littéraire du style semble de plus en plus tournée vers une redécouverte de l'oralité, comme pour compenser le gouffre toujours plus profond qui se creuse entre la parole et une écriture de plus en plus mécanisée et standardisée.

Certes, il a fallu longtemps avant que le texte cesse de passer principalement par la voix. La façon de lire qui nous paraît aujourd'hui normale ne l'était pas chez les Grecs ni chez les Romains, qui concevaient la lecture comme le moyen de rendre le texte à travers la voix. Les gens assez fortunés, d'ailleurs, ne lisaient pas eux-mêmes, mais se faisaient lire le rouleau par un esclave spécialisé. Ce n'est qu'à une période tardive que la lecture est devenue visuelle. Ainsi, vers 400, Augustin, évêque d'Hippone, raconte-t-il son émerveillement d'avoir vu lire Ambroise uniquement avec les yeux. Le vieil érudit, en effet, dans sa quête du sens allégorique des textes bibliques, avait appris à lire sans remuer les lèvres : « *vox autem et lingua quiescebant*[2] ». En fait, ce n'est qu'aux environs du XIIe siècle, selon les historiens de la lecture, que les livres seront véritablement conçus en vue d'une lecture silencieuse. Il aura fallu pour cela que l'on mette en place diverses innovations d'ordre tabulaire propres au codex et, surtout, que l'on renonce à l'écriture continue des Romains, la *scriptio continua,* pour introduire une séparation entre les mots, opération qui apparaît vers le VIIe siècle mais qui ne deviendra vraiment courante qu'au XIe siècle.

---

1. Cité par Drillon, 1991, p. 83.

2. « Sa voix et sa langue étaient tranquilles », *Confessions,* 6.3.

Il faudra encore longtemps avant que les méthodes d'apprentissage prennent en compte cette révolution. Jusque vers le milieu du XXe siècle, l'école visait d'abord à inculquer à l'enfant un mécanisme de lecture à haute voix. Cela se traduisait, chez l'adulte, par des habitudes de subvocalisation dont des spécialistes comme Richaudeau ont dénoncé les inconvénients sur la vitesse de lecture. Cette forme de lecture oralisée était certes parfaitement adaptée à la poésie, longtemps dominée par les phénomènes de rythme et de sonorités ; elle convenait déjà beaucoup moins au roman et elle est totalement inadéquate à la lecture de journaux, de dossiers ou de pages Web.

Écrit et fixation de la pensée

L'écrit a été la première grande révolution dans l'ordre intellectuel. Selon la judicieuse expression de Walter Ong (1982), il a permis la « technologisation » du mot et entraîné l'établissement d'un nouveau rapport au langage et à la pensée.

Aussi longtemps que l'expérience du langage était exclusivement orale, la réalité n'était jamais très loin derrière les mots. Les échanges entre les êtres se faisaient en leur présence physique et la subjectivité du langage coïncidait avec la situation de communication : le « je » correspondait à une personne réelle, le « ici » et le « maintenant » s'accordaient avec le lieu et le moment de l'échange. Avec l'apparition de l'écrit, on s'affranchira de la situation réelle et des données immédiates qui entourent la communication, que l'on deviendra progressivement capable de traduire textuellement et de recréer à volonté. Pour une part importante des échanges, désormais, le texte tiendra lieu de contexte.

En permettant de fixer la pensée, l'écriture en démultiplie la puissance et en modifie le régime. Elle introduit une possibilité d'ordre, de continuité et de cohérence là où régnaient la fluidité et le chaos. À l'état naturel, en effet, rien n'est plus labile que la pensée : les associations se font et se défont constamment, emportées par des perceptions sans cesse nouvelles et la prégnance des réseaux d'associations. À chaque minute, une nouvelle constellation mentale est ainsi susceptible de se former, aussi différente de la précédente que les vagues qui déferlent sur un littoral, dont chacune recombine les gouttes d'eau dans une structure nouvelle dotée d'une énergie propre. Placée sous le signe de l'éphémère et du mouvant, la pensée apparaît comme aussi insaisissable que la fumée, aussi multiple et ondoyante que le scintillement de la lumière sur la mer. Ainsi que l'exprime Maurice Blanchot en un fin paradoxe :

> De la pensée, il faut dire d'abord qu'elle est l'impossibilité de s'arrêter à rien de défini, donc de penser rien de déterminé et qu'ainsi elle est la neutralisation permanente de toute pensée présente, en même temps que la répudiation de toute absence de pensée (p. 57).

L'écriture introduira un nouvel ordre dans l'histoire de l'humanité en ce qu'elle permet d'enregistrer les traces d'une configuration mentale et de les réorganiser à volonté. Grâce à elle, une pensée peut être affinée et travaillée inlassablement, connaître des modifications contrôlées et des expansions illimitées, tout en échappant à la répétition qui caractérise la transmission orale. Ce qui était fluide et mouvant peut devenir précis et organisé comme le cristal, la confusion peut céder la place au système. Bref, avec l'écrit, les productions de l'esprit entrent dans l'ordre objectif du visible.

Ce n'est pas seulement le rapport d'un individu à ses propres pensées qui est modifié par l'écriture, mais le rapport aux pensées d'autrui, telles qu'elles sont objectivées par le texte et sous l'empire desquelles on accepte de se placer temporairement dès que l'on se met à lire.

Puissance du signe écrit

Comme le note le sémioticien Jean Molino : « Le texte n'inscrit que ce qui est important, il a un rapport particulier avec la vérité » (p. 22). Dans l'imaginaire des hommes et la mémoire des cultures, l'écriture est effectivement investie d'une formidable valeur symbolique. Chez les Assyriens et les Babyloniens, les scribes constituaient une caste aristocratique qui prétendait voir dans l'arrangement des étoiles « l'écriture du ciel ». Pour les anciens Égyptiens, l'écriture était la création du dieu Thot, qui en avait fait don aux hommes. Le mot « hiéroglyphe » signifie d'ailleurs « écriture sacrée » et la plume du scribe était aussi le symbole de la vérité[1]. Dans la culture hébraïque, le livre est sacré en tant que dépositaire de la parole de Dieu.

Les Grecs de l'époque classique n'ont pas connu de caste chargée de préserver le secret de l'écriture et ont ainsi été moins portés à sacraliser le livre. Critique à l'égard de l'écriture, Platon s'est inquiété des transformations que cette invention

1. Jackson, 1982, p. 23.

risquait d'apporter à la culture traditionnelle. Considérant qu'elle constituait une extension de la mémoire de l'homme, tant la mémoire individuelle que la mémoire sociale, il pressentait que l'écriture allait transformer la façon dont la tradition s'était transmise jusqu'alors. C'est sans doute par attachement à la tradition orale, encore vivace chez son maître Socrate, que le philosophe a composé une grande partie de son œuvre sous forme de dialogues :

> Pour Socrate, les textes écrits ne sont rien d'autre qu'un adjuvant de la mémoire pour celui qui sait déjà ce dont il est traité dans ces écrits, mais ils ne peuvent jamais dispenser la sagesse ; c'est là le privilège du discours oral (Curtius, p. 371).

De même, la Rome antique n'a guère magnifié le livre. Mais la situation changera radicalement avec l'avènement du christianisme. Peut-être en raison de ses racines judaïques, la religion chrétienne est profondément pénétrée de la pensée du livre et de l'écriture, et c'est elle qui sera à l'origine de la diffusion du codex. Dès les premiers siècles de notre ère, elle accordera une place de choix à la représentation du livre, à tel point que l'on a pu dire qu'elle était une religion du livre[2].

Issue de la double source judéo-chrétienne, cette valorisation du livre se maintiendra longtemps. Elle culminera chez un poète comme Mallarmé, selon qui « [...] tout, au monde, existe pour aboutir à un livre » (p. 378). La même exaltation se retrouve chez des écrivains inspirés de la tradition juive, tel Edmond Jabès.

À titre hypothétique, on peut se demander si cet extraordinaire prestige de l'écrit, qui dépasse les seuls aspects fonctionnels d'une invention majeure, ne reposerait pas sur le fait que la lecture du texte combine deux sens majeurs, à savoir la vue, qui est le sens noble par excellence, et l'ouïe, qui est le sens

2. Parkes, 1993, p. 14.

associé à notre première expérience du matériau linguistique. Ces deux instruments de saisie des données extérieures se sont longtemps combinés dans le mouvement de la lecture — du moins aussi longtemps que celui-ci a été accompagné de phénomènes de vocalisation ou de subvocalisation. Et cette fructueuse combinaison qui se produit dans l'esprit du lecteur tend à placer le texte sous le sceau de la vérité, la vocalisation apportant la confirmation de ce qui avait d'abord été perçu par l'œil, et vice-versa.

Écriture et oralité

Longtemps l'écrit a été perçu comme une pure transcription de la parole — ou, à la rigueur, comme un simple « supplément » à celle-ci, selon la position classique développée par Rousseau dans l'*Émile* :

> Les langues sont faites pour être parlées, l'écriture ne sert que de supplément à la parole ; s'il y a quelques langues qui ne soient qu'écrites et qu'on ne puisse parler, propres seulement aux sciences, elles ne sont d'aucun usage dans la vie civile[1].

Loin de rompre avec cette position, la linguistique moderne qui se constitue avec Saussure posera la primauté de l'oral comme principe méthodologique de base :

> Langue et écriture sont deux systèmes de signes distincts ; l'unique raison d'être du second est de représen-

1. Cité par Derrida, 1967, p. 429.

> ter le premier ; l'objet linguistique n'est pas défini par la combinaison du mot écrit et du mot parlé ; ce dernier constitue à lui seul cet objet. Mais le mot écrit se mêle si intimement au mot parlé dont il est l'image qu'il finit par usurper le rôle principal ; on en vient à donner autant et plus d'importance à la représentation du signe vocal qu'à ce signe lui-même. C'est comme si l'on croyait que, pour connaître quelqu'un, il vaut mieux regarder sa photographie que son visage (p. 45).

Derrida s'attaquera de front à ces positions « traditionnelles » et se fera le tenant d'une grammatologie dans laquelle l'écrit serait investi d'une autorité et d'une légitimité égales à celles dont jouit l'oral. Dans ce débat, chacune des parties peut à juste titre se réclamer de la modernité. D'une part, en effet, la linguistique a dû renverser le mépris dans lequel l'être alphabétisé tient généralement l'état d'oralité primaire, lequel renvoie, dans l'expérience individuelle, à des souvenirs de la petite enfance. En se fondant sur une méthodologie rigoureuse, cette discipline a pu se constituer en science et obtenir des résultats remarquables, ne serait-ce que dans le champ de la phonologie. D'autre part, la conception dérivée de Hjelmslev, qui voit dans l'écrit un code autonome, est également moderne et peut s'appuyer, entre autres, sur les développements de la sémiotique et, au point de vue historique, sur le lent mouvement par lequel le texte et la lecture se sont dégagés de leur gangue primordiale d'oralité. Il ne fait guère de doute aujourd'hui qu'une langue écrite peut fonctionner sans référence à une langue maternelle orale apprise dans la petite enfance. Toutefois, même si la forme de lecture socialement valorisée tend à éviter le canal de l'oralisation, la question de l'imbrication entre mécanismes oculaires et phonologiques est plus mystérieuse que jamais. Alors que dans les années quatre-vingt on considérait la lecture comme un phénomène purement visuel et indépendant de la voix, des études psychologiques récentes semblent indiquer que l'oralité serait toujours présente dans la lecture sur le plan des mécanismes cérébraux et que les codes phonologiques seraient activés dès qu'il y a fixation oculaire sur des textes[2].

Sans chercher à trancher autrement la question de la primauté entre code oral et code écrit, rappelons-en brièvement les principales différences.

Le discours oral se déroule dans un flux temporel irrémédiablement linéaire. L'auditeur ne peut donc pas se fier aux diverses sections d'un discours ; il ne peut pas faire défiler celui-ci en accéléré pour ne s'arrêter qu'aux grandes articulations ou y retrouver aisément une phrase. Même avec des moyens d'enregistrement modernes, l'oral reste essentiellement prisonnier du fil temporel et installe son auditeur sous la dépendance de celui-ci. Cette situation entraîne des conséquences multiples.

Les études d'anthropologie culturelle, comme celle de Walter Ong (1977), ont montré que les sociétés orales ont en commun un certain nombre de caractéristiques dans leur utilisation du langage.

La plus importante de celles-ci, que relèvent toutes les études sur les littératures orales, est un goût marqué pour les expressions stéréotypées et les formules. Ce trait est probablement le plus étranger à notre conception moderne du littéraire, placée depuis la révolution romantique sous le sceau de l'originalité. Dans son étude sur les *hain-tenys* — poèmes improvisés par deux récitants rivaux au cours de joutes poétiques qu'organisait la société malgache traditionnelle —, Jean Paulhan avait déjà montré que la connaissance des expressions et des formules, ainsi que leur glorification, constituaient le motif même de cette activité[3]. C'est à ce même goût de la formule qu'il faut rattacher le genre des *kenningar* dans la poésie

---

2. Voir notamment l'article de Rayner *et al.*, 1998.

3. On trouvera d'autres exemples d'oralité malgache, et notamment des *kabary*, qui se rapprochent des *kenningar*, dans l'ouvrage de Jean-Louis Joubert consacré aux *Littératures de l'océan Indien* (www.refer.org/textinte/litoi/1-1.htm).

islandaise des alentours de l'an 1000, dans lesquels les auteurs de sagas accumulaient force métaphores figées : « tempête d'épées » pour « bataille », « nourriture de corbeaux » pour « cadavre ». Énigmatiques pour nous qui ne faisons pas partie de la communauté interprétative à laquelle ils étaient destinés, ces jeux poétiques ont été qualifiés par Borges d'« une des plus froides aberrations consignées dans les histoires de la littérature » (1951, p. 171).

L'aspect formulaire a aussi des conséquences sur le choix des thèmes, qui se limitent à un noyau de situations récurrentes et standardisées. Cette pauvreté thématique va de pair avec une tendance du locuteur à privilégier l'abondance plutôt que la concision et à recourir à des épithètes pour désigner des personnages ou des réalités. À un niveau plus profond, certains anthropologues estiment que la situation d'oralité primaire, qui caractérise toutes les sociétés primitives, avait aussi des conséquences sur la pensée elle-même. Pour Ong, « les cultures orales ne s'expriment pas seulement en formules, mais pensent en formules » (1977, p. 103).

Indépendamment du type de société ou d'époque, un examen des énoncés oraux fait apparaître chez les interlocuteurs une grande tolérance envers les problèmes de structuration et d'organisation du discours. La dérive thématique y est presque inévitable, du fait qu'un locuteur est souvent incapable de résister à l'attrait d'un nouveau cours de pensées surgi par association avec ce qu'il était en train de dire. En outre, le discours oral va laisser dans l'informulé quantité de données relatives à la situation et au contexte global, étant donné que les interlocuteurs sont en présence l'un de l'autre et qu'ils peuvent se contenter le plus souvent de faire une référence implicite à la situation partagée.

Alors que l'oral spontané est ainsi marqué par les insuffisances énonciatives liées à une production placée sous le signe de l'urgence et qui charrie inévitablement les stigmates de sa genèse, l'écrit apparaît comme la face idéalisée du langage, le lieu où celui-ci peut prétendre à la perfection.

Normes de lisibilité

C'est un jeu complexe de normes de lisibilité, élaborées au fil des siècles, qui a donné au texte son maximum d'efficacité et en a permis une lecture facile et rapide. Ces normes n'émanent pas d'une autorité unique, mais découlent des pratiques et des règles établies par les multiples instances qui participent à la production du texte, de l'auteur au libraire, en passant par les comités de lecture ou de rédaction, l'éditeur, le correcteur d'épreuves, le maquettiste, l'imprimeur, les jurys de prix littéraires, les critiques et, naturellement, les lecteurs.

Norme de régularité visuelle de la masse textuelle, d'abord. Cette exigence, déjà présente dans les stèles et les papyrus anciens, sera réaffirmée au sortir des époques de grande barbarie. Ainsi, Charlemagne confiera à Alcuin le soin d'établir, dans les *scriptoria* ou ateliers de copistes des monastères, la superbe cursive manuscrite qu'est la petite caroline. Grâce à des procédures éprouvées et parfaitement rationalisées, l'écriture des scribes professionnels atteindra à une régularité surprenante. Mais c'est avec l'introduction de l'imprimerie vers 1460 que la présentation du texte sera portée à son point de perfection mécanique, car il sera alors possible d'assurer avec une précision sans faille sur des centaines de pages le calibrage des lettres, la régularité de l'espacement entre les mots, ainsi que de l'interligne et de la justification. Tous ces procédés, loin d'avoir une simple fonction ornementale, visent à assurer la régularité du matériau visuel de façon à faciliter l'acte de lecture, en permettant d'en confier la plus grande part à des procédures cognitives automatisées et en évitant la production d'effets parasites. Une typographie soignée est ainsi la première alliée du lecteur. Elle contribue aussi à rendre le livre agréable à lire, et à créer une impression favorable à la réception du message. Le format joue également un rôle et on en a longtemps cherché un qui offre à la vue des proportions harmonieuses :

> Dans les proportions de dimensions de pages, les éditeurs ont aussi cherché à se rapprocher du nombre d'or, c'est-à-dire 1:1,618, nombre irrationnel dont la première approximation est la proportion 5:8. C'est sur ces bases qu'on s'est efforcé de calculer les formats de papier, de façon à ce qu'ils donnent de belles pages[1].

Au fil des siècles, il s'est ainsi élaboré dans les milieux de l'édition une sémiotique de l'objet texte qui ne laisse au hasard aucun des aspects du livre. Il peut certes y avoir un conflit entre les exigences de mise en pages et les contraintes économiques, comme le montre la tendance de l'édition populaire à rogner sur les marges. À cet égard, la lecture d'un ouvrage à larges marges, comme on en publiait couramment au XVIIIe ou au début du XIXe siècle, offre un confort de lecture que ne peut égaler une maquette étroite où le texte ne « respire » pas. C'est pour éviter toute confusion entre la colonne de texte et des éléments voisins que le livre en est venu à abandonner la maquette sur deux colonnes, facilement ressentie comme étant trop dense, trop tassée, mais qui pourtant, sur une page assez

1. Druet et Grégoire, 1976, p. 182.

large, offre l'avantage d'offrir une courte ligne de texte, en soi beaucoup plus facile à lire qu'une ligne longue.

Même si les écrivains ont été le plus souvent tenus à l'écart des décisions relatives à l'habillage du texte, il en est, tels Mallarmé ou Valéry, qui y prêtaient une grande attention. Comme le relève non sans fierté Charles Peignot, spécialiste contemporain de la typographie et de l'édition :

> Croyez-moi, Paul Valéry, regardant les caractères, les jugeait plus ou moins lisibles et considérait que leurs dessins créaient autour de son message un climat susceptible de lui être favorable ou non (p. XI).

C'est à cette même volonté de lisibilité optimale qu'il faut rapporter la norme de l'orthographe, dont les imprimeurs finiront par devenir objectivement les plus fidèles garants. Cette prise en charge de la normalisation orthographique se fera progressivement, au fur et à mesure que s'affinera une conscience graphique collective. Sait-on encore, par exemple, que Montaigne écrivait le verbe « connaître » de huit façons différentes (cognoistre, conètre, conoître, etc.) ? Même au début du XVIIe siècle, l'idée d'une graphie unique ne s'était pas encore imposée. Dans l'usage du nom propre, un même individu pouvait ainsi orthographier indifféremment son nom en « Sarasin » ou « Sarazin », comme le note Michel Serres. Durant ce siècle, le débat se fit de plus en plus vif entre les tenants d'une graphie qui serait aussi proche que possible de la prononciation et ceux qui plaidaient pour que la forme du mot garde la trace de particularités systémiques d'ordre morphologique, historique ou étymologique — même si celles-ci étaient parfois discutables, voire purement erronées, tel le *d* que l'on a rajouté au mot « poids » parce qu'on le croyait dérivé du latin *pondus,* alors que ce mot provient de *pensum*. Vivant à une époque où l'orthographe est depuis longtemps normalisée, on a peine aujourd'hui à imaginer le ralentissement que les variations graphémiques imposaient à la lecture du texte, qu'elles contribuaient à maintenir dans la sujétion de l'oralité. En effet, seules des habitudes d'oralisation permettaient à chacun de retrouver le même contenu sémantique sous des graphies différentes. Le lecteur contemporain ne peut éprouver ce genre d'expérience que lorsqu'il est placé devant des orthographes aberrantes, voire des cacographies volontairement délirantes comme celle de Charles Fourier dans sa « Lettre à sa cousine Laure » :

> Geai ressue mât chair l'or, lin vite à sion queue tu mats à dresser pourras l'air dix nez rats sein ment dés, dix manches d'œufs sept ambre. Croix jettant sue plie allant presse m'en deux tond couse ain as eux rang drap déz somme ah scions scie en gage hante.

Comme les disparités orthographiques nuisaient à la vitesse de lecture, et par voie de conséquence à l'expansion de l'écrit, on ne doit pas s'étonner que l'application d'une norme dans ce domaine ait finalement été prise en charge par les ateliers d'imprimerie et que, en matière de majuscules, d'abréviations et autres subtilités, le code typographique soit devenu un modèle de précision, voire la norme absolue en ce qui a trait à l'orthographe. Dans le monde anglo-saxon, qui est, comme on sait, dépourvu d'Académie, ce sont les grandes entreprises de presse et d'édition qui, par leur *manuel de style,* imposent une graphie uniforme dans une aire géographique donnée. Même en France, les décrets de l'Académie française ont été condamnés à rester lettre morte chaque fois qu'ils se sont heurtés aux puissants syndicats du livre et de l'édition.

En matière de ponctuation, le débat a été moins vif que pour l'orthographe, et la responsabilité en a été confiée assez tôt aux imprimeurs. C'est sans doute pour cette raison que, même dans une édition critique, on considère généralement qu'il est légitime de modifier la ponctuation d'un texte ancien en fonction des normes actuelles de lecture. Il suffit de comparer les éditions récentes de textes datant du XVIIe ou du XVIIIe siècle pour voir combien les dialogues gagnent en lisibilité à être présentés de façon moderne, avec le recours à l'alinéa ou à des guillemets pour chacune des répliques.

Les normes de lisibilité jouent aussi, bien évidemment, sur le plan de la syntaxe, dont les développements, loin d'être dictés par l'arbitraire des grammairiens, visent à rendre les constructions aussi univoques que possible. Ainsi, pour recommander ou condamner une construction, Vaugelas se réglait sur les parcours de compréhension du lecteur, en faisant le plus grand cas des maldonnes éventuelles et des fausses hypothèses que risquait d'entraîner l'emploi d'une tournure donnée. Dans ses *Remarques sur la langue française,* publiées en 1647, il critique ainsi comme « lousche » la structure « Germanicus a égalé sa vertu, & son bonheur n'a jamais eu de pareil » parce qu'elle semble à première lecture mettre sur le même plan les mots « vertu » et « bonheur » :

> Lors qu'en deux membres d'vne periode qui sont joints par la conjonction *et,* le premier membre finit par un nom, qui est à l'accusatif, & l'autre membre commence par vn nom, qui est au nominatif, on croit d'abord que le nom qui suit la conjonction, est au mesme cas que celuy qui precede, parce que le nominatif et l'accusatif sont tousjours semblables, & ainsi l'on est trompé, & on l'entend tout autrement que ne le veut dire celuy qui l'escrit[2].

Aujourd'hui, cependant, une telle structure ne créerait aucune difficulté, en raison de la valeur logique acquise par la virgule qui sépare ici les deux noms en question, phénomène dont nous reparlerons plus loin. Le même principe de clarté — que Boileau étendra malencontreusement à tout le domaine de la pensée avec son fameux « Ce qui se conçoit bien s'énonce clairement » — témoigne en réalité d'une conscience et d'un respect extrêmes de l'activité cognitive du lecteur. Ce principe sera réaffirmé constamment par les grammairiens de l'époque :

---

2. Cité par Seguin dans Chaurand *et al.,* 1999, p. 286.

> Pour ce qui est de l'arrangement des paroles, celuy qui est bon contribue beaucoup à la clarté, au lieu que celuy qui est mauvais produit l'obscurité[3].

Le statut mouvant de l'anacoluthe fournit un autre exemple de cette évolution du français vers une élimination des ambiguïtés syntaxiques. Si, aujourd'hui, une phrase du type « Épuisé, son médecin lui avait prescrit trois semaines de repos », si une telle phrase semble humoristique et serait déconseillée dans un écrit ayant une visée informative ou argumentative, on trouvait encore chez La Fontaine, pourtant féru de beau langage, les vers suivants :

> Et pleurés du vieillard, il grava sur leur marbre
> Ce que je viens de raconter (XI, 8).

Depuis, la grammaire a adopté le principe selon lequel un participe placé en tête de phrase doit normalement se rapporter au sujet du verbe principal. Cela restreint certainement les possibilités syntaxiques et amène à condamner une phrase comme celle de Crébillon, où la coréférentialité du participe et du sujet met pourtant le lecteur à l'abri de toute ambiguïté[4] :

> Restée veuve dans un âge où il n'était pas d'engagement qu'elle ne pût former, sa tendresse pour moi ne lui fit envisager d'autre plaisir que celui de m'élever [...].

Mais la règle et la pratique modernes ont pour avantage d'éviter au lecteur toute hésitation lorsqu'il rencontre un participe en tête de phrase, ce qui permet la fabrique du sens au fur et à mesure que les mots sont traités, sans aucunement différer. Chaque microseconde ainsi gagnée se traduit pour le lecteur par une efficacité accrue.

---

3. Le Gras, *Rhétorique française,* 1673, cité par Seguin dans Chaurand *et al.,* 1999, p. 286.

4. Cité par Seguin dans Chaurand *et al.,* 1999, p. 332.

Le même mouvement d'élimination des ambiguïtés est observable sur le plan de la grammaire textuelle. Même si, comme l'a montré Roman Jakobson, la liberté du locuteur s'accroît à mesure qu'on s'élève dans la hiérarchie des réalisations langagières, le texte n'est pas le lieu de la liberté absolue. Diverses contraintes d'ordre textuel, dictées elles aussi par le respect du lecteur et le désir de faciliter son travail, se sont imposées progressivement au rédacteur.

Un exemple de ces contraintes est la règle qui impose de transformer dans un récit à la troisième personne tous les déictiques, ou termes qui renvoient à la situation d'énonciation, tels « hier », « demain », « ici », en leurs équivalents cotextuels : « la veille », « le lendemain », « là ». Ce jeu de transformation, qui est d'apparition relativement récente en français, n'a pas son équivalent exact en anglais. Il n'est pas gratuit cependant, car il évite au lecteur le risque, aussi minime soit-il, de confondre la référence propre à la situation spatiotemporelle de la lecture avec celle du texte.

Au fil des siècles, le raffinement des conventions d'écriture tendra aussi à effacer les traits qui renvoient à la personne de l'auteur en encourageant l'adoption d'une instance d'énonciation historique, dépouillée des traces de subjectivité propres au discours oral. Le « je » et le « moi » céderont ainsi la place soit à un « nous » parfois susceptible d'englober le lecteur, soit à diverses stratégies d'énonciation impersonnelle — du moins dans les écrits de type informatif et scientifique. Ce mouvement existait bien avant que Pascal ne dénonce, dans son aphorisme « Le moi est haïssable », la tendance naïve du « moi » à se placer d'emblée au centre de son discours. En fait, l'historien grec Denys d'Halicarnasse était déjà très conscient de cet impératif d'objectivité, comme en témoigne le début des *Antiquités romaines* rédigé au Iᵉʳ siècle avant notre ère :

> Bien que je ne veuille pas le moins du monde donner les explications qui sont d'usage dans les prologues des Histoires, je suis néanmoins obligé de parler d'abord de moi-même : ce n'est pas en vue de me répandre en ces

louanges personnelles qui, je le sais, paraissent insupportables aux lecteurs [...] (p. 76).

Plutôt que de reposer sur des principes moraux, ce mouvement d'énonciation impersonnelle procède en fait d'une stratégie d'écriture qui vise à faire du texte un espace neutre et débarrassé de tout filtre subjectif susceptible de faire écran à un parfait investissement de la part du lecteur. Tout se passe comme si l'idéal du texte était implicitement de se donner pour une énonciation autonome où personne ne parle à personne. Sans doute le travail intellectuel s'accorde-t-il le mieux à un désancrage radical de la subjectivité : quand le texte est complètement détaché de son énonciateur, il peut en effet être plus aisément examiné de l'extérieur et investi par le lecteur, qui ne sent pas peser sur lui le regard de l'autre — tel le regard paralysant de la Méduse. Cette neutralité du texte facilite son appropriation par l'intellect en mettant hors jeu le domaine des effets et des émotions. On peut certainement établir ici un parallèle avec le fait bien connu qu'un sujet a tendance à détourner le regard au cours d'une tâche de remémoration : pour le psychologue, cette façon de tourner les globes oculaires obliquement vers le haut vise en fait à neutraliser la pression cognitive exercée par l'environnement et à assurer au sujet une concentration maximale. De même, une fois dépouillé de la subjectivité inhérente aux échanges physiques, le texte peut devenir le lieu où la concentration intellectuelle du lecteur se déploiera sans entrave ni pression psychologique d'aucune sorte : les données seront alors directement accessibles à l'intellect comme un pur matériau sémiotique, sans aucun effet parasite ni interférence d'ordre émotif. Avec l'expansion de l'imprimerie, cette neutralité sera de plus en plus perçue comme une caractéristique fondamentale de l'écrit, que viendra renforcer la sobriété de la maquette.

Pour la même raison, le texte scientifique et informatif évite de s'adresser directement au lecteur, car l'emploi du « tu » ou du « vous » exige de la part du récepteur un degré d'implication qu'il n'est pas toujours prêt à octroyer en dehors de l'échange épistolaire. Cela vaut aussi pour le texte de type administratif. À titre d'exemple, il ne fait pas de doute qu'un panneau où serait inscrit « Vous ne pouvez pas fumer » interpelle le lecteur de façon beaucoup plus pressante qu'un simple « Défense de fumer ». Or, on sait qu'une apostrophe trop directe risque de susciter une réponse antagonique, bien plus sûrement qu'une tournure impersonnelle.

La nominalisation, comme on le voit dans l'exemple ci-dessus, contribue à éliminer ces diverses traces de subjectivité. Elle a aussi pour effet de renforcer les traits qui placent un discours sous la marque de l'écrit en accroissant la distance qui l'écarte de l'oral courant. En ce sens, elle constitue un « marqueur de textualité » propre à mettre en valeur le travail d'écriture[5]. La prose scientifique a une affinité particulière pour ce mode d'expression. Ainsi trouve-t-on par exemple dans l'encyclopédie Grolier, sous l'article « Terre » : « La notion de la *rotondité* de la Terre s'appuie sur des faits irréfutables » plutôt que « La Terre est ronde et on en a des preuves ». Quoique peu acceptable à l'oral, en raison de la densité qu'elle impose à l'expression, la nominalisation ouvre de nombreuses possibilités stylistiques, notamment lors de la reprise d'un même fil thématique d'une phrase à une autre. Elle peut même être utilisée pour le simple jeu de la virtuosité pure, comme dans cette phrase de Proust qui avait retenu l'attention de Barthes :

> Mais il ne me répondit pas, soit étonnement de mes paroles, attention à son travail, souci de l'étiquette, dureté de son ouïe, respect du lieu, crainte du danger, paresse d'intelligence ou consigne du directeur[6].

---

5. Sur cette question, consulter Vandendorpe, 1998a.

6. Barthes, 1970, p. 65. Cette phrase est tirée de Proust, *À l'ombre des jeunes filles en fleurs,* Paris, Gallimard, coll. « Bibliothèque de la Pléiade », 1954, I, p. 665.

Le recours à des formes nominales permet ici au narrateur d'énumérer pas moins de huit hypothèses, d'une brièveté remarquable, dans une accumulation qui ne manque pas de produire un effet d'ironie douce. Mais il faut aussi reconnaître que, par le recours massif à l'abstraction, la nominalisation peut facilement déboucher sur un jargon impénétrable derrière lequel s'abriteront les technocrates et les Diafoirus modernes. Aussi ce procédé doit-il être utilisé à dose homéopathique et son maniement exige du scripteur une conscience aiguë du public auquel il s'adresse.

Avec son jeu volontaire sur les ambiguïtés, la rhétorique a été expulsée depuis longtemps du texte scientifique. Dans le monde anglophone, son bannissement avait été proclamé explicitement dès 1666 par la Royal Society de Londres[7]. Et, effectivement, il n'y a pas lieu d'accumuler les fleurs de rhétorique si celles-ci ont une incidence négative sur la vitesse de lecture, ainsi que le prouvent des études scientifiques[8]. En outre, les écarts rhétoriques ont pour effet d'introduire dans le texte une dimension affective qui détourne de la concentration sur son objet propre. Pour ces raisons, les seuls procédés qui survivront sont ceux qui ont pour effet de faciliter la tâche du lecteur en renforçant la symétrie des informations présentées, tels les jeux de parallélisme et d'antithèse.

De même, les brusques variations de registres de langue sont soigneusement évitées parce qu'elles introduisent un jeu rhétorique à l'intérieur du texte et tendent à instaurer un régime de familiarité et d'affectivité susceptible d'être ressenti comme incongru.

Enfin, c'est encore à un besoin de lisibilité que répondent les exigences de cohérence, qui stipulent que tout élément convoqué dans un texte doit entretenir un rapport de pertinence avec le thème central et que les disparités éventuelles entre divers points de vue doivent être « lissées » par des

---

7. Olson, 1977.

8. Miall et Kuiken, 1994.

connecteurs ou des transitions. À la différence de l'oral, qui pratique volontiers le coq-à-l'âne, le texte est censé être centré sur un axe unique, comme le recommande notamment Julien Benda :

> Faire un livre consiste essentiellement, pour moi, à mettre la main sur une idée maîtresse, par rapport à laquelle une foule d'idées que j'ai notées depuis longtemps et dans une certaine direction viendront s'organiser. [...] Une fois que je l'ai, je l'écris sur ma table, de façon à l'avoir toujours sous les yeux ; dès lors, je n'écrirai pas un alinéa sans le confronter avec elle et voir s'il s'y relie bien[9].

Anne-Marie Christin attribue au logocentrisme issu de l'écriture alphabétique notre difficulté à penser l'ambigu, le flou, le flottant (p. 39). Elle oppose notamment à notre tradition celle des habitants de l'île de Pâques, où l'écrit a pour fonction de « ranimer entre regard et parole une dualité active, de susciter de l'une à l'autre un transfert qui soit créateur » (p. 43). On peut certes déplorer le fait que l'écriture, dans notre tradition, ait voulu intégrer dans le texte tous les éléments qui en font un lieu de significations autonome et indépendant du contexte. Mais il faut reconnaître que ce rejet du flottant constitue précisément une condition du fonctionnement optimal de la « machine textuelle » dont la force d'entraînement tient à sa linéarité.

À mesure que se multiplient les contraintes visant à faire du texte un lieu de non-ambiguïté absolue, l'activité du lecteur est certes facilitée et peut devenir de plus en plus rapide et efficace. Elle peut également être assistée par des aides informatisées à la lecture, rendues nécessaires par une masse croissante d'informations à gérer quotidiennement, qu'il s'agisse d'outils capables de fouiller le Web à la recherche d'informations

---

9. Cité par Guitton, 1957, p. 66.

précises ou de programmes de résumé automatique que des équipes de chercheurs sont aussi en train de mettre en place.

En contrepartie, il faut bien reconnaître que les rapports entre la lecture et l'écriture relèvent de ces jeux à somme nulle, où les gains effectués par la première se paient par un alourdissement correspondant de la seconde. Ainsi l'activité rédactionnelle, qui était déjà extrêmement complexe, le deviendra-t-elle encore davantage, surtout si l'auteur veut que ses textes puissent être lus par des audiences de plus en plus larges et éloignées de lui, et qu'ils puissent aussi être pris en charge par les programmes évoqués ci-dessus, voire traduits automatiquement. Il n'est pas nécessaire pour atteindre à ce niveau de lisibilité supérieure que l'on procède d'autorité à une quelconque « informatisation » du français, comme le recommandait par exemple le rapport Danzin : le simple jeu des exigences de la communication dans une société de plus en plus axée sur l'information devrait renforcer, pour le texte scientifique, le mouvement de neutralité et d'objectivité qui est en cours depuis l'expansion de l'imprimerie.

Aussi les codes de lisibilité tendent-ils invariablement à accentuer le décalage entre l'écrit et l'oral. Dans les grandes langues de communication, la situation en est arrivée au point où la littérature, longtemps inféodée aux formes écrites les plus normées, tend à basculer du côté de l'oral courant et familier. Sans doute faut-il voir là un souci chez certains écrivains de combler quelque peu l'écart entre ces deux grands modes d'expression linguistique que sont l'oral et l'écrit, en jouant la carte du langage que tout être parlant a appris en premier et qui, pour cette raison, sera toujours ressenti comme le plus brut, le plus « vrai » et le plus chargé d'émotions.

Linéarité et tabularité

Il est généralement convenu que la lecture est un processus linéaire et que le lecteur prélève des indices sur la page au fur et à mesure qu'il avance, en suivant le fil du texte ligne après ligne. En y regardant de plus près, toutefois, on reconnaîtra que la notion de linéarité ne s'applique pas à de nombreux types d'activité déployés dans la lecture du livre.

La linéarité se dit d'une série d'éléments qui se suivent dans un ordre intangible ou préétabli. Parfaitement exemplifiée par la succession des heures et des jours, elle relève essentiellement de l'ordre du temps, mais s'applique aussi à un espace réduit aux points d'une droite. Ce concept s'oppose à celui de tabularité, qui désigne ici la possibilité pour le lecteur d'accéder à des données visuelles dans l'ordre qu'il choisit, en cernant d'emblée les sections qui l'intéressent, tout comme dans la lecture d'un tableau l'œil se pose sur n'importe quelle partie, dans un ordre décidé par le sujet.

Sur le plan philosophique, le concept de linéarité entre en conflit ouvert avec les tendances de la science du début du XXe siècle, qui a été marquée par la volonté d'éliminer le temps, comme le montrent notamment Prigogine et Stengers.

Pour Einstein, faut-il le rappeler, le temps n'est qu'une illusion qui masque l'immuabilité des lois fondamentales. Surtout, la linéarité a partie liée avec les notions d'autorité et de contrainte : qui dit linéarité dit respect obligé d'un certain nombre d'étapes par lesquelles il faudra passer. En ce sens, la linéarité peut certainement être perçue comme une intolérable entrave à la liberté souveraine de l'individu. Aussi ne faut-il pas s'étonner qu'elle soit devenue le repoussoir par excellence de la modernité. Rien de plus efficace que de condamner le livre en tant qu'objet linéaire, le jugement est d'ordinaire sans appel. Pour Derrida

> [...] la fin de l'écriture linéaire est bien la fin du livre, même si aujourd'hui encore, c'est dans la forme du livre que se laissent tant bien que mal engainer de nouvelles écritures, qu'elles soient littéraires ou théoriques (1967, p. 129-130).

Mais si le livre peut ainsi tout uniment être déclaré linéaire, que devrait-on dire alors de la parole ? Celle-ci se déroule inévitablement dans la durée, car il est impossible que les mots ne soient pas saisis les uns après les autres par la personne qui écoute. Et cette linéarité a un prix : c'est la frustration quotidienne que l'on peut éprouver à devoir écouter à la radio des nouvelles données dans un ordre qui n'est pas le nôtre, ou à devoir recueillir des messages encapsulés chronologiquement dans des boîtes vocales pour la gestion desquelles on ne dispose encore le plus souvent que d'instruments primitifs. En revanche, l'écrit nous permet d'échapper à la linéarité, car l'œil peut embrasser la page d'un seul regard, tout comme il peut se poser successivement sur divers points, choisis chaque fois en fonction de critères différents. Une fois segmenté en divers blocs d'information cohérents, le texte forme une mosaïque que le lecteur pourra aborder à son gré. Sous la forme du codex, qui permet une exploitation raffinée de l'espace, le livre s'est enrichi de nombreux éléments de tabularité, ce qui a contribué à modifier la nature du texte et du langage lui-même, comme le manifeste d'ailleurs l'écart qui s'est creusé entre langue écrite et langue parlée.

Faute de prendre en compte cette nécessaire distinction entre écrit et oral, une réflexion sur la linéarité ne saurait que tourner court. Nous examinerons donc les concepts de linéarité et de tabularité sur les plans du *contenu,* du *matériau langagier* et, dans une autre section, du *média.*

Un récit qui suivrait précisément la trame chronologique fournirait un exemple de linéarité du *contenu,* au moins sous l'aspect événementiel. Si ce récit était donné oralement, il y aurait coïncidence entre linéarité du contenu et linéarité du média. Mais, sous sa forme écrite, ce récit pourrait être disposé sur un média plus ou moins linéaire, allant du *volumen* en usage dans la Grèce et la Rome antiques, par exemple, jusqu'à la page de journal, où les divers paragraphes peuvent être précédés d'intertitres mettant en relief divers éléments d'information, ce qui permet au lecteur de les sélectionner et de les lire dans l'ordre qui l'intéresse.

Sur le plan du contenu thématique et symbolique, les textes sont souvent loin d'être linéaires. En fait, la notion même de texte, qui vient du latin *textus,* renvoie originellement à l'action de « tisser, entrelacer, tresser », ce qui suppose le jeu de plusieurs fils sur une trame donnée et, par leur retour périodique, la possibilité de créer des motifs. Ainsi la métaphore visuelle est-elle présente dans l'idée de texte dès les temps les plus anciens. Cet aspect paradigmatique du texte relève de l'ordre spatial. Le processus d'engendrement de la signification au cours de la lecture n'est donc pas forcément linéaire, et des sémioticiens comme Greimas et Courtés ont bien montré que « l'existence de textes pluri-isotopiques contredit, au niveau du contenu, la linéarité de la signification » (p. 211).

En second lieu, il convient de considérer la nature du *matériau* langagier, qui peut, lui aussi, être plus ou moins linéaire. En effet, tout ce qui interfère, au cours de l'opération de lecture ou d'écoute, avec le fil du déroulement textuel est susceptible de relever d'un jeu volontaire sur la tabularité du matériau langagier, dans la mesure où celui-ci fait apparaître des régularités. Anne-Marie Christin rappelle ainsi que, chez les Dogons, la métaphore du tissu est appliquée à la parole, vue comme « contexture verbale du groupe » (p. 100). De même la poésie peut-elle faire l'objet d'une « lecture tabulaire », selon les termes du Groupe μ, qui a mis en évidence dans le texte poétique les jeux de rythme, de sonorités, de parallélismes et d'isotopies. Pour éviter toute confusion, il faudrait parler alors de « tabularité auditive ». Celle-ci, qui se manifeste par la métrique et les assonances, remonte sans aucun doute à une époque très ancienne où la transmission de l'expérience humaine reposait tout entière sur la voix. La mise en forme tabulaire du matériau sonore répond aux mêmes intentions et a la même fonction que la tabularité visuelle : elle vise à fournir à l'auditeur des patrons sonores qui l'aideront à traiter mentalement les données en leur donnant une prégnance mnémonique. Comme le dit fort pertinemment Ong, qui s'est spécialisé dans les cultures orales :

> Dans une culture orale primaire, si l'on veut résoudre efficacement le problème consistant à retenir et à retrouver une pensée soigneusement articulée, il faut la penser en patrons mnémoniques, configurés en fonction de leur facilité de remémoration orale. La pensée doit alors se présenter dans un rythme fortement scandé, avec des patrons symétriques, comportant des répétitions ou des antithèses, des allitérations ou des assonances, des expressions épithétiques et formulaires, des organisations standardisées [...], des proverbes [...] (1982, p. 34. Notre traduction).

À titre d'exemple, rappelons que la poésie grecque ancienne avait construit une métrique extrêmement sophistiquée, qui tenait compte de la longueur des syllabes ainsi que de l'accent tonique. Elle avait aussi spécialisé différents types de mètres en fonction de divers genres poétiques. Ces patrons sonores extrêmement contraignants aidaient les bardes itinérants à retenir des milliers de vers. Aujourd'hui encore, la structure des dictons et des proverbes — « Qui se ressemble s'assemble », « En avril ne te découvre pas d'un fil » — témoigne de cette étroite affinité entre structure de sens et structure sonore, la première s'appuyant sur la seconde à la fois pour faciliter la mémorisation et pour assurer la production d'un effet de vérité.

Aussi longtemps que la poésie a été inféodée à la parole, la matière sonore occupait donc une place prépondérante. Mais lorsque l'imprimé étendra davantage son emprise, annonçant le triomphe de la tabularité visuelle sur le domaine auditif, un poète comme Verlaine se révoltera contre la dictature de la métrique. La poésie empruntera alors de nouvelles voies, et Mallarmé fera valoir que le mystère du poème ne relève pas seulement des sonorités, mais que le support écrit doit y avoir sa part, lui aussi : « Je sais, on veut à la Musique, limiter le mystère, quand l'écrit y prétend » (p. 385). Dans « Un coup de dés », il s'attachera ainsi à scander visuellement le texte du poème, en jouant sur la grosseur des caractères et la disposition des mots sur la page. Depuis, l'indice matériel de la poéticité est conféré par le jeu du texte sur le blanc de la page, plus que par sa conformité à un code de versification. Mais les sonorités jouent toujours un rôle essentiel en poésie, au point que Breton n'hésitera pas à affirmer que « les grands poètes ont été des auditifs, non des visionnaires[1] ». Et la tabularité auditive continue à être très recherchée aussi par certains langages spécialisés, tels le discours politique et la publicité, qui ont évidemment intérêt à ce qu'un message s'imprime durablement dans les mémoires.

Linéarité et tabularité sont étroitement liées au genre de texte et au type d'ouvrage. L'encyclopédie et le dictionnaire étant par excellence des ouvrages de consultation, ils n'appellent pas une lecture linéaire, dans la mesure où l'on entend par là une lecture qui irait de la première à la dernière page. Dans

---

1. Cité par Meschonnic, 1970, p. 103.

ce type de texte, qui fonctionne implicitement sur le modèle semi-dialogique question/réponse, le contexte n'a pas à être créé de façon élaborée vu qu'il est déjà présent dans le besoin de consultation du lecteur, à qui appartient la formulation de la question.

Au contraire, s'il s'agit d'une épopée ou d'un roman, il est indéniable que le mode d'appréhension normalement attendu de la part du lecteur est de type linéaire. Au premier abord, le récit est le prototype d'une masse verbale linéaire et à tabularité faible ou nulle. Raconter une histoire, c'est d'abord dévider un fil temporel : il y a récit à partir du moment où une situation donnée peut être rattachée à un état antérieur et rapportée à une succession d'événements et d'actions. Pour susciter l'intérêt et le suspense, on va raconter le plus souvent selon l'ordre début-fin : cet ordre est aussi celui qui permet au lecteur ou à l'auditeur de bien ordonner les événements et de percevoir les enchaînements narratifs. Dans la plupart des histoires racontées par des enfants, on ne trouve souvent employés que deux ou trois connecteurs — « puis », « et », « alors » —, qui marquent la contiguïté des actions. À la limite, certains textes ne contiennent pas de division en chapitres ni en paragraphes afin de ne pas donner au lecteur d'autre choix que de suivre le fil du texte, de la première à la dernière page.

Il faut rappeler, au crédit de la linéarité du texte, que celle-ci permet une lecture hautement automatisée. Chaque nouvelle phrase lue servant de contexte à la compréhension de celle qui suit, le lecteur n'a qu'à se laisser emporter par le fil du texte pour produire du sens. Dans la lecture de textes fortement tabulaires et dans celle du fragment en général, les automatismes de lecture peuvent devenir moins performants et jouer un moindre rôle, du fait que le contexte de compréhension doit être recréé avec chaque nouveau bloc de texte.

Dans le cas du récit canonique, la prégnance du fil linéaire est telle que les aspects paradigmatiques n'en seront mis en évidence que tardivement, avec les études structurales de Propp, Barthes et Greimas, notamment. Ces travaux n'auront que peu d'incidences sur la production romanesque courante. Il existe toutefois un nombre croissant d'œuvres qui s'accommodent d'une démarche de lecture tabulaire et même l'encouragent ou l'exigent. C'est le cas, par exemple, de *La Vie mode d'emploi,* de Georges Perec, dont l'index très détaillé permet au lecteur de lire à la suite tous les chapitres où apparaît un même personnage, s'il le souhaite. *Feu pâle,* de Vladimir Nabokov, invite le lecteur à effectuer toutes les relations possibles entre une introduction due à un personnage fictif, un poème de 999 vers en quatre *cantos,* un commentaire sur ce poème et un index. De même, *Le Dictionnaire Khazar,* de Milorad Pavic, offre un cas limite de récit tabulaire où les éléments narratifs sont organisés sous forme d'entrées de dictionnaire, en ordre alphabétique, et qui se vend sous deux versions : pour hommes et pour femmes. Dans la veine du récit tabulaire, il faut évidemment citer aussi ces maîtres que sont Italo Calvino et Julio Cortázar, ainsi que leur ancêtre commun, Laurence Sterne, auteur de l'ineffable *Vies et Opinions de Tristram Shandy* (1760).

Même si le récit canonique est assez éloigné d'une structure hypertextuelle, il ne faudrait pas en conclure qu'il est linéaire. Certes, bien des écrivains jouent sur le fil séquentiel contraignant d'une lecture qui va du début à la fin du livre. Mais c'est afin de créer dans l'esprit du lecteur une structure qui n'a rien de linéaire et pour obliger à des opérations de réorganisation parfois fort complexes, comme on peut le constater en lisant des œuvres aussi diverses que *Sarrazine* de Balzac, *À la recherche du temps perdu* de Proust ou *Chronique d'une mort annoncée* de García Márquez. C'est précisément parce que « l'objet du récit est le temps[2] » que le temps du récit ne coïncide que rarement avec le temps de l'histoire. Dès l'*Iliade,* le récit littéraire s'était démarqué du récit folklorique pour commencer *in medias res.* Depuis, le roman a exploré la plupart des jeux d'achronie qu'il soit possible d'inventer[3].

---

2. Bremond, 1973, p. 89.

3. Sur cette question, voir Genette, 1972.

Mais d'autres éléments sont en jeu dans un roman. Dépassant la métaphore ancienne du tissu, Proust concevait son œuvre comme une cathédrale, soit un espace à trois dimensions où tous les éléments sont organiquement reliés et se répondent dans des symbolismes complexes. Fondamentalement, tout écrivain vise à créer dans l'esprit du lecteur un réseau — hypertextuel avant la lettre — où se répondent des dizaines, voire des milliers, d'éléments. Comme le signale Roland Barthes, « le texte classique est donc bien tabulaire (et non pas linéaire), mais sa tabularité est vectorisée, elle suit un ordre logico-temporel » (1970, p. 37). Cette tabularité interne s'est accentuée chez de nombreux écrivains contemporains, qui juxtaposent les histoires de divers personnages et jouent sur l'alternance de trames narratives concurrentes construites de façon à faire revenir périodiquement des éléments déterminés. Parfois, le passage d'une trame à une autre se fait avec un minimum de transitions, afin d'obliger le lecteur à effectuer de soudaines réorganisations contextuelles.

Dans cette quête d'une tabularité toujours plus appuyée et plus manifeste, le roman moderne tend à emprunter à la peinture ses modes de composition. Dans un entretien avec Philippe Sollers, Claude Simon faisait ainsi remarquer :

> [à partir du moment où] on ne considère plus le roman comme un enseignement, comme Balzac, un enseignement social, un texte didactique, on arrive [...] aux moyens de composition qui sont ceux de la peinture, de la musique, ou de l'architecture : répétition d'un même élément, variantes, associations, oppositions, contrastes, etc. Ou, comme en mathématiques : arrangements, permutations, combinaisons[4].

Ailleurs, le même auteur a montré comment il s'était servi de repères de couleur pour ordonner une série de

---

4. Cité par Denis, 1997, p. D 5.

tableaux narratifs dans *La Route des Flandres* afin de produire dans la lecture de son roman un effet de périodicité. Force est de reconnaître que de tels effets seraient détruits par un accès aléatoire aux divers paragraphes — de la même façon qu'une suite de Bach risquerait fort de perdre l'essentiel de sa beauté si elle était débitée en séquences de quelques notes écoutées au hasard ou au gré de clics de souris. Même dans l'ordre du visuel, où la syntaxe est pourtant très lâche, un tableau ne saurait se résumer à un agglomérat d'éléments de base, fournis par le créateur, et qui seraient agencés par le spectateur.

En dépit des tendances lourdes qui favorisent l'émergence de la liberté du lecteur et des techniques hypertextuelles, on ne peut donc pas évacuer du revers de la main l'idée qu'une œuvre d'art forme un tout et qu'elle transcende la somme de ses parties, ce qui était déjà un des critères de la tragédie chez Aristote :

> Nous avons établi que la tragédie est une imitation d'une action menée jusqu'à sa fin et formant un tout, ayant une certaine étendue ; car il se trouve des choses qui forment un tout, mais n'ont aucune étendue. Forme un tout, ce qui a commencement, milieu et fin. [...] Ainsi les histoires bien agencées ne doivent ni commencer au hasard ni finir au hasard, mais se conformer aux principes que l'on vient d'énoncer (*Poétique,* 1450b).

Si le récit au contenu linéaire a connu tant de succès jusqu'à aujourd'hui, c'est parce qu'il promet implicitement une production maximale d'effets de sens au lecteur qui aurait suivi le fil du texte : très jeune, en effet, on découvre qu'aller chercher la solution d'une énigme avant d'avoir lu le livre serait une façon sûre de se gâcher son plaisir.

Précisons encore que, si un roman sur papier est loin d'être automatiquement linéaire, un hypertexte n'est pas non plus nécessairement non linéaire. Les pages ou segments peuvent s'y enchaîner de manière rigoureuse, obligeant le lecteur à lire dans un ordre fixe, plus fixe encore que les pages d'un livre, parce qu'il est toujours possible d'ouvrir celui-ci à la page désirée, tandis que l'on peut programmer celui-là de façon à contrôler totalement le parcours du lecteur.

Cela dit, par sa nature, l'hypertexte se prête idéalement à des parcours de lecture et de navigation multiséquentielle. Au vu des nombreuses réalisations permises par ces divers médias, il ne semble donc pas possible de maintenir une dichotomie entre médias de type « linéaire » et médias « non linéaires » : de plus en plus de théoriciens refusent d'ailleurs aujourd'hui un tel clivage[5].

5. Voir notamment Aarseth, 1997, p. 47.

Vers la tabularité du texte

À la différence de l'écriture hiéroglyphique, qui tient de sa composante pictographique un aspect visuel et spectaculaire, l'écriture alphabétique a été conçue comme transcription de la parole et inféodée dès sa naissance à l'ordre linéaire de l'oralité. Cette linéarité est parfaitement symbolisée dans la disposition adoptée par l'écrit à ses débuts, où l'on alignait les caractères de gauche à droite pour la première ligne et de droite à gauche pour la suivante, et ainsi de suite, en imitant le trajet de la charrue qui laboure un champ, métaphore qui a donné son nom à ce type d'écriture : le « boustrophedon ». Le lecteur était en effet censé suivre des yeux le mouvement ininterrompu que la main du scribe avait tracé.

L'oralité étendait aussi son emprise sur le support du texte. Sur la feuille de papyrus, qui était en usage depuis −3000, le scribe aligne les colonnes de texte en parallèle jusqu'à ce qu'il soit arrivé à la fin du texte. Malgré les qualités du papyrus, qui en feront le livre par excellence pendant trois millénaires, le fait que celui-ci soit enroulé sur lui-même en un *volumen* imposera de sérieuses limitations à l'expansion de l'écrit et contribuera à le maintenir sous la tutelle de l'oral. On tenait pour acquis que le lecteur lisait de la première à la dernière ligne et qu'il n'avait pas d'autre choix que de s'immerger dans la lecture du texte, déroulant le *volumen* tout comme le conteur dévide son histoire, selon un ordre rigoureusement linéaire et continu. En outre, comme le note Labarre, historien du livre, le lecteur avait besoin de ses deux mains pour dérouler le papyrus, ce qui ne lui permettait pas de prendre des notes ou d'annoter le texte (p. 12). Pire encore, comme nous l'apprend Martial, le lecteur devait souvent s'aider du menton pour réenrouler le *volumen,* ce qui avait pour effet de laisser sur la tranche des marques assez malvenues pour les usagers d'une bibliothèque[1].

L'avènement du codex marquera une rupture radicale avec cet ordre ancien. Dans cet ouvrage, les feuilles pliées et reliées forment ce que nous appelons aujourd'hui un cahier ou un livre. Le codex est apparu quelques dizaines d'années avant notre ère dans la Rome classique à l'époque d'Horace, qui s'en servait d'ailleurs comme d'un carnet de notes. Plus petit et plus maniable que le rouleau, le codex est aussi plus économique parce qu'il permet au scribe d'écrire des deux côtés, voire de gratter la surface pour récrire par-dessus. Mais en raison de son ancienneté, le rouleau jouissait d'une dignité qui le faisait préférer par l'élite des lettrés et que le codex mettra plusieurs siècles à acquérir. Le passage de l'un à l'autre ne sera vraiment effectué dans l'Empire romain qu'au IVe siècle. Et il faudra encore longtemps avant que le nouveau média se libère du modèle imposé par le *volumen* — de la même façon que l'automobile a mis plusieurs dizaines d'années avant de se dégager complètement du modèle de la voiture à chevaux : inertie des représentations culturelles dominantes !

Les milieux chrétiens seront les premiers à adopter le codex, surtout pour répandre le texte des Évangiles. On suppose que le nouveau format, plus petit, plus compact et plus maniable que le rouleau, avait également l'avantage de marquer une rupture radicale avec la tradition rattachée au texte

1. Voir Quignard, 1990a, p. 31.

biblique. Selon les termes de R. Debray, « le christianisme a fait au monde antique de l'écrit le même coup que l'imprimerie lui fera à son tour mille ans plus tard : le coup du léger, du méprisable, du portatif » (1991, p. 132).

L'élément nouveau que le codex introduit dans l'économie du livre est la notion de page. Grâce à celle-ci, il deviendra possible, au cours d'une évolution lente mais irrésistible, de manipuler le texte beaucoup plus aisément. En bref, la page permettra au texte d'échapper à la continuité et à la linéarité du rouleau : elle le fera entrer dans l'ordre de la tabularité.

Aussi le codex est-il le livre par excellence, sans lequel notre civilisation n'aurait pu atteindre son plein développement dans la quête du savoir et la diffusion de la connaissance. Il entraîne l'établissement d'un nouveau rapport entre le lecteur et le texte. Comme le relève Labarre : « Il s'agit d'une mutation capitale dans l'histoire du livre, plus importante peut-être que celle que lui fera subir Gutenberg, car elle atteignait le livre dans sa forme et obligeait le lecteur à changer complètement son attitude physique » (p. 12). En libérant la main du lecteur, le codex lui permet de n'être plus le récepteur passif du texte, mais de s'introduire à son tour dans le cycle de l'écriture par le jeu des annotations. Le lecteur peut aussi accéder directement à n'importe quel point du texte. Un simple signet lui donne la possibilité de reprendre sa lecture là où elle avait été interrompue, ce qui contribue également à transformer le rapport avec le texte et en modifie le statut. L'historienne Colette Sirat note fort justement :

> Il faudra vingt siècles pour qu'on se rende compte que l'importance primordiale du codex pour notre civilisation a été de permettre la lecture sélective et non pas continue, contribuant ainsi à l'élaboration de structures mentales où le texte est dissocié de la parole et de son rythme (p. 21).

À partir du moment où apparaîtra le potentiel de cette unité de forme et de contenu qu'est la page, on verra lentement se mettre en place dans l'organisation du livre divers types de repères conçus pour aider le lecteur à s'orienter plus facilement dans la masse textuelle, à en faire une lecture plus commode et plus efficace, indexée sur l'ordre du visuel. La page constitue en effet une unité visuelle d'information liée à la fois à celles qui la suivent et à celles qui la précèdent. En outre, comme elle peut être numérotée et recevoir un titre courant, la page dispose d'une autonomie que n'avait pas la colonne de texte du *volumen*. Désormais, il est possible de feuilleter un livre et d'en appréhender rapidement le contenu, au moins pour l'essentiel.

Surtout, la page, qui peut être exposée à la vue de tous, permet au texte de cohabiter avec des images. Alors que le papyrus se réenroulait sur lui-même, après la consultation du texte, le codex peut rester ouvert à une double page, tels ces grands psautiers du Moyen Âge exposés dans les églises sur leur lutrin.

La page devient ainsi le lieu où le texte, jusque-là perçu comme une simple transcription de la voix, accède à l'ordre du visuel. Elle va dès lors être travaillée de plus en plus comme un tableau et s'enrichir d'enluminures, chose profondément étrangère au rouleau de papyrus. Le spectacle du codex ouvert devient ainsi emblématique d'une religion qui veut étendre à tous l'idéal de la lecture des textes sacrés et faire partager au monde entier la nouvelle de la Révélation. Diverses innovations favoriseront la mutation du rapport au texte et à la lecture. Parmi celles-ci, il faut mentionner la séparation entre les mots, apparue au VIIe siècle, et qui entraînera des aménagements décisifs dans la mise en forme du texte[2]. Entre le XIe et le XIIIe siècle, on verra se consolider bon nombre des pratiques qui permettent au lecteur d'échapper à la linéarité originelle de la parole, grâce notamment à la table des matières, à l'index et au titre courant. La marque de paragraphe — d'abord simplement signalée dans le texte par le symbole du pied-de-

2. Saenger, 1982, p. 132.

mouche (¶) — facilitera la gestion des unités de sens en aidant le lecteur à suivre les grandes articulations du texte :

> Les innovations dans la présentation des pages manuscrites sont certainement les auxiliaires les plus utiles de l'étude au XIe siècle : titres courants, têtes de chapitres en rouge, initiales alternativement rouges et bleues, initiales de tailles différentes, indication des paragraphes, renvois, noms des auteurs cités… Il est impossible de situer avec précision le moment auquel chacune de ces techniques fut adoptée de manière générale ; néanmoins leur emploi était devenu la norme aux environs de 1220 et l'on retrouve la plupart d'entre elles dans les bibles glosées ou les manuscrits des sentences de la fin du XIIe siècle[3].

Au XVe siècle, la révolution de l'imprimerie sera de nouveau l'occasion d'une réflexion intense sur l'organisation du livre. Febvre et Martin notent ainsi que la page de titre fait son apparition — enfin ! — vers 1480. Après une première période d'enfance du livre moderne caractérisée par ce qu'on appelle aujourd'hui les « incunables » et où l'on se contentait d'imiter aussi fidèlement que possible la forme du manuscrit, les imprimeurs vont bientôt apercevoir tout le potentiel de la page comme espace sémiotique discret :

> Les premiers livres ne connaissaient ni foliotation ni pagination. La numérotation des cahiers, avec des lettres et non des chiffres, n'est pas destinée au lecteur mais à l'artisan qui fabrique et relie le livre. Pour guider l'usager, à la fin de chaque page se lit le premier mot de la page suivante, la réclame. Il faudra attendre la seconde moitié du XVIe siècle pour que, sous l'impulsion des imprimeurs-humanistes, la pagination devienne chose courante[4].

---

3. House et House, 1982, p. 78-79.

4. Hamman, 1985, p. 152.

Si la pagination permet au lecteur de mieux gérer la durée et le rythme de sa lecture, elle favorise aussi la discussion sur les textes, en rendant possible aux lecteurs d'une même édition le renvoi à un même passage. Ce pas une fois franchi, le mouvement de tabularisation s'accentuera et l'imprimerie généralisera le recours aux procédés les plus raffinés d'entrées multiples. Il est désormais permis au lecteur de situer précisément le point où il est arrivé dans sa lecture, d'estimer l'importance respective d'une section par rapport à une autre, bref, de moduler sa progression. Il a également le droit d'oublier les détails de ce qu'il a lu plus tôt, car il sait pouvoir les retrouver rapidement en se reportant à une table des matières ou à un index. Il peut donc se contenter d'écrémer les seuls aspects du livre qui l'intéressent.

Dans bien des cas, en effet, le lecteur construit sa compréhension du texte en se basant sur des indices glanés à divers endroits du livre, surtout quand il s'agit d'un texte étendu. Les repères typographiques tels que le gras, les capitales, l'italique ou la couleur lui fournissent des moyens rapides de catégoriser les éléments qu'il est en train de lire et d'éviter des ambiguïtés au moment de la lecture. À titre d'exemple, le fait qu'un mot étranger soit en italique évitera qu'il soit confondu avec son homonyme français. Enfin, lorsque la matière le justifie, un index des noms propres, un index analytique ou une bibliographie permettent au lecteur de choisir le mode d'accès au texte qui convient le mieux à ses besoins d'information du moment.

Ces aides à la lecture ne se mettront pas en place d'un seul coup, mais se raffineront lentement, dans un processus qui culminera au XIXe siècle[5]. Ainsi, il aura fallu longtemps pour qu'apparaisse la table des matières (XIIe siècle) ou que la notion de paragraphe, déjà conceptualisée dans les manuscrits du XIe siècle sous la forme d'un signe particulier, se traduise finalement par un alinéa — opération que l'on rapporte au

5. Voir Martin, 1995, p. 258.

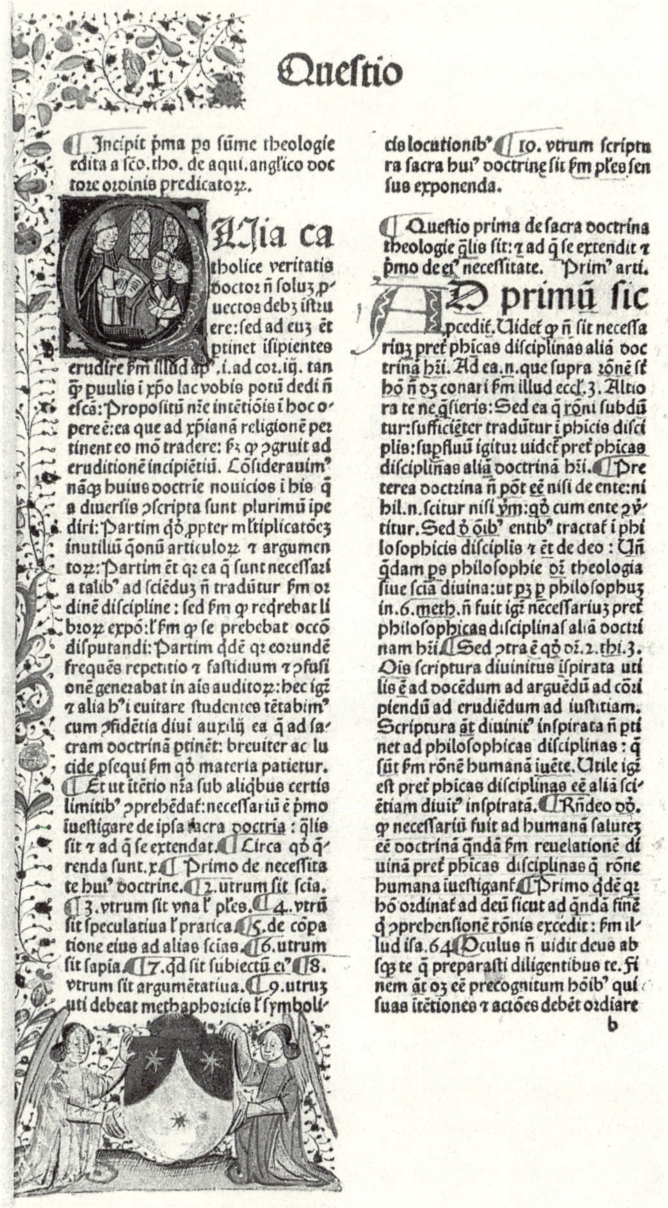

Questio

Incipit pma ps sūme theologie edita a sco. tho. de aqui. anglico doc tore ordinis predicatoꝝ.

Quia catholice veritatis doctor ñ soluz pvectos debz instruere: sed ad euz et ptinet isipientes erudire fm illud ap'. i. ad cor. iij. tanq puulis i xpo lac vobis potū dedi ñ escā: Propositū nře intētiōis i hoc opere ē: ea que ad xpianā religionē pertinent eo mō tradere: fz q ꝯgruit ad eruditionē incipiētiū. Cōsiderauim' nāq huius doctrie nouicios i his q a diuersis ꝯscripta sunt plurimū ipediri: Partim qō ppter m'tiplicatōez inutiliū qōnū articuloꝝ ⁊ argumentoꝝ: Partim ēt qz ea q sunt necessaria talib' ad sciēduz ñ tradūtur fm ordinē discipline: sed fm q reqrebat libroꝝ expō: l' fm q se prebebat occō disputandi: Partim qdē qz eorundē frequēs repetitio ⁊ fastidium ⁊ ꝯfusionē generabat in aīs auditoꝝ: hec igr ⁊ alia h'i euitare studentes tētabim' cum ꝯfidētia diui auxiliij ea q ad sacram doctrinā ptinēt: breuiter ac lucide ꝓsequi fm qō materia patietur. Et ut itētio nřa sub aliqbus certis limitib' ꝯprehēdat: necessariū ē pmo iuestigare de ipsa sacra doctria: qlis sit ⁊ ad q se extendat. Circa qō q̄renda sunt. x. Primo de necessitate hui' doctrine. 2. utrum sit scia. 3. vtrum sit vna l' plēs. 4. vtrū sit speculatiua l' pratica. 5. de cōpatione eius ad alias scias. 6. utrum sit sapia. 7. qd sit subiectū ei' 8. vtrum sit argumētatiua. 9. utruz uti debeat methaphoricis l' symbolicis locutionib' 10. vtrum scriptura sacra hui' doctrine sit fm plēs sensus exponenda.

Questio prima de sacra doctrina theologie qlis sit: ⁊ ad q se extendit ⁊ pmo de ei' necessitate. Prim' arti.

Ad primū sic pcedit. Uidet q ñ sit necessariuz pret phicas disciplinas aliā doctrinā hři. Ad ea. n. que supra rōnē sūt hō ñ dz conari fm illud eccl'. 3. Altiora te ne qsieris: Sed ea q rōni subdūtur: sufficiēter tradūtur i phicis disciplis: supfluū igitur uidet pret phicas disciplinas aliā doctrinā hři. Preterea doctrina ñ pōt eē nisi de ente: nihil. n. scitur nisi vm: qō cum ente ꝯvtitur. Sed d oib' entib' tractat i philosophicis disciplis ⁊ ēt de deo: Uñ qdam ps philosophie dr theologia siue scia diuina: ut pz p philosophuz in. 6. meth. ñ fuit igr necessariuz pret philosophicas disciplinas aliā doctrinam hři. Sed ꝯtra ē qō dr. 2. thi. 3. Ois scriptura diuinitus ispirata utilis ē ad docēdum ad arguēdū ad cōripiendū ad erudiēdum ad iustitiam. Scriptura āt diuinit' inspirata ñ ptinet ad philosophicas disciplinas: q sūt fm rōnē humanā iuēte. Utile igr est pret phicas disciplinas eē aliā sciētiam diuit' inspiratā. Rñdeo dō. q necessariū fuit ad humanā salutez eē doctrinā qndā fm reuelatiōnē diuinā pret phicas disciplinas q rōne humana iuestigant. Primo qdē qz hō ordinat ad deū sicut ad qndā finē q ꝯprehensionē rōnis excedit: fm illud isa. 64. Oculus ñ uidit deus absq te q preparasti diligentibus te. Finem āt oz eē precognitum hoīb' qui suas itētiones ⁊ actōes debēt ordiare

b

Cet incunable de la *Somme théologique* de saint Thomas d'Aquin, imprimé en 1477 à Venise, suit de près la tradition manuscrite. Les lettrines et marques de paragraphe (ou pieds-de-mouche) sont dessinées à la main. Les premières lignes sont en plus gros caractères. On remarquera que la pagination n'a pas encore fait son apparition. La disposition du texte sur deux colonnes et son organisation interne en questions et réponses lui assurent une bonne lisibilité.

Discours de la méthode de Descartes, ouvrage dont la parution marque aussi, en 1637, l'avènement du français comme langue du discours philosophique et érudit.

Ainsi organisé dans l'ergonomie du codex, le texte n'est plus un *fil* linéaire que l'on dévide, mais une *surface* dont on appréhende le contenu par des approches croisées. Comme ils permettent au lecteur de considérer le texte à la façon d'un tableau, ces divers repères seront ici appelés « tabulaires », à la suite notamment de Bernard.

L'art de l'édition oscillera longtemps, peut-être toujours, entre la tentation de soumettre le texte à la norme du continu et celle d'offrir à la vue une page composée sur un mode pictural. Toute l'histoire du livre alterne entre, d'une part, la

Horae divinae virginis Marie secum verum usum Romanum cum aliis multis folio sequenti notatis. Mélange d'almanach et de livre de prières, ce livre d'heures imprimé en 1511, chez Thielman Kerver à Paris, est encore inféodé à la tradition manuscrite. Abondamment illustré, le texte est encadré par des frises et ornementé de lettrines et de mots de couleur.

TITYRE tu patulæ recubans sub tegmine fagi.) Inducitur pastor quidam iacens sub arbore, securus & ociosus, dare operam cantilenæ. Alter uero, qui cum gregibus ex suis pellitur finibus: qui cum Tityrum respexisset, ita locutus est. & hoc loco Tityrum sub persona Vergilij debemus accipere: non tamen ubiq;, sed tantum ubi exigit ratio. Quod autem sub fago dicit iacere, allegoria est honestissima, quasi sub arbore glandifera, quæ fuit uictus causa. Antea enim homines glandibus uescebantur: unde etiam fagus dicta est, ἀπὸ τοῦ φαγεῖν, quod est comedere. & hoc uidetur dicere: iaces sub umbra fagi in agris tuis, tuas retentans possessiones, quibus aleris: sicut etiam glandibus alebantur antè mortales.

P. VERGILII M. BUCOLICORUM ECLOGA PRIMA, siue Tityrus.

Interlocutores, Meliboeus & Tityrus.

MELIBOEUS.

Tityre, tu patulæ recubans sub tegmine fagi.
Agrestem tenui musam meditaris auena.
Nos patriæ fines, et dulcia linquimus arua:
Nos patriam fugimus. tu Tityre lentus in umbra,
Formosam resonare doces Amaryllida syluas. TI.
O Meliboee, deus nobis hæc ocia fecit.
Nanq; erit ille mihi semper deus: illius aram
Sæpe tener nostris ab ouilibus imbuet agnus.
Ille meas errare boues, (ut cernis) & ipsum
Ludere quæ uellem, calamo permisit agresti. ME.
Non equidem inuideo miror magis, undiq; totis
Vsque adeò turbatur agris. en ipse capellas

Tu patulæ.) Patulū dicimus, quod per se patet naturaliter: ut nares, arbor. patens est, quod & aperitur & clauditur, ut ostium, & oculi. Syluestrē musam.) id est, rusticum carmen. Tenui auena.) culmo, stipula, unde rustici plerunque cantare consueuerunt: ut alibi, Stridenti miserum stipula disperdere carmen. Dicendo autem Tenui auena, humilis styli genus latenter ostendit: quo, ut suprà dictum est, in Bucolicis utitur. Meditaris.) quod Græci μελετῶ dicunt, per antistœchon meditor dixerunt Latini. L enim & D, interdum sibi inuicem cedunt: unde & sella pro seda dicitur, à sedendo. Nos patriam fugimus.) plus est quàm si diceret relinquimus. sic Horat. Teucer Salamina, patremq; Cum fugeret. Lentus.) ociosus: ut, Qui nunc lenti consedimus aruis. Resonare doces Amaryllida syluas.) id est, carmen tuum de amica Amaryllide compositum, doces syluas resonare. & melius est ut simpliciter intelligamus. Malè enim quidam allegoriam uolunt: Tu carmen de urbe Roma componis, celebrandum omnibus gentibus. Plus enim stupet Meliboeus, si ille ita securus est, ut tantum de suis amoribus cantet. O Meliboee.) s. quid miraris? deus, id est, Cæsar: Hæc ocia, sanè securitatem uel felicitatem. Nanq; erit ille mihi deus.) iteratio ipsa exclusit adulationis colorem. Semper.) id est, & post mortem & dum uiuit. Alij enim imperatores post mortem in numerum referuntur deorum, Augustus autem templa uiuus meruit. Horatius: Præsenti tibi maturos largimur honores, Iurandasq; tuum per nomen ponimus aras. Sic Lucan. de Nerone: Sed mihi iam numen es. Sæpe tener nostris ab ouilibus imbuet agnus.) Imbuere est proprie inchoare & initiare. Nemo autem unam eandemq; rem sæpe inchoat. Sed constat sæpe pascua mutare pastores, sicut etiam in Georg. legimus: Itq; pecus longa in deserta sine ullis hospitijs, tantum campi iacet. Vnde necesse est pastores toties aras imbuere, quoties mutauerint pascua. Inuenimus etiam apud antiquiores, imbuere esse non inchoare, sed perfundere & madefacere, secundum quod absolutus est sensus: ut sit, sæpe perfundet. Errare.) pasci: ut, Mille meæ Siculis errant in montibus agnæ. Ludere.) scribere: ut, Carmina qui lusi pastorum. Horatius: Poscimus si quid uacui sub umbra lusimus tecum. Calamo agresti.) rustico stylo: sicut suprà, Tenui auena. Non equidem inuideo.) Excusat se: ne frequēs interrogatio felicitatis alienæ ex inuidia uenire uideatur, dicit se admirari potius quàm inuidere. Vsq; adeò.) in tantum. Turbatur agris.) Turbamur sine ulla discretione culpæ uel meriti. & inuidiose tempora Augusti

a carpit,

Dans cette édition de Virgile, imprimée à Bâle en 1544, le texte est encore entouré par les gloses, dues ici à Servius et Donat, selon la tradition manuscrite. Le commentaire est suivi pour éviter de gaspiller de l'espace, mais la numérotation des lignes constitue un indice tabulaire utile pour une lecture partagée.

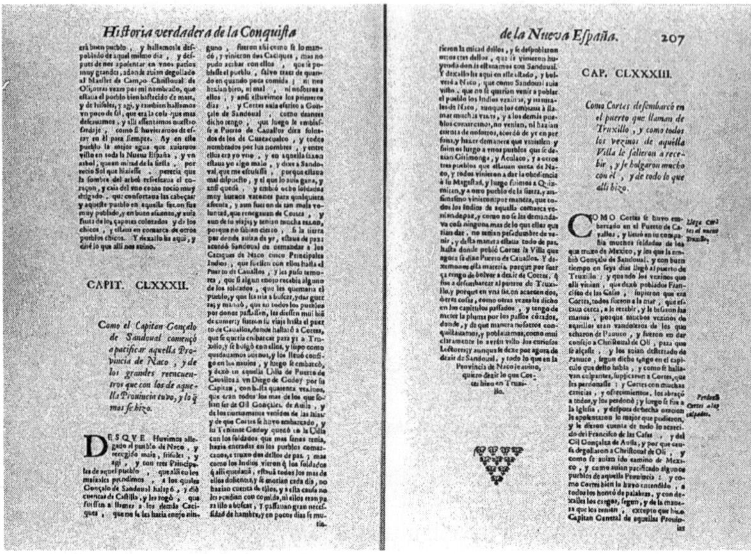

Bernal Diaz del Castillo, *Historia verdadera de la conquista de la Nueva España,* Madrid, 1632. Le texte est disposé sur deux colonnes assez étroites (6 cm de largeur). Les titres de chapitres très explicites et les résumés en marge permettent au lecteur de sélectionner les passages qui l'intéressent. En raison de la division en colonnes, la double page est vraiment conçue ici comme l'unité de base : elle reçoit une numérotation unique et un titre courant étalé sur les deux côtés.

tentation d'une maquette sévère et dépouillée propre à exalter la perfection mécanique de l'imprimerie ainsi que la dimension linéaire du langage et de la lecture — règne du texte aligné inexorablement dans le cadre de la page — et, d'autre part, les séductions de la composition foisonnante où le texte s'offre en divers blocs visuels au lecteur désireux d'y butiner à sa guise et d'en appréhender les relations.

Ces fluctuations de l'idéal du livre sont sensibles à travers les époques. À cet égard, il est instructif de comparer des manuels d'imprimerie étudiés par le spécialiste qu'est Fernand Baudin. Un ouvrage de l'imprimeur Fertel, publié en 1723 et intitulé *La Science pratique de l'imprimerie,* est un modèle de composition foisonnante, dans laquelle le texte principal est accompagné de gloses en marge qui débordent parfois dans l'espace du texte principal. Paru quarante ans plus tard, un autre manuel, dû à Fournier, se présente au contraire sur une seule colonne, assez étroite, et le texte semble de nouveau inféodé à l'ordre linéaire. Quant à l'album de Baudin, lui-même typographe et soucieux de porter témoignage d'un art qui fut la passion de sa vie, il est composé sur grand format avec une colonne de gloses et de renvois qui court systématiquement à côté de la colonne principale et qui même parfois l'encadre comme font les gloses du Fertel.

En somme, le défi du texte imprimé est d'établir un équilibre entre les exigences du sémantique et celles du visuel, l'idéal étant évidemment de combiner ces deux modes d'accès au texte sous un axe cohérent. On peut encore observer le triomphe naïf du visuel sur le sémantique jusque dans les titres de livres du XVIe siècle où l'on n'hésitait pas à couper les mots pour obtenir un effet de symétrie. Comme le fait remarquer Ong, cette segmentation témoigne du fait que la lecture ne se concentrait pas sur l'aspect visuel des mots saisis globalement, mais reposait encore sur une pratique d'oralisation : la présentation du texte était coupée de son aspect sémantique. Aujourd'hui, le typographe cherche tellement à faciliter une saisie des mots complets qu'il hésite parfois à utiliser la césure en fin de ligne et donc à recourir à la justification intégrale du texte, qui a pourtant été un idéal de présentation du texte durant des siècles, dès l'ère du *volumen*. Cette préoccupation pour l'unité de saisie visuelle se manifeste aussi dans les magazines, qui ont de plus en plus tendance à faire coïncider l'unité sémantique de l'article avec l'unité visuelle de la page ou de la double page.

Il est aujourd'hui communément admis que la révolution du codex ne s'est pas limitée à l'ordre ergonomique, mais qu'elle a également eu une incidence sur la nature des contenus et l'évolution des mentalités en général. En effet, à partir du moment où le texte est appréhendé comme une entité visuelle, et non plus d'abord orale, il se prête beaucoup mieux à une attitude critique et objectivante, car l'œil, avec la richesse de ses terminaisons dans le cortex, peut mobiliser les facultés analytiques plus facilement que ne peut le faire l'oreille. Comme le note l'historien Henri-Jean Martin :

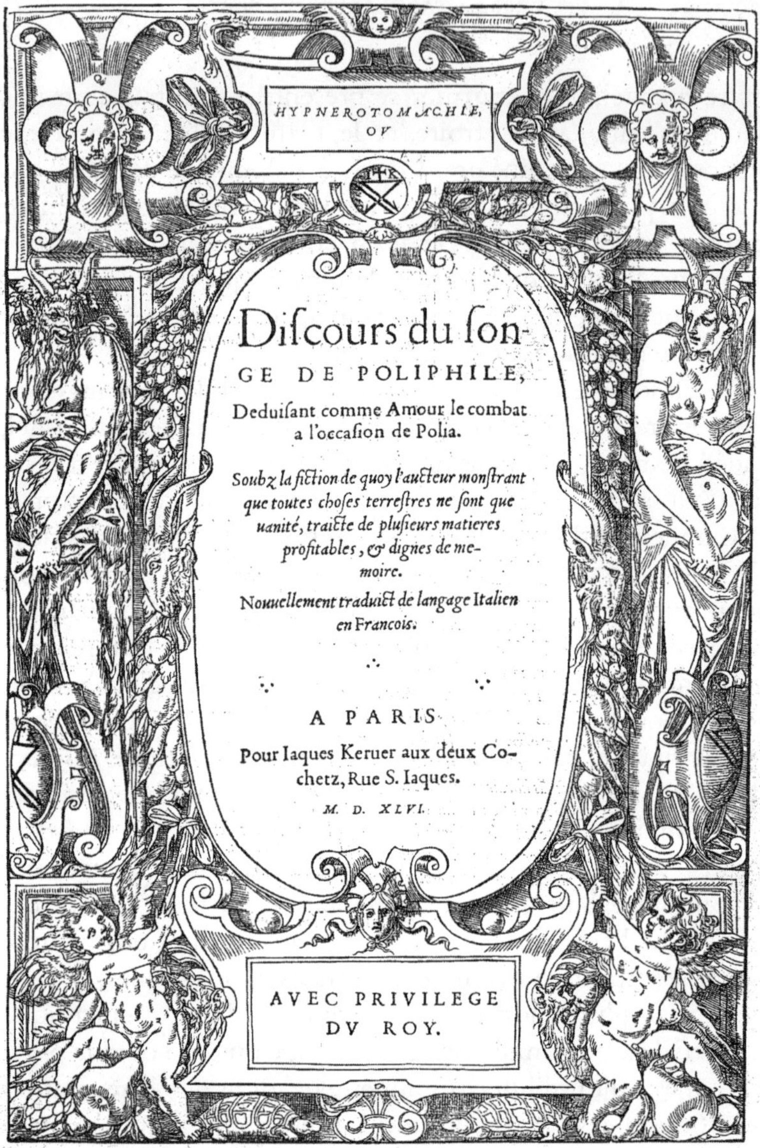

HYPNEROTOMACHIE, OV

Diſcours du ſon-
GE DE POLIPHILE,

Deduiſant comme Amour le combat
a l'occaſion de Polia.

*Soubz la fiction de quoy l'aucteur monſtrant
que toutes choſes terreſtres ne ſont que
uanité, traicte de pluſieurs matieres
profitables, & dignes de me-
moire.*

*Nouuellement traduict de langage Italien
en Francois.*

A PARIS

Pour Iaques Keruer aux deux Co-
chetz, Rue S. Iaques.

M. D. XLVI.

AVEC PRIVILEGE
DV ROY.

Francesco Colonna, *Discours du songe de Poliphile,* Paris, 1546. Conformément à l'usage du XVIe siècle, la page de titre est composée à la façon d'un tableau. On remarquera les variations de taille du titre principal et la césure en plein milieu du mot le plus important. Cette pratique, courante au XVIe siècle, témoigne selon Ong du primat dont jouissait encore à l'époque le visuel sur le sémantique, en raison de l'oralisation de la lecture.

> Tout raisonnement, comme détaché de Dieu et des hommes, prend du même coup une existence objective. L'écrit devient amoral parce qu'il échappe à l'écrivant et n'exige plus que le lisant le prenne à son compte en le prononçant, ce qui facilite sans doute les propositions hérétiques (1988, p. 153).

Ce mouvement par lequel le texte devient un objet autonome franchira un nouveau seuil au siècle des Lumières, où s'effondrent les dernières barrières qui faisaient obstacle à une attitude objectivante généralisée. Cette époque coïncide précisément avec une croissance importante de la lecture dans la population européenne.

Avec l'apparition du journal et de la presse à grand tirage, qui prend son essor au XIXe siècle, la lecture se tabularise encore davantage. Le texte échappe alors radicalement à la linéarité originelle de la parole pour se présenter sous la forme de blocs visuels qui se répondent et se complètent sur la surface chatoyante de la page. McLuhan mettra un nom sur la métaphore implicite à cet arrangement textuel, contribuant à en accélérer la prédominance : c'est celle du texte mosaïque. C'est en effet une mosaïque textuelle que propose le journal, où la lecture des différentes informations est influencée, subtilement, par les nouvelles environnantes. Comme le font remarquer les spécialistes du journal que sont Mouillaud et Tétu :

> Depuis environ un siècle, le journal est composé de telle sorte qu'une information, pourtant mise à plat sur la page, acquiert un relief du seul fait de sa coexistence, sur cette page, avec d'autres informations qui, elles aussi, tirent de cette concurrence leur valeur propre (p. 56).

Les mêmes auteurs notent que, jusqu'à la fin du XIXe siècle, le journal se contentait d'aligner verticalement les colonnes, qui « constituaient autant de pages théoriques et se suivaient sans que rien n'interrompe la régularité de leur succession » (p. 56). Il en résultait que :

> Cette disposition privilégiait naturellement l'ordre temporel du discours : le propos n'était interrompu par aucune retourne, aucune illustration ne venait le scinder ou le suspendre ; aucun *lead* et aucun intertitre n'y introduisaient une énonciation seconde. Cette forme de présentation correspond exactement à la logique temporelle du discours : elle est la présentation du logos en mouvement, et non la mise en scène d'un événement (p. 57).

C'est après l'apparition brutale des titres-bandeaux que va s'imposer une nouvelle forme de mise en pages, guidée non plus par la logique du discours, mais par une logique spatiale.

Le nombre des colonnes, les filets, la graisse, les caractères, la position des illustrations, la couleur permettent ainsi de rapprocher ou d'éloigner, de sélectionner et de disjoindre des unités qui, dans le journal, sont des unités informationnelles. La mise en pages apparaît alors comme une rhétorique de l'espace qui déstructure l'ordre du discours (sa logique temporelle) pour reconstituer un discours original qui est, précisément, le discours du journal (p. 57-58).

À notre époque, il ne fait pas de doute que la tabularité correspond à une exigence de mise en forme des textes de type informatif, de manière à en permettre une appropriation aussi efficace que possible par le lecteur. Cette « règle d'appropriation », pour reprendre ici les termes de Klinkenberg (p. 127), est particulièrement observable dans les magazines, où le modèle dominant consiste à encadrer la matière textuelle par toute une hiérarchie de titres : titre de rubrique, titre principal, intertitres. Un article quelque peu étoffé sera souvent présenté sous la forme d'un « dossier » à entrées multiples comprenant, à côté du texte principal, un ou plusieurs encadrés développant l'un ou l'autre des points évoqués dans le texte.

Certains pourraient être tentés de dénigrer ces mises en pages éclatées. Leur fonction première est indéniablement de retenir un lecteur dont l'attention est instable ou n'est accordée que pour de brefs instants, contrairement à une mise en forme linéaire, qui s'adresse à un « lecteur de fond ». Mais il faut reconnaître que cette façon de découper le texte en éléments divers convient très bien à la communication d'informations variées que le lecteur pourra sélectionner suivant ses intérêts.

Envisagé sous cet aspect, le texte imprimé ne relève plus exclusivement de l'ordre linéaire, mais tend à intégrer certaines des caractéristiques d'un tableau que balaie l'œil du lecteur à la recherche d'éléments significatifs. Ce dernier peut ainsi se libérer du fil du texte pour aller directement à l'élément pertinent. Un ouvrage est donc dit tabulaire quand il permet le déploiement dans l'espace et la mise en évidence simultanée de divers éléments susceptibles d'aider le lecteur à en identifier les articulations et à trouver aussi rapidement que possible les informations qui l'intéressent.

La notion de tabularité recouvre ainsi au moins deux réalités différentes — en plus de représenter un mode interne d'agencement des données. D'une part, elle vise à rendre compte des divers moyens d'ordre organisationnel qui facilitent l'accès au contenu du texte et à sa lecture : c'est la *tabularité fonctionnelle,* dénotée par les tables des matières, les index, la division en chapitres et en paragraphes ; d'autre part, elle représente le fait que la page peut être vue comme un tableau et intégrer des données de divers niveaux hiérarchiques : c'est la *tabularité visuelle,* qui permet au lecteur de passer de la lecture du texte principal à celle de notes, de gloses, de figures, d'illustrations, toutes présentes sur l'espace de la double page. Cette tabularité visuelle, qui est surtout le fait du journal et du magazine, se trouve également à des degrés variables dans le livre savant, qui peut juxtaposer sur une même page divers niveaux de texte. Elle est évidemment très développée dans l'édition sur écran, qu'il s'agisse des pages Web de grands organes de presse ou d'encyclopédies sur CD-ROM. Et, par un effet général d'hybridation des techniques éditoriales, la mise en pages des livres ou des magazines emprunte de plus en plus à l'édition sur écran divers procédés, comme la mise en couleurs, le surlignement et le fléchage d'éléments du texte avec renvoi à des vignettes ou à des encadrés.

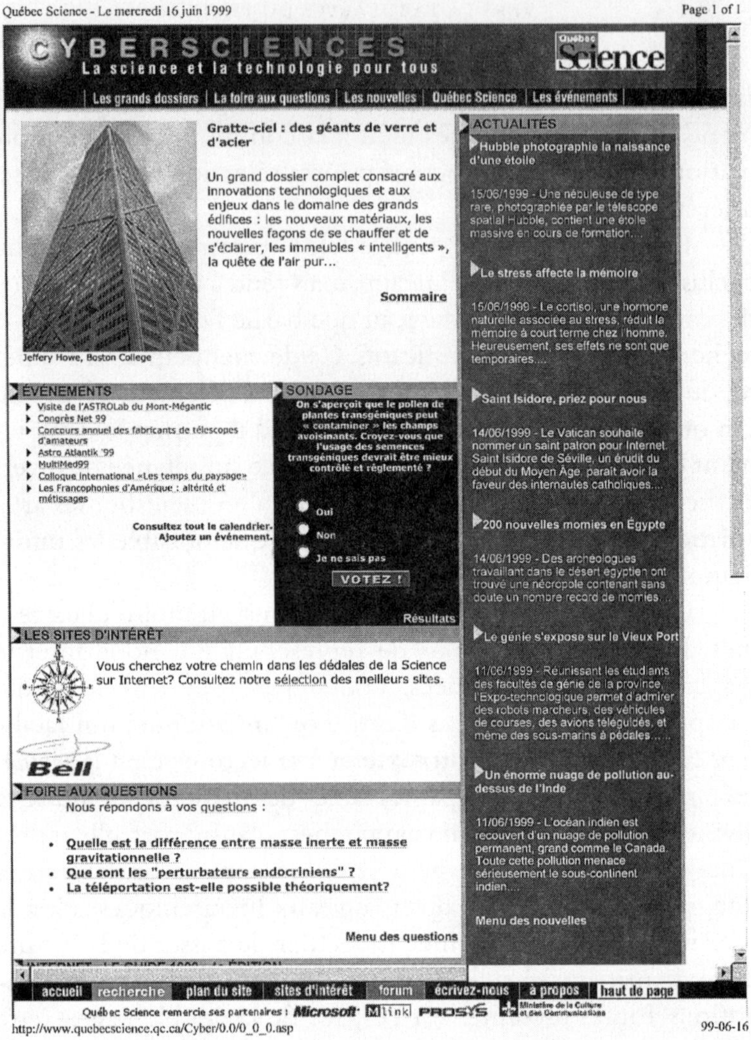
Québec Science - Le mercredi 16 juin 1999 Page 1 of 1

CYBERSCIENCES
La science et la technologie pour tous

Québec Science

Les grands dossiers | La foire aux questions | Les nouvelles | Québec Science | Les événements

Gratte-ciel : des géants de verre et d'acier

Un grand dossier complet consacré aux innovations technologiques et aux enjeux dans le domaine des grands édifices : les nouveaux matériaux, les nouvelles façons de se chauffer et de s'éclairer, les immeubles « intelligents », la quête de l'air pur...

Sommaire

Jeffery Howe, Boston College

ÉVÉNEMENTS

- Visite de l'ASTROLab du Mont-Mégantic
- Congrès Net 99
- Concours annuel des fabricants de télescopes d'amateurs
- Astro Atlantik '99
- MultiMed99
- Colloque international «Les temps du paysage»
- Les Francophonies d'Amérique : altérité et métissages

Consultez tout le calendrier.
Ajoutez un événement.

SONDAGE

On s'aperçoit que le pollen de plantes transgéniques peut « contaminer » les champs avoisinants. Croyez-vous que l'usage des semences transgéniques devrait être mieux contrôlé et réglementé ?

Oui
Non
Je ne sais pas

VOTEZ !

Résultats

LES SITES D'INTÉRÊT

Vous cherchez votre chemin dans les dédales de la Science sur Internet? Consultez notre sélection des meilleurs sites.

Bell

FOIRE AUX QUESTIONS

Nous répondons à vos questions :

- **Quelle est la différence entre masse inerte et masse gravitationnelle ?**
- **Que sont les "perturbateurs endocriniens" ?**
- **La téléportation est-elle possible théoriquement?**

Menu des questions

ACTUALITÉS

Hubble photographie la naissance d'une étoile

15/06/1999 - Une nébuleuse de type rare, photographiée par le télescope spatial Hubble, contient une étoile massive en cours de formation...

Le stress affecte la mémoire

15/06/1999 - Le cortisol, une hormone naturelle associée au stress, réduit la mémoire à court terme chez l'homme. Heureusement, ses effets ne sont que temporaires....

Saint Isidore, priez pour nous

14/06/1999 - Le Vatican souhaite nommer un saint patron pour Internet. Saint Isidore de Séville, un érudit du début du Moyen Âge, paraît avoir la faveur des internautes catholiques....

200 nouvelles momies en Égypte

14/06/1999 - Des archéologues travaillant dans le désert égyptien ont trouvé une nécropole contenant sans doute un nombre record de momies....

Le génie s'expose sur le Vieux Port

11/06/1999 - Réunissant les étudiants des facultés de génie de la province, l'Expo-technologique permet d'admirer des robots marcheurs, des véhicules de courses, des avions téléguidés, et même des sous-marins à pédales.....

Un énorme nuage de pollution au-dessus de l'Inde

11/06/1999 - L'océan indien est recouvert d'un nuage de pollution permanent, grand comme le Canada. Toute cette pollution menace sérieusement le sous-continent indien....

Menu des nouvelles

accueil | recherche | plan du site | sites d'intérêt | forum | écrivez-nous | à propos | haut de page

Québec Science remercie ses partenaires : Microsoft Mlink PROSYS Ministère de la Culture et des Communications

http://www.quebecscience.qc.ca/Cyber/0.0/0_0_0.asp 99-06-16

Les pages d'accueil des journaux et des magazines sur le Web se différencient maintenant à peine de leurs équivalents imprimés et font une large place aux illustrations et à une disposition tabulaire. La tendance dominante est de placer, ou du moins de rendre accessible, le maximum d'informations sur une surface d'écran, tout en les intégrant autant que possible à des éléments visuels attrayants. (www.quebecscience.qc.ca/Cyber/0.0/0_0_0.asp)

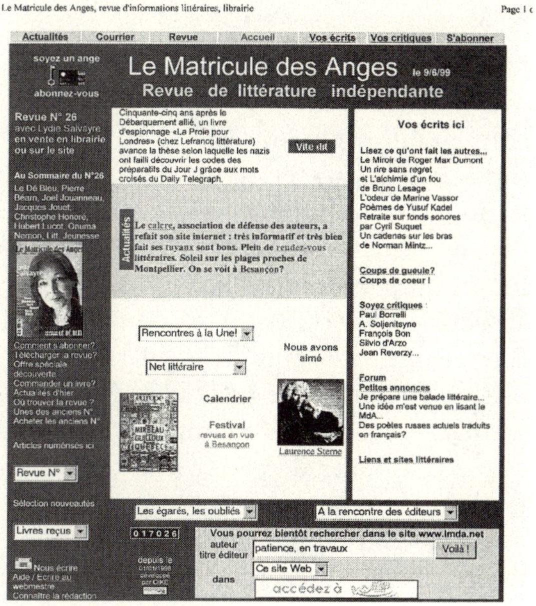

www.lmda.net/

www.liberation.fr/multi/index.html

Pour se plier à ce type de tabularité, le texte est travaillé comme un matériau visuel, dont les blocs se répondent sur la surface de la page en se mariant le cas échéant avec des illustrations. Cette projection du fil du texte sur le plan spatial dépend évidemment du format du livre. Plus celui-ci est petit, moins on peut jouer avec les masses visuelles : on est confiné au défilement continu d'une seule colonne de texte, sans que rien vienne en rompre la régularité. À cet égard, le fait que la célèbre Bibliothèque de la Pléiade soit imprimée sur un petit format — lui-même commandé par le choix du papier bible et par la volonté de placer le texte sur une seule colonne — explique le report des notes et des gloses en fin de volume. Compte tenu du prestige de la collection, cette façon de faire tend à se répandre dans des ouvrages de plus grand format, qui prennent modèle sur la maison parisienne pour renforcer l'idéal d'une typographie linéaire, dont rien ne viendrait briser la régularité : c'est « l'effet Pléiade ». Nous y reviendrons dans *Op. cit.* (p. 165).

De même, les traditions liées à des pratiques nationales présentées comme intangibles ont empêché que se généralise la position de la table des matières en tête de livre, logiquement mieux adaptée aux besoins du lecteur et à l'idéal tabulaire.

Cela dit, il faut préciser que le plus ou moins fort degré de tabularité d'un livre va aussi dépendre de son contenu et de son usage. Ainsi, souvent, l'album pour enfants ne possède pas de pagination : le jeune lecteur n'en aurait que faire, vu que ces livres sont destinés à être parcourus de bout en bout ou contemplés pour leurs images et qu'ils ne supposent pas une lecture réfléchie, accompagnée de prise de notes et de renvois. Au contraire, l'ouvrage savant, qui s'adresse à des lecteurs dont le temps est précieux, va multiplier les repères tabulaires : division en tomes, en chapitres, sections, paragraphes, titres courants, notes, résumés introductifs, index analytique, index des noms propres, bibliographie. Mais s'il s'agit de développer une argumentation, le fil linéaire peut encore constituer un choix défendable, dans la mesure où l'auteur veut s'assurer que le lecteur prendra connaissance de l'ensemble de sa démonstration.

Quant au roman, qui dérive de l'art ancien du conteur, il exige le plus souvent une lecture suivie et ne requiert pas de ce fait un jeu élaboré sur les indices tabulaires. Si le roman-feuilleton à la Victor Hugo multiplie les chapitres et la hiérarchie des sections, tout en suivant un fil narratif souvent fort linéaire, beaucoup de romans se passent de chapitres, voire de paragraphes ou même de ponctuation.

Contexte, sens et effet

Qu'est-ce que le sens ? Si l'on examine ce terme dans sa seule référence au domaine du langage, on constate que le sens est souvent vu comme un donné en soi, qui préexisterait à la saisie qu'on peut en faire : on cherchera « le sens d'un texte », on dira que « telle phrase a un sens plus profond qu'on ne l'aurait pensé », etc. Normalement implicite, toile de fond préalable à toute activité discursive, le sens forme l'horizon sur lequel s'échafaudent nos jugements. Son importance est le plus souvent perçue en négatif, par rapport à son absence. C'est alors l'interjection spontanée de « ça n'a pas de sens » chez l'individu qui lit un texte qu'il ne comprend pas, ou son corollaire « là, ça a du sens » quand, par une opération sur la matérialité du texte, ou sur ses propres filtres d'interprétation, le lecteur réussit à restaurer les conditions de viabilité du sens. On est tellement habitué à ériger son propre contexte d'intellection en référent universel que l'on en arrive à croire que le sens est une valeur objective, dont la réalité serait mystérieusement incorporée dans les textes. Même des sémioticiens comme Greimas et Courtés n'échappent pas à cette tentation objectivante quand ils affirment que « la compréhension peut être identifiée à la définition du concept, assimilé lui-même à la dénomination » (p. 56). Cette façon de réduire un processus mental à un simple contenu lexical est sans doute une forme extrême de ce que l'on doit bien appeler la crainte du *psychologisme.*

Or, comme le dit Bakhtine, « le sens n'est pas soluble dans le concept » (p. 382). En effet, le sens ne peut avoir d'existence qu'à l'intérieur de l'esprit qui comprend. Il est, en dernière analyse, la projection pseudo-objective de la confiance que possède chacun dans sa capacité de comprendre. Loin d'être un donné, même cognitif, le sens est le produit de notre activité de compréhension ou d'expression et n'a d'existence que dans le processus même qui le fait naître. Cette conception se rapproche de la formule de Sartre, dans un de ses textes lumineux sur la lecture : « Le sens n'est pas la somme des mots, il en est la totalité organique » (p. 56).

Il faut donc aborder la question du sens, chez un individu en train de lire, par l'activité cognitive qui le crée, soit l'opération de compréhension. Une telle opération est inhérente à la condition humaine et fait partie de notre expérience quotidienne, depuis notre plus jeune âge. Un acte de compréhension s'accompagne d'une sensation particulière de *complétude,* comparable à l'effet que produit la découverte de la « bonne forme » dans la théorie de la Gestalt. C'est cette sensation qui constitue la manifestation du sens, tandis que la *signification* ne constitue que la paraphrase que l'on peut donner de sa compréhension.

Mais qu'est-ce que comprendre ? Selon l'étymologie latine du mot, comprendre consiste à « prendre ensemble ». Au cœur de la notion de compréhension gît l'idée qu'il faut au moins deux données ou deux ensembles de données pour que puisse s'accomplir l'acte de comprendre. Cette conception a été validée par de nombreux travaux de psychologie cognitive. Pour Bransford et Nitsch, la compréhension consiste en un couplage réussi portant non pas sur deux données de même niveau, mais sur « une situation cognitivo-perceptuelle et une donnée », le contexte situationnel étant le point focal premier des activités de compréhension : « Comprendre implique que l'on saisisse la signification des données pour le contexte mis de l'avant » (p. 86). C'est cette vision de la compréhension qui servira ici d'axe de réflexion.

Un élément saisi par nos sens et offert à la compréhension ne peut être compris que dans la mesure où il est pris en charge et interprété par une instance que nous appellerons le contexte cognitif. Ce dernier est constitué de données stockées en mémoire, qu'il s'agisse de la mémoire immédiate ou de la mémoire à long terme, et peut consister en expériences, en concepts ou en structures plus ou moins vastes, allant d'une simple proposition au résumé d'un texte qu'on vient de lire.

Depuis le dernier quart du XXe siècle, le contexte cognitif a été abondamment étudié et a reçu des dénominations diverses : schème ou schéma, script, scénario, cadre de référence, etc. Ces termes, qui ne sont pas exactement équivalents, visent cependant tous à cerner une réalité complexe dont on ne peut reconstruire le fonctionnement que par hypothèse. Après une première période, dans les années soixante-dix, au cours de laquelle on tendait à considérer le schéma comme une donnée stable, une conception beaucoup plus nuancée s'est imposée, qui présente celui-ci comme une entité extrêmement fluide, susceptible d'être recomposée à partir d'éléments variés en fonction des besoins de la situation. Un des modèles les plus élaborés est celui que propose Marvin Minsky, selon lequel des multitudes d'« agents » spécialisés se regroupent dans des hiérarchies plus ou moins complexes qui permettent à l'individu de percevoir, de raisonner, d'agir ou de se souvenir.

Pour nous, ces agents constituent le contexte cognitif au moyen duquel le sujet réussit à produire du sens avec les données qu'il envisage de traiter. Comme ce contexte est l'instrument de la compréhension, il est particulièrement difficile à cerner — tout comme l'œil ne saurait concevoir sa propre existence en l'absence de miroir. Le quiproquo fournit un bon exemple *a contrario* du fonctionnement de la compréhension parce qu'il met en évidence la disparité qu'il peut parfois y avoir entre les données externes et le contexte cognitif en fonction duquel on avait d'abord tenté de les interpréter. Suivant le modèle proposé par Bergson et revu par Valéry (p. 930), cet échec de nos automatismes à comprendre correctement des données courantes engendre le plus souvent une salutaire réaction de rire, dont les secousses spasmodiques visent à compenser la tension mentale engendrée par la prise de conscience de ce *faux pas.*

Un autre moyen d'observer le jeu du contexte est de comparer une conversation entre des personnes intimes de longue date et d'autres qui ne le sont pas. Alors que les premières vont souvent se comprendre à demi-mot, même sans devoir se parler, les secondes auront besoin de préciser verbalement quantité d'éléments pour en arriver à communiquer efficacement.

Le fonctionnement de la phrase offre un modèle réduit du fonctionnement de la compréhension. Dans une phrase minimale, on peut normalement découvrir un jeu entre deux éléments : l'un qui sert de contexte de départ et l'autre qui le modalise. Dans le dialogue, les contextes sont constamment ouverts à la négociation entre les interlocuteurs. Une question constitue un contexte sur lequel une réponse va se greffer comme une donnée, pour devenir à son tour le contexte de la question suivante.

À son niveau le plus simple, le langage fonctionne ainsi en proposant un contexte en position de sujet, lequel sera modalisé par un verbe et éventuellement par un attribut ou par un complément, pour produire des phrases : « Le chat dort », « La table est verte », etc. En grammaire textuelle, on dira que, dans ces phrases, le sujet est le *thème* (le chat/la table) tandis que ce qu'on en dit constitue le *rhème* ou le *prédicat* (dort/est verte).

Une phrase peut aussi contenir une accumulation de microcontextes : « Ce matin-là, alors que tout dormait dans le village, une ombre se glissa silencieusement derrière la ferme. » À l'oral, grâce au découpage syntaxique véhiculé par les éléments prosodiques, les divers éléments peuvent se suivre en cascade ; par exemple : « Moi, le fruit que je préfère, c'est la pomme » ou « Les chats, leur occupation favorite, c'est de dormir ». Dans cette dernière phrase, le premier élément invite l'interlocuteur à sélectionner un cadre de référence relatif aux chats, tandis que le deuxième convoque un autre cadre de référence, qui est celui de leur occupation favorite ; l'élément final arrive comme la donnée d'information qui permet de boucler les contextes précédemment ouverts tout en en précisant la portée. Ce fonctionnement peut parfois être poussé très loin, comme dans « Tu sais / le chien de la voisine / mort / ils l'ont trouvé[1] ». La syntaxe de l'oral tend ainsi à organiser les contextes que devra ouvrir l'interlocuteur selon une progression allant du connu à l'inconnu et à ne placer l'information censément neuve qu'en fin de parcours, là où elle sera d'autant mieux décodée qu'elle était plus attendue et mieux contextualisée. La compréhension se produit lorsque les divers éléments finissent par s'emboîter et par former une unité cognitive, la phrase complète déterminant en fin de compte le sens particulier de chacun des mots.

Comme on le voit dans ces exemples, il n'y a pas de différence de nature entre les contextes et les données : toute donnée peut constituer le contexte d'interprétation d'une nouvelle donnée. Les statuts respectifs de « donnée » et de « contexte » tiennent en fait à leur position dans la chaîne de la compréhension.

En matière de langue écrite, la situation est un peu plus complexe à analyser. On a cru pendant longtemps, en linguistique notamment, qu'il était possible d'interpréter les énoncés en faisant l'hypothèse d'un « contexte nul », comme si les mots du langage étaient porteurs d'un sens fixe et complet en soi. Searle a montré qu'une telle notion était indéfendable, surtout à partir d'énoncés isolés. Cela dit, le contexte peut être dans une certaine mesure contraint par le texte. La fonction première du texte étant de pouvoir se passer de la présence de son énonciateur, il doit idéalement viser à créer un contexte de réception qui soit équivalent chez tous les lecteurs, et donc prévoir tous les éléments dont ceux-ci auront besoin, en prévenant les dérives et mauvaises interprétations possibles.

1. Cité par Gadet dans Chaurand, 1999, p. 611.

Comme le montre David Olson, ce mouvement par lequel on est passé de la parole au texte s'est renforcé avec l'apparition de l'imprimerie.

La caractéristique essentielle de l'écrit, et qui le distingue profondément de l'image, réside dans le fait qu'il fonctionne de manière codée et régulière, à la fois pour la production de significations et pour la compréhension de celles-ci. Dans un texte, les signes sont organisés de façon linéaire, selon des configurations syntaxiques que le lecteur a appris à repérer et à traiter. Grâce à cet ordre des signes, un individu peut devenir « alphabétisé », c'est-à-dire qu'il peut posséder au terme d'un apprentissage plus ou moins long des routines cognitives capables de prendre en charge automatiquement la plupart des opérations de décodage de l'écrit, ce qui lui permettra d'en effectuer un traitement rapide et efficace. Dans l'opération de lecture, la fusion d'une donnée avec un contexte a pour effet de créer, comme à l'oral, un nouveau contexte en rapport avec lequel sera ensuite placée la donnée suivante. Le lecteur pourrait donc n'avoir à mettre en place que le contexte de départ : les autres seront normalement construits par le texte, au moyen du traitement cognitif appliqué aux données lues. Tant que le lecteur peut ainsi rattacher une donnée nouvelle à un contexte antérieur, il avance en terrain connu : il est en quelque sorte conduit par sa propre activité de lecture. Celle-ci peut ainsi être comparée à une machine fonctionnant avec la régularité d'une navette, qui intègre le fil prélevé à la surface du texte dans la trame mentale tissée à partir du texte déjà lu ou constituée par les connaissances antérieures du lecteur. Cette trame jouant le rôle de contexte ou de matrice sur laquelle fera sens le nouvel élément prélevé, la lecture peut devenir une sorte de mouvement perpétuel, un moteur qui se nourrit de son propre élan sans cesse renouvelé. Et cette machine à tisser du sens est extraordinairement efficace, comme en témoigne le fait que si un locuteur peut énoncer une centaine de mots à la minute, il peut en arriver, sur le plan de la réception, à en lire de deux à dix fois plus. De là vient peut-être la fascination que notre civilisation éprouve pour la machine et l'affinité du texte avec les procédés de mécanisation, que dénotent au premier chef les principes de régularité typographique. Le fin observateur de l'esprit humain qu'était Paul Valéry a fait plusieurs remarques sur cette question dans ses *Cahiers* :

> Tout homme tend à devenir machine. Habitude, méthode, maîtrise, enfin — cela veut dire machine (p. 885). L'automatisme tend à s'accroître. Les liaisons possibles réalisées tendent à se modeler sur le type réflexe. L'uniformité tend à régner (p. 899).

L'expérience commune confirme qu'il y a effectivement une relation étroite entre uniformité et automatisation. En matière de lecture, cette uniformité est fournie par une multitude de normes de lisibilité qui jouent à tous les niveaux de la réalisation textuelle ainsi qu'on l'a vu plus haut. Grâce à l'opération de lecture, un contexte est sélectionné parmi les réseaux cognitifs du sujet et mis en relation avec les données proposées par le texte lu, engendrant ainsi des effets de compréhension qui vont en se répétant dans une chaîne continue et, en principe, sans faille. Particulièrement conscient de ce fonctionnement mécanique de la lecture, Proust avait comparé l'expérience que lui procurait la lecture de Flaubert à la circulation sur un trottoir roulant :

> Et il n'est pas possible à quiconque est un jour monté sur ce grand Trottoir roulant que sont les pages de Flaubert, au défilement continu, monotone, morne, indéfini, de méconnaître qu'elles sont sans précédent dans la littérature (p. 194).

Mais Flaubert est loin d'être seul dans ce cas, car la stratégie fondamentale de l'écriture classique, du moins dans une optique de lisibilité maximale, est de faire en sorte que les contextes et les données s'enchaînent de façon continue, avec aussi peu de ruptures que possible. Ce mouvement est porté à sa perfection dans la prose à visée informative. Si l'on y ajoute un suspense narratif, l'efficacité en est encore accrue et on obtient le roman, arrivé à sa pleine maturité dans la première moitié du XIXe siècle.

Certes, cette mécanisation est toute théorique, car l'esprit du lecteur peut à tout instant se lasser du texte qui lui est offert et se mettre à vagabonder, soit parce que dominent soudainement des configurations mentales rivales de celle qui a motivé la lecture, soit parce que le texte évoque des associations fortes qui vont amener le lecteur à poursuivre ses propres pensées en y intégrant éventuellement les nouveaux matériaux puisés dans la lecture. Certains textes tendent à saturer les contextes, à boucher tous les interstices par où la subjectivité du lecteur pourrait se réintroduire, si tant est qu'une telle entreprise soit possible : l'espace imaginaire ainsi découpé par le texte peut être à ce point saturé d'univocité qu'il en devient étouffant, comme dans ces romans de Zola où le lecteur semble emporté dans une machine infernale. D'autres, au contraire, vont multiplier les vides, les blancs, les creux, les insuffisances d'information, les références à des contextes fictifs. Wolfgang Iser a théorisé cette stratégie d'écriture en faisant des *blancs* du texte une façon pour l'œuvre littéraire de solliciter au maximum l'investissement du lecteur. Sous hypertexte, nous verrons que ces blancs peuvent devenir immenses comme des toundras neigeuses où le lecteur-navigateur risque de s'égarer et de perdre le fil.

En même temps, il faut préciser que la lisibilité d'un texte ne garantit pas son intérêt, car on peut lire mécaniquement des histoires que l'on s'empressera d'oublier dès le livre refermé. Aussi existera-t-il toujours une tension entre les exigences de lisibilité, nécessaires pour qu'un lecteur puisse parcourir aisément un texte à la recherche de ce qui l'intéresse, et la façon personnelle et originale dont l'écrivain utilise le langage, en exploitant l'espace de jeu offert par la rhétorique. Depuis sa codification dans la Grèce antique, cette dernière tente précisément de cerner ce qu'il y a d'irréductible dans le langage et qui lui confère sa force particulière, en explorant les possibilités qui nous sont données d'introduire dans les énoncés un élément d'indétermination ou de nouveauté susceptible de faire événement pour le lecteur et de s'imprimer durablement dans sa mémoire. En écartant la possibilité d'une absolue mécanisation du sens, cette possibilité de jeu sur les marges du langage naturel est ce qui le distingue du langage mathématique. Ce dernier, on le sait, est entièrement paraphrasable, en ce sens qu'une équation peut être remplacée par une autre sans qu'il y ait aucune perte : 4 est équivalent à 2 + 2 ou 3 + 1 ou 1 + 3 ou 5 − 1, etc. En revanche, un énoncé verbal n'a pas d'équivalent exact et la synonymie n'y est jamais que partielle. Le sens potentiellement produit peut ainsi facilement excéder les besoins stricts de la communication, ce qui n'empêche toutefois pas le langage de produire des chaînes de signification suffisamment précises pour permettre le jeu de la communication sociale. Mais c'est dans l'excédent de sens toujours disponible que peut s'introduire l'écart rhétorique et que l'individu trouve sa part de jeu, d'imaginaire et de liberté.

Pour mieux rendre compte de cette dimension rhétorique et d'autres aspects connexes, il est ici nécessaire d'établir une distinction entre sens et effet, deux facettes du fonctionnement cognitif qui, pour nous, correspondent approximativement au clivage entre raison analytique et perception globale.

Le sens, nous l'avons vu, procède d'une synthèse réussie d'un contexte et d'une donnée. Résultat de la compréhension, il est éprouvé par le sujet comme un acte effectué au niveau le plus élevé de la conscience. Sur le plan linguistique, les verbes qui lui correspondent traduisent bien cette dimension éminemment active de la compréhension, qui s'exerce sur des objets transitifs : le sujet *fait* du sens, comprend ou interprète *quelque chose,* etc. Si la structure propre du langage excelle à le produire, ainsi qu'on l'a vu plus haut, le sens n'est cependant pas réductible au domaine verbal.

Alors que le sens est une production du système cognitif, l'effet est plutôt vécu comme une transformation d'état subie par un sujet : le premier est actif, le second est passif. Dans le langage courant, le sujet dira qu'il *éprouve* un effet ou que telle chose lui *fait de l'effet,* comme si son système cognitif était le théâtre d'événements extérieurs à lui, qui sont perçus globalement plutôt qu'analysés, sentis plutôt que pensés. La musique excelle naturellement à susciter des effets, ainsi que la peinture et, plus encore sans doute, le monde des saveurs et des odeurs, dont les impressions, souvent perçues à un seuil subliminal, n'en sont pas moins très efficaces pour raviver des traces mémorielles ou déclencher des réactions affectives.

Le langage poétique se démarque du langage scientifique en ceci que les effets y jouent un rôle essentiel. Certains poètes ont affirmé haut et fort que leur production se situait sur le terrain de l'effet plutôt que sur celui du sens. Ainsi Robert Desnos s'est-il exclamé en réponse à quelqu'un qui l'interrogeait sur la poésie :

> Expliquer quoi ? Il n'y a pas à expliquer en poésie, il y a à subir. La poésie est unique, entière, ouverte à tous. À toi de la subir. Il n'y a pas de règles, de lois, il y a le fonctionnement réel de la pensée[2].

Il faut insister sur le fait que le sens et l'effet ne sont pas mutuellement exclusifs, car la perception de l'un peut se faire en parallèle avec le traitement de l'autre. Il est possible de lire tout en écoutant de la musique ou de parler avec une personne tout en étant sensible aux signaux olfactifs qu'elle dégage, et ces expériences communément partagées confirment la validité de la distinction que fait le langage courant entre le sens et l'effet. En conséquence, il faut nécessairement que ces deux réalités mentales ne soient pas du même ordre ou qu'elles n'émanent pas du même lieu cognitif. On sait qu'un sujet ne peut pas apercevoir simultanément deux figures différentes dans un même dessin, qu'il s'agisse des tableaux d'Escher ou des expériences classiques sur la perception de figures ambiguës, comme celle qui représente soit un sablier, soit des visages placés en vis-à-vis, ou celle montrant soit une jeune femme en toque de fourrure, soit une vieille sorcière. De ces observations sur la perception, Gombrich a déduit fort juste-

2. Cité par Meschonnic, 1970, p. 53.

ment qu'il est impossible de réaliser deux opérations cognitives différentes en même temps sur un même message (p. 65). Tirant toutes les conséquences de cette observation, nous poserons que, si l'on peut lire un poème tout en éprouvant ses effets de rythme et de sonorité, cela indique clairement que la fabrique du sens produit par le langage ne mobilise pas les mêmes ressources cognitives que la perception de ses effets. Considérant que le cerveau est constitué par de multiples instances spécialisées, il est donc légitime de faire l'hypothèse que le sens est produit par l'instance centrale, tandis que les effets sont traités sur le plan local. La musicalité du vers mobiliserait ainsi les instances directement reliées au canal auditif, tandis que la richesse d'une enluminure solliciterait celles qui sont spécialisées dans le traitement visuel. L'instance centrale, qui est aussi le foyer de l'attention, prend en charge les opérations proprement sémantiques.

Certes, ces différentes instances ne sont pas absolument étanches et la saturation du plan local entraînera un débordement sur l'instance centrale, qui pourra alors prendre en considération les signes relayés par ce plan ou simplement déclarer forfait. Examinant la barrière que la forme poétique oppose à la compréhension, le critique anglais Richards la comparait à la difficulté que l'on peut éprouver à effectuer des opérations intellectuelles délicates dans un bruit de fanfare (p. 183). Ainsi en va-t-il de la dimension verbale du livret d'opéra, qui est le plus souvent submergée par les effets sonores et visuels, car même si le cerveau est remarquablement habile à mener divers traitements en parallèle, l'efficacité du traitement central peut certainement être affaiblie, voire bloquée, par des effets trop envahissants.

Inversement, le traitement du sens sera facilité si les effets sont maintenus sous contrôle ou neutralisés et c'est cette constatation qui entraînera progressivement la mise en place de normes de lisibilité. L'espace de la page, avec ses jeux de marge, de couleur et de typographie, produit des effets d'ordre visuel qui peuvent certes solliciter l'attention du lecteur, mais aussi le détourner de la lecture. Selon la nature des opérations sémantiques exigées du lecteur, on pourra avoir intérêt à neutraliser l'effet visuel par le recours à une typographie régulière et la sobriété de la mise en pages.

Les signes qui produisent un effet ne sont pas nécessairement d'une nature différente de ceux qui produisent du sens. Par exemple, la couleur bleue appliquée à un segment de texte peut viser à créer un simple effet visuel de couleur tout comme elle peut mettre un mot en relief ou signaler un lien hypertextuel invitant le lecteur à mettre ce texte en relation avec un autre. Tous les signes peuvent donc être soumis à une analyse sémiotique, mais tous ne participent pas du même système de signification ni des mêmes articulations textuelles. De façon plus générale, le domaine du perçu tombe sous la coupe du sens lorsqu'il se manifeste comme question ou comme réponse à une question.

À la différence de l'effet visuel, l'effet rhétorique se produit sur le plan même du traitement du langage, qu'il s'agisse d'un jeu sur la forme des mots, sur la syntaxe, sur le sens ou sur la logique du texte. Lorsque le sujet est occupé par la production du sens, le jeu rhétorique ne sera souvent pas perçu : nombre de métonymies sont invisibles à l'usager lambda, pour qui elles sont de simples raccourcis de langage. Comme le dit Genette :

> La figure n'est donc rien d'autre qu'un sentiment de figure et son existence dépend entièrement de la conscience que le lecteur prend, ou ne prend pas, de l'ambiguïté du discours qui lui est soumis (1966, p. 216).

Perçu nécessairement après coup et en complément au traitement central, l'effet rhétorique est mesuré en fonction de l'écart par rapport à l'usage courant ou du degré d'ambiguïté créée dans le discours. Et cette prise de conscience, qui oblige le sujet à réévaluer le traitement sémantique qu'il vient d'effectuer en fonction de l'effet perçu, interfère avec le sens et donne à celui-ci une coloration particulière, au même titre qu'un effet visuel ou auditif.

Filtres de lecture

Tout comme la photographie ou l'électroacoustique utilisent des filtres pour ne retenir que certaines ondes lumineuses ou sonores, l'esprit humain possède une capacité innée de « filtrer » à travers une grille interprétative les données fournies par les sens. Il est bien connu que, dans le brouhaha d'un cocktail, un individu peut facilement sélectionner les bruits ambiants pour ne laisser passer que les voix qui l'intéressent. Ce que l'on appelle couramment la « merveilleuse plasticité du cerveau » semble se rapporter en fait à la faculté que possède celui-ci de recourir à volonté à divers « filtres », relevant du traitement de la perception ou de l'intellection. Ce sont ces derniers qui servent de contexte premier aux opérations de compréhension globale.

Les filtres cognitifs peuvent se superposer, de la même manière que leurs équivalents optiques. Ainsi, en lisant un roman japonais du XIe siècle, le lecteur sera amené à utiliser le filtre de ses connaissances littéraires ainsi que celui de son Japon imaginaire. Les filtres seront tout différents lorsqu'il s'agira de lire une publicité en faveur d'un parc à thème américain.

Alors que la plupart des filtres sont normalement labiles et choisis en fonction des données à traiter, un individu peut aussi décider d'adopter de façon quasi permanente un point de vue englobant et doctrinaire, afin de l'appliquer en dernier ressort à toutes les données qui peuvent lui être soumises, de près ou de loin : c'est le filtre idéologique. Un individu raciste trouvera ainsi l'occasion d'exprimer ses préjugés dans la plupart des circonstances de la vie courante tout comme un militant communiste pouvait quotidiennement obtenir la confirmation de son idéologie et de la nécessité de faire la révolution. L'adoption d'un filtre idéologique présente l'avantage de renforcer constamment chez son usager la certitude d'avoir raison. Car, dans la balance à deux plateaux où finit par se jouer tout acte de compréhension verbale, c'est celui du contexte qui pèse le plus.

Le filtre idéologique est constitué par un ensemble de propositions simples et explicites qu'un individu va adopter de façon délibérée. Cela en fait une réalité cognitive très différente des préjugés, idées reçues ou stéréotypes : ceux-ci, en effet, ne font pas l'objet d'un choix mais sont imposés à notre insu par le simple fait de notre immersion dans un état social déterminé. En tant que tel, un stéréotype est susceptible d'être abandonné lorsqu'un individu en prend brusquement conscience ou que, par l'éducation, il acquiert une compréhension plus approfondie d'un ensemble de phénomènes. Au contraire, l'individu qui a opté pour une idéologie donnée rejettera avec énergie toute confrontation avec des faits susceptibles de contredire ou de ruiner son système de valeurs. Le terme « idéologie » dénote ainsi une virulence militante que ne possède pas le stéréotype.

Comme la lecture consiste à placer son imaginaire sous la coupe d'une pensée étrangère, elle peut entraîner des modifications radicales dans le système de croyances d'un individu. Estimant que « les craintes et les accusations des théologiens classiques [contre la lecture] ne sont pas si niaises, ni si bornées [et qu'elles] sont le fait de lecteurs qui sont remarquablement sensibles à la lecture », Pascal Quignard écrit :

> Celui qui lit prend le risque de perdre le peu de contrôle qu'il exerce sur lui-même. Il se laisse assujettir totalement pendant le temps de sa lecture, à la limite de la perte d'identité, dans le risque de disparaître (1990b, p. 151).

Il faut en effet payer le prix de notre dépendance à l'égard de pensées toutes prêtes. Voilà quatre cents ans déjà, Montaigne notait :

> Notre âme ne branle qu'à crédit, liée et contrainte à l'appétit des fantaisies d'autrui, serve et captive sous l'autorité de leur leçon. On nous a tant assujettis aux cordes que nous n'avons plus de franches allures (*Essais, I,* 26).

Avec les possibilités illimitées de reproduction qu'apporte l'imprimerie, c'est la stabilité politique et doctrinale d'une société qui va être bouleversée en l'espace de quelques années. On sait tout ce que le mouvement de la Réforme doit à la diffusion rapide des thèses de Luther grâce à l'imprimerie apparue un demi-siècle plus tôt. Aussi la production des livres va-t-elle bientôt être sévèrement réglementée. Un édit de François Ier datant de 1563 exige que les imprimeurs aient obtenu pour chaque ouvrage publié le privilège royal. De leur côté, les instances religieuses mettent en place la règle de l'*imprimatur* pour leurs publications internes et le catalogue de l'*Index* pour les ouvrages interdits. Ces œillères et restrictions imposées au libre choix des lecteurs ne tomberont en désuétude que très tardivement, lorsque le pouvoir politique deviendra incapable de justifier la censure en raison de l'évolution des aspirations démocratiques.

Aujourd'hui, les sociétés occidentales admettent implicitement que la régulation ne peut pas venir d'en haut, et que, exception faite de la propagande haineuse, tous les points de vue devraient pouvoir s'exprimer librement, tout comme les produits circulent sans restriction artificielle dans une économie de marché. Ce libéralisme va de pair avec une expansion du territoire des sciences humaines et une place de plus en plus grande accordée au jeu interprétatif : l'idéal d'une formation de lecteur pourrait bien être que ce dernier soit à même de faire passer tout texte à travers un filtre choisi délibérément en fonction de ses buts ou de l'humeur du moment. Borges imagine ainsi que l'anachronisme volontaire et systématique serait un puissant moyen de créer de nouveaux jeux de sens à partir d'un texte connu, car il permettrait de lire *L'Imitation de Jésus-Christ* comme si elle avait été écrite par Céline et *Don Quichotte* comme s'il était dû à un auteur du début du XXe siècle.

Textualité : forme et substance

Selon une définition proposée par Ducrot et Todorov, le texte se caractériserait « par son autonomie et par sa clôture » (p. 375). Cette définition classique est toutefois devenue problématique depuis l'apparition de l'hypertexte. Celui-ci, en effet, tel qu'on le connaît sur le Web, peut être organisé de façon à ne pas avoir de limites apparentes de début ou de fin, autres que celles que le lecteur choisit de donner à sa séance de lecture. En échappant ainsi à son auteur, le texte semble avoir quitté le domaine du clos et du stable pour se placer sous la catégorie de l'éphémère et de l'épisodique. Aussi est-il nécessaire de proposer une définition de la textualité qui ne soit pas liée à un support particulier.

Réalité extrêmement fluide, le texte ne saurait se limiter à une simple succession de mots. On sait par exemple qu'un manuscrit, une fois publié, se transforme en un produit nouveau et que la machine éditoriale met en œuvre des infrastructures très coûteuses pour faire du livre un objet séduisant. On peut donc s'attendre à ce que cet *emballage* du texte modifie aussi la façon dont il va être lu. Loin d'être indifférent, le support modifie le rapport que le lecteur pourra établir avec le texte. Un journal ne se lit pas comme un livre, et l'on imagine mal aujourd'hui d'en faire passer le contenu sous un format de poche ; réciproquement, la publication d'un roman au format d'un journal en rendrait la lecture moins agréable. Plus encore que son homologue imprimé, le texte numérique peut prendre une variété de formes, même si son potentiel est loin d'être exploité à son maximum, compte tenu des limitations imposées par les écrans et les logiciels.

Pour mieux cerner l'objet texte, nous nous inspirerons en partie de la conception de la lecture proposée par Harald Weinrich et reprise par Jean-Michel Adam, en vertu de laquelle « chaque texte contient certaines instructions adressées au lecteur qui lui permettent de s'orienter dans ce morceau de monde que propose le livre » (p. 31).

Nous considérerons pour notre part que les instructions données au lecteur débordent la matière purement verbale et ce qu'il est généralement convenu d'appeler le texte. Pour rendre compte du texte saisi dans son environnement visuel, nous utiliserons le concept de « textualité », défini comme la caractéristique d'un objet sensible appréhendé de façon spatiale et qui s'adresse à la compréhension d'un lecteur en jouant à la fois sur la mise en rapport systématique de propositions élémentaires placées en contiguïté et sur des rappels plus ou moins lointains, continus et réglés d'éléments présentés en amont. Ce jeu de mise en rapport de divers éléments est influencé par la disposition du texte sur l'espace de la page, ses attributs typographiques et son environnement iconique ainsi que, dans le cas du texte sur écran, par le placement d'éléments dans des fenêtres distinctes, accessibles par des liens hypertextuels. Toute manipulation de ces variables entraînera des répercussions sur la textualité et modifiera la lecture que l'on pourra faire d'un texte donné.

À titre d'exemple, la textualité d'un récit sera très différente selon que ce dernier est mis en pages à la façon d'un fait divers, d'un poème ou d'un hypertexte. On connaît ainsi la réécriture d'un fait divers par Jean Cohen :

Hier sur la Nationale sept
Une automobile
Roulant à cent à l'heure s'est jetée
Sur un platane
Ses quatre occupants ont été
Tués[1].

Dès le premier coup d'œil, la disposition en vers, l'élimination de la ponctuation et l'introduction d'une majuscule au début de chaque ligne tendent à forcer une lecture « poétique » de ce fait divers. Le rejet de compléments ou de mots importants (« Sur un platane », « Tués ») a pour effet d'introduire des « blancs » dans la lecture et d'engendrer des effets de sens très différents de ceux qu'aurait provoqués le même texte en prose. Si la prose est normalement associée à une textualité qui joue sur la contiguïté des divers éléments du texte et sur les enchaînements entre ceux-ci, la poésie favorise, pour sa part, une textualité de type visuellement fragmenté, où tous les éléments sont coprésents, et qui met en valeur, par sa disposition spatiale, les rapports paradigmatiques.

Par ailleurs, on pourrait envisager de disposer ce fait divers sous la forme d'un hypertexte éclaté, ce qui se traduirait par un émiettement de l'information en cinq entrées abstraites, placées ci-dessous dans la colonne de gauche, et susceptibles de faire apparaître, au lecteur qui cliquerait sur chacune de celles-ci, les réponses figurant en regard :

Titre ? — Un accident
Quand ? — hier
Où ? — sur la Nationale sept
Quoi ? — une automobile
Comment ? — roulant à cent à l'heure
Action ? — s'est jetée sur un platane
Résultat ? — Ses quatre occupants ont été tués.

---

1. Cité par Genette, 1969, p. 150.

Que mon
Flacon
Me ſemble bon !
Sans lui ,
L'ennui
Me nuit ,
Me ſuit ,
Je ſens
Mes ſens
Mourans ,
Peſans.
Quand je le tien ,
Dieux ! que je ſuis bien !
Que ſon aſpect eſt agréable !
Que je fais cas de ſes divins préſens !
C'eſt de ſon ſein fécond, c'eſt de ſes heureux flancs
Que coule ce nectar ſi doux , ſi délectable ,
Qui rend tous les eſprits , tous les cœurs ſatisfaits.
Cher objet des mes vœux, tu fais toute ma gloire.
Tant que mon cœur vivra, de tes charmans bienfaits
Il ſçaura conſerver la fidelle mémoire.
Ma Muſe , à te louer , ſe conſacre à jamais.
Tantôt dans un caveau, tantôt sous une treille,
Ma lyre , de ma voix accompagnant le ſon ,
Répetera cent fois cette aimable chanſon
Regne ſans fin, ma charmante bouteille;
Regne ſans ceſſe mon cher flacon.

Jouant à la fois sur l'iconique et le textuel, le calligramme engendre d'abord un effet que vient redoubler et amplifier le sens produit par la lecture du texte. Ci-dessus un calligramme de Panard, *Théâtre et Œuvres diverses,* 1763.

Il s'agit évidemment ici d'un exemple limite, mais qui vise à illustrer un mode de fonctionnement textuel permis par l'hypertexte.

L'ordinateur peut aussi accueillir, bien évidemment, les formes de textualité traditionnelles que sont la prose et la poésie. Mais les contraintes de la lecture sur écran et la masse énorme d'informations accessibles ont amené la mise en place du concept d'hypertexte, qui privilégie le dévoilement par le lecteur des éléments d'information que ce dernier juge nécessaires. Cette caractéristique situe l'hypertexte dans une pragmatique de l'interactivité.

La textualité ne dépend pas seulement de la disposition spatiale des segments du texte, mais aussi de ses attributs typographiques : le fait qu'un mot soit dans telle ou telle taille de caractères, dans telle ou telle police, en gras, en italique, en couleur ou en majuscules indique au lecteur qu'il doit le lire autrement que les mots voisins. Ces caractéristiques matérielles de l'objet texte étaient cruciales pour un poète comme Mallarmé, qui accordait beaucoup d'importance à la disposition du poème sur la page et qui était aussi sensible qu'un typographe au jeu des marges et du blanc. Mais, chez la plupart des écrivains, ces préoccupations seraient vues comme des caprices, ou des empiétements sur le terrain de l'éditeur, maître absolu de la forme du livre. Pendant longtemps, seul le calligramme, dont la textualité vient de la redondance sémantique du visuel et du textuel, a pu légitimement revendiquer sa composante visuelle et la garder intacte sous le format du livre.

En matière de textualité, il y a lieu aussi de considérer la façon dont l'environnement iconique du texte oriente l'activité du lecteur. On ne lira probablement pas un roman de la même façon dans une édition « pur texte » que dans une édition illustrée.

Avec l'hypertexte, la part du visuel dans le texte et la dimension iconique sont en voie d'expansion, du fait que l'auteur peut se réapproprier la totalité des outils d'édition dont l'invention de l'imprimerie l'avait dépossédé. Grâce à l'ordinateur, il peut prendre en charge la mise en forme typographique et iconique de son texte, et, dans le cas d'un hypertexte, déterminer précisément le degré d'interactivité qu'il souhaite accorder au lecteur. Si, dans une culture étroitement compartimentée, on pouvait facilement exclure de la textualité la dimension visuelle, il ne sera plus possible de le faire dès lors que la mise en pages, la typographie et les éléments iconiques auront été conçus par l'auteur lui-même et qu'ils seront considérés comme partie intégrante de l'œuvre, faisant de celle-ci un objet à voir et à regarder autant qu'à lire, tels les livres-objets de Michel Butor.

Articulations textuelles

Comme nous l'avons vu dans la section sur le contexte, tout phénomène de sens repose sur la découverte de liens entre une donnée perçue et un contexte cognitif préexistant. En principe, tout élément textuel ou non textuel présent à la conscience du lecteur peut servir de contexte à la compréhension d'une nouvelle phrase si celle-ci peut s'y rattacher d'une manière ou d'une autre, que ce soit légitimement ou à la suite d'un quiproquo.

Le texte produit son sens et ses effets au moyen de l'articulation de masses textuelles de divers niveaux. Les articulations peuvent être *extratextuelles* et faire jouer un texte sur un contexte non linguistique : c'est le cas lorsqu'un texte est mis en relation avec un élément iconique ou avec une donnée événementielle ou pragmatique.

La production du sens et des effets peut relever d'un jeu *intertextuel,* où l'on met un texte en résonance avec des éléments textuels susceptibles de lui être apparentés. Ce jeu peut reposer sur une articulation faible, voire purement subliminale, au moyen de laquelle le lecteur va sentir affleurer quelque chose de vaguement familier. Mais ce même jeu peut aussi exiger une lecture juxtalinéaire, comme dans le pastiche ou la parodie, où le plaisir du texte provient de la mise au jour et de la prise de conscience de tous les écarts par lesquels un texte source a été travesti.

Le plus souvent, un texte constitue un univers de sens en lui-même et va jouer sur des articulations purement *textuelles,* soit sur les rapports entre les propositions, les phrases, les paragraphes, les chapitres, les parties d'un ouvrage. Les unités de grande articulation que sont les paragraphes et les chapitres permettent au lecteur de manipuler plus facilement de grandes masses d'information parce qu'elles se détachent visuellement et acquièrent une existence autonome.

En principe, plus un texte comporte de niveaux d'articulation, plus il facilite la production d'une variété d'effets de sens. La supériorité traditionnelle de l'écrit sur tout autre média réside en ceci que, dès le départ, le texte est conçu en fonction de la lecture, c'est-à-dire en vue de son appropriation par un destinataire, et que la nature même de son support confère au lecteur une maîtrise complète de tous les éléments qui le constituent. Chaque élément du texte — lettre, mot, phrase, paragraphe, chapitre, titre, etc. — est ainsi susceptible d'être isolé, analysé et mis en relation avec d'autres, ce qui permet une multiplication inépuisable des jeux de signification possibles. Tant sur le plan matériel que sur celui des significations, le livre possède une « structure feuilletée », pour reprendre l'expression de Gérard Haddad, et celle-ci donne au lecteur des possibilités de choix que ne peut lui offrir un film ou quelque autre forme de spectacle.

Nous poserons comme hypothèse qu'il existe deux types d'articulations discursives élémentaires. La première correspond à une énonciation dialogique ou semi-dialogique, de type question-réponse, où le premier terme est souvent maintenu dans l'implicite, comme dans les textes de type informatif et argumentatif, mais où il peut aussi être formulé très explicitement, comme dans la *Somme théologique* de saint Thomas d'Aquin. La seconde est temporelle et relève du prototype de l'énonciation autonome qu'est le récit *(puis/alors).* Ces deux formes sont dérivées de l'état d'oralité primaire. Nous considérerons plus loin le cas particulier qu'est la liste, où l'articulation n'est pas de type discursif mais repose sur un procédé élémentaire de mise en séquence visuelle.

Un texte ne peut produire des effets de sens que s'il met en place des articulations repérables par l'usager. Cela implique que l'auteur détermine au préalable, d'une part, les masses textuelles proposées au lecteur et, d'autre part, les types d'articulations à établir entre elles.

Ces principes valent également en matière d'hypertexte. Dans les bases de données encyclopédiques, les articulations sont de type semi-dialogique : on suppose que le lecteur est guidé par sa curiosité pour les réalités que recouvrent des mots et qu'il porte en lui les questions auxquelles la base de données apporte les réponses, sans exclure la possibilité qu'il soit aussi conduit par des réseaux d'associations. Mais on ne saurait en dire autant de tous les types de lecture. Souvent, le lecteur ne peut trouver en lui l'impulsion suffisante pour effectuer un parcours autonome d'une certaine ampleur : il demande à être tiré en avant, emporté sur ce qu'on pourrait appeler des rails sémantiques. C'est à une telle demande que répond, par excellence, le genre du roman, et particulièrement le roman-fleuve, qui constitue une machine textuelle extrêmement efficace : en produisant dans l'esprit du lecteur un contexte de réception très fourni, ce roman qui s'étend sur des milliers de pages permet des conjonctions de sens très puissantes. De même, le lecteur qui « s'enfonce » dans un roman de type sériel, Harlequin ou autre, aspire à retrouver un univers avec lequel il est devenu familier. Un lecteur ainsi habitué à être pris en charge par le récit risque fort d'être désemparé devant un texte qui ne proposerait que des associations de type dialogique.

Instances énonciatives

L'énonciation constitue la façon particulière dont un individu s'approprie la langue dans une situation concrète particulière. Selon la définition de Benveniste, elle est la « mise en fonctionnement de la langue par un acte individuel d'utilisation » (1974, p. 80). Ce linguiste a ainsi montré qu'il existe deux grands modes d'énonciation, selon le rapport qui s'établit entre ce qui est dit et les personnes à qui on le dit : le discours et le récit, appelé aussi « énonciation historique ». Nous nous intéresserons ici à l'instance du discours. Contrairement à ce que l'on pourrait penser au premier abord, la notion de discours englobe toutes les situations de langage, orales et écrites, où un locuteur s'adresse directement à son interlocuteur. Dans le domaine de l'écrit, c'est le cas, par exemple, de « tous les genres où quelqu'un s'adresse à quelqu'un, s'énonce comme locuteur et organise ce qu'il dit dans la catégorie de la personne » (1966, p. 242). L'instance du discours englobe donc la correspondance, les mémoires, le théâtre, les ouvrages didactiques. Sur le plan linguistique, cette instance se caractérise notamment par l'emploi de déictiques (« ici », « là », « maintenant », « demain », « hier », etc.), le recours à certains pronoms

(« je », « tu », etc.) et à certains temps de préférence à d'autres (le passé composé y est plus normal que le passé simple).

Examinons brièvement la façon dont le support du texte modifie l'instance énonciative. Dans une conversation face à face, le discours renvoie implicitement à la personne du locuteur et à un contexte, au point que nombre d'informations peuvent être omises parce qu'elles font partie des connaissances partagées entre les interlocuteurs. C'est le cas, au minimum, des noms, statuts et qualités des interlocuteurs ainsi que des coordonnées spatiotemporelles de l'échange.

En revanche, dès que l'auteur du discours est absent, ces informations devront être explicitées à l'intérieur du texte, dans une mesure variable selon le support du discours. Dans le cas d'un message gravé sur la pierre, la référence d'un adverbe de lieu, tel « ici », est absolue, en ce sens qu'elle est donnée par l'endroit où est érigée la pierre. Cette préservation du lieu physique de l'énonciation engendre une forme de « présence » de l'énonciateur et autorise une certaine interaction avec le lecteur.

Il n'en va déjà plus de même pour un texte imprimé, où la référence des déictiques est devenue relative. Pour savoir qui parle dans le texte, en quel lieu et à quelle époque, le lecteur devra le plus souvent se reporter au contexte narratif ou, dans le cas d'un texte non fictif, aux indications bibliographiques normalisées, qui font partie du paratexte de l'objet livre : date de l'édition originale, nom de l'auteur, éditeur, etc. Ces éléments permettent au lecteur de déterminer qui parle, depuis quel endroit et à quelle époque. En revanche, une feuille volante peut ne pas comporter de lieu d'impression, ni de date, ni de nom d'éditeur, ni même de nom d'auteur. Cet effacement de toute référence à l'instance énonciative, qui permet la diffusion des discours anonymes, constitue la hantise des régimes autoritaires.

Avec le réseau Internet, notre civilisation est entrée dans un nouvel âge, où la « technologisation du mot » est poussée à l'extrême et où la référence se fait encore bien plus mouvante et plus aléatoire que sur le papier. Perdant en stabilité ce qu'il a gagné en fluidité, le texte est devenu une pure configuration immatérielle sans aucune attache avec un lieu d'origine, voire une culture déterminée, accélérant l'obsolescence des appareils d'État. Même l'adresse du serveur sur lequel est située une page est souvent sans intérêt sur le plan référentiel, car les « alias » deviennent de plus en plus courants, ainsi que les sites hébergés gratuitement sur un serveur étranger vivant de redevances publicitaires.

En outre, la notion de page étant moins fermement établie dans un document hypertextuel que dans le livre papier, et n'étant pas tributaire d'un ordre fixe, comme dans un ouvrage relié, l'instance du discours est amputée de nombreux éléments qui la caractérisent normalement sous le régime imprimé. L'auteur ne pouvant pas tenir pour acquis que le lecteur lira ses « pages » dans un ordre donné, il ne peut pas utiliser le futur ni le passé pour fournir des indications d'ordre métanarratif : le récit est condamné à se dérouler dans un éternel présent. Dans un essai rédigé sur ce média, l'auteur ne peut pas davantage recourir à ces succédanés spatialisés de la référence temporelle que sont des locutions du type « nous verrons plus loin » ou « nous avons vu dans une section précédente ». En principe, la seule référence qui lui soit permise est celle du texte de la page en cours par opposition aux autres, qui ne sont ni antérieures ni postérieures. L'hypertexte est le lieu où triomphe par excellence l'idéologie du « ici et maintenant ».

Une fois allégé de ses « atomes » et réduit à l'état de « bits » sur le Web, pour parler comme Negroponte, le texte perd une bonne part de ses dispositifs linguistiques d'ancrage autoréférentiel. Mais il compense cette perte par la généralisation des liens avec des informations complémentaires fournies par d'autres pages. La référence, qui était contenue à l'intérieur du livre et appelée de façon explicite, est maintenant signalée, mais partiellement, par un simple attribut visuel attaché au mot qui lui sert de point d'ancrage : par convention, les fureteurs du Web confient cette fonction à la couleur bleue, encore que l'usager puisse établir ses propres choix. Dans certains systèmes, l'hypermot peut aussi être encadré ou souligné. Son changement de couleur permet ainsi de situer le lien dans une dimension temporelle, dont la valeur dépend non pas de l'activité du rédacteur mais de celle du lecteur, en tant que lien déjà visité ou à visiter. En ce sens, le lecteur de l'hypertexte s'est effectivement approprié une partie du rôle auparavant dévolu à l'auteur : il est devenu l'énonciateur des rapports de lecture entre les différentes parties du texte.

Cette transformation du rapport à la référence permet certes au lecteur de recueillir beaucoup plus rapidement les informations dont il a besoin. En cliquant sur le nom d'un auteur, il peut se retrouver devant la page d'accueil de ce dernier et, au moyen d'un autre clic de souris, se mettre en position de lui envoyer un message. Mais, pour un fonctionnement adéquat, ce jeu de référence implicite exige aussi la mise au point de nouvelles conventions d'écriture et de lecture, faute de quoi des références ne seront tout simplement pas comprises ou jugées pertinentes. À titre d'exemple, le déictique « ici » rencontré dans une page Web ne pourra pas renvoyer à un lieu géographique, car un même document peut se trouver sur divers serveurs situés sur des continents différents. Ce déictique n'est utilisable qu'à condition d'être *cotextualisé,* c'est-à-dire spécifiquement référencé dans le contexte immédiat du texte. Même sous hypertexte, l'instance textuelle de référence est d'abord constituée par les éléments coprésents, qui participent du même plan visuel, de la même fenêtre, ou de la même surface d'écran. À partir du moment où il faut cliquer sur un bouton ou sur un mot quelconque pour faire apparaître une nouvelle fenêtre d'information, celle-ci sera perçue comme étrangère au contexte de départ, ou à tout le moins comme secondaire, à la façon des notes rejetées en fin de chapitre ou de volume.

La virtualisation du contexte de référence frappe aussi l'auteur du texte sur ordinateur, qui est plus anonyme, plus fantomatique, que ne l'a jamais été un écrivain publié. Aussi le recours à un pseudonyme est-il un aboutissement naturel de cette décontextualisation, qui ne laisse aux lecteurs-interlocuteurs aucun moyen de savoir s'ils ont affaire à un homme ou une femme, un adolescent ou un vieillard. Pure entité textuelle, l'internaute possède ainsi une liberté qui excède de loin celle que l'écrivain occidental s'est conquise au cours des derniers siècles au moyen de l'entité abstraite qu'est le narrateur fictionnel. Sous le masque qu'il s'est choisi, chacun peut maintenant jouer sa propre vie et explorer toutes les ressources de la parole feinte. Avec la généralisation de l'anglais comme *lingua franca,* le découplage d'avec le contexte culturel de départ de l'énonciateur devrait encore s'accentuer. Le mythe de Babel se lira peut-être au futur comme celui de la confusion entraînée non pas par la multiplicité des langues, mais par celle des masques énonciatifs.

À ce propos, on se souvient que Joseph Weizenbaum avait mis en place en 1966 un programme interactif, intitulé Eliza, capable de donner l'illusion d'une réaction intelligente dans les réponses qu'il faisait aux messages qu'on lui envoyait, en adoptant le rôle discursif d'un psychologue rogérien non directif. Retravaillé en fonction de certains *patterns* conversationnels caractéristiques des groupes de discussion, un programme de ce genre pourrait assez facilement créer une illusion de présence et devenir un interlocuteur valable pour des milliers d'internautes...

De l'interactivité au langage hors jeu

L'interactivité qui caractérise les productions hypertextuelles repose sur la combinaison de plusieurs facteurs, dont deux nous paraissent essentiels : un rapport dialogal avec le lecteur et la possibilité d'embranchements variés dans la trame textuelle. Tout en se targuant d'une modernité que confirme l'investissement technologique dont elle est l'objet, l'interactivité semble ainsi renouer sous certains aspects avec l'oralité, mais elle peut aller bien au-delà.

L'interpellation du lecteur est souvent associée à cet archaïque support de l'écriture qu'est la pierre, comme si, par sa permanence en un lieu donné, celle-ci disposait d'une force énonciative intrinsèque. On a ainsi retrouvé nombre d'inscriptions épigraphiques de la Grèce ancienne qui s'adressent au passant, parfois pour l'insulter, parfois pour l'inviter à se recueillir. On trouve aussi des mises en garde très explicites adressées aux passants sur des murs de cathédrales médiévales, où l'on apostrophe parfois vertement le buveur de bière qui serait tenté de se soulager contre l'édifice. Et la pierre tombale et le graffiti attestent encore de la permanence d'une écriture susceptible de s'adresser directement au lecteur. Mais l'apostrophe risque d'être perçue comme une intrusion dans l'espace privé et ne va pas aujourd'hui sans risque, comme en témoigne la polémique déclenchée par une sculpture de Jordi Bonet, qui avait reproduit sur le mur du Grand Théâtre de Québec un vers du poète Claude Péloquin : « Vous êtes pas écœurés de mourir, bande de caves ! ».

La structure dialoguée est d'autant plus prégnante dans les œuvres d'une culture donnée que celle-ci est plus proche de l'état d'oralité. Ainsi était-elle caractéristique des premières œuvres philosophiques de la civilisation grecque, tels les dialogues de Platon. Mais elle serait toujours repérable, selon Bakhtine, dans les ouvrages argumentatifs ou informatifs, dont une analyse attentive montrerait, pour beaucoup d'entre eux, que l'auteur les a rédigés en prévoyant les objections éventuelles de son lecteur. Souvent même, ces dernières se manifestent dans le découpage des paragraphes, chacun de ceux-ci correspondant à une objection distincte. Il est donc permis de voir dans l'écrit une forme d'interactivité prévue par l'auteur, qui construit son texte en vue de la rencontre avec un lecteur.

Si l'on examine les choses du point de vue du lecteur, on voit aussi que le travail de compréhension s'effectue en laissant se déposer en soi la pensée d'un auteur, laquelle va ensuite être traitée, évaluée et acceptée comme plus ou moins valide. Bref, elle va susciter une réponse. Cette analyse de la compréhension à la lumière de l'expérience du dialogue est à la base de la pensée herméneutique de Gadamer. Pour ce philosophe, tout texte implique une relation de dialogue avec le lecteur potentiel :

> Je crois avoir montré qu'il faut penser la compréhension du dit à partir de la situation de dialogue, c'est-à-dire finalement à partir de la dialectique question-réponse, dans laquelle on s'explique et en vertu de laquelle on articule un monde commun. [...] L'écrit en tant que tel ne modifie absolument pas les données du problème. [...] De même, tout livre, qui attend la réponse du lecteur, ouvre-t-il un tel dialogue (p. 15).

La notion de dialogue proposée par Gadamer se situe à un niveau plus abstrait que chez Bakhtine. À la limite, le « dialogue » dont il est question ici peut se passer entièrement dans l'esprit du lecteur, qui interrogera le texte lu en fonction de ses croyances et de ses connaissances antérieures. On est donc assez loin de la situation dialoguée propre à l'oral.

Au XVIIIe siècle, alors que, sous la poussée de l'imprimerie, le texte tendait à se dépouiller de la subjectivité de l'auteur et que s'achevait la réification du mot, on assiste en littérature à une tentative non seulement pour introduire la figure du lecteur dans le récit, mais aussi pour en faire une composante importante du jeu narratif. Les réussites les plus éclatantes à cet égard nous sont fournies par l'Anglais Sterne *(Vies et Opinions de Tristram Shandy)* et le Français Diderot, qui ont poussé le procédé à la limite et en ont tiré des effets hilarants. À titre d'exemple, le narrateur de *Jacques le Fataliste* n'hésite pas à apostropher ainsi ses lecteurs dès l'ouverture du récit :

> Vous voyez, lecteurs, que je suis en beau chemin, et qu'il ne tiendrait qu'à moi de vous faire attendre un an, deux ans, trois ans, le récit des amours de Jacques, en le séparant de son maître et en leur faisant courir à chacun tous les hasards qu'il me plairait.

Diderot se pose ici en maître du discours, jouant en virtuose avec son public comme pourrait le faire un conteur dans un salon. Il imagine aussi des questions qu'il rejette aussitôt comme non pertinentes (« Comment s'appelaient-ils ? — Que vous importe ? ») et ironise avec le lecteur potentiel en le prenant à partie pour les interrogations mêmes qu'il pourrait se faire à part soi :

> Les voilà remontés sur leurs bêtes et poursuivant leur chemin. « Et où allaient-ils ? » Voilà la seconde fois que vous me faites cette question, et la seconde fois que je vous réponds : « Qu'est-ce que cela vous fait ? »

Mais cette façon cavalière et humoristique d'interpeller le lecteur fera bientôt place à des procédés de désignation plus discrets, caractérisés par le recours à la troisième personne, comme chez Balzac ou Hugo. On trouve ainsi dans *Notre-Dame de Paris* :

> Nos lectrices nous pardonneront de nous arrêter un moment pour chercher quelle pouvait être la pensée... (V, 2)
>
> Que le lecteur nous permette de le ramener à la place de Grève... (VI, 2)
>
> À l'époque où se passe cette histoire, la cellule de la Tour-Roland était occupée. Si le lecteur désire savoir par qui, il n'a qu'à écouter la conversation de trois braves commères... (VI, 3)

Aujourd'hui, même ce genre d'allusion respectueuse au lecteur est devenu rare. Certes, la possibilité est toujours là, et des auteurs aussi différents qu'Italo Calvino *(Si par une nuit d'hiver un voyageur)* et Frédéric Dard, alias San Antonio, l'ont exploitée avec bonheur. Mais le pôle du narrataire ne survit le plus souvent dans l'écriture qu'à l'état de trace fantomatique, que seul pourra reconstruire un lecteur patient et attentif, selon le modèle de Prince, en examinant le jeu interne des questions rhétoriques, des surjustifications ou des comparaisons renvoyant à un référent censément connu du public visé.

Assurément, la position dans laquelle le lecteur contemporain se projette le plus volontiers est celle d'un observateur plutôt que d'un interlocuteur direct : il préfère lire par-dessus l'épaule de l'écrivain plutôt que d'en être considéré comme le jouet ou de passer pour le récepteur captif d'un dialogue face à face. Bref, il n'est pas près de quitter la position confortable qui est la sienne depuis que la lecture a cessé d'être placée sous le régime de la voix, projection du corps qui l'articule en intériorisant celle de l'auteur, pour se vivre et se penser sous celui du regard, avec tous les jeux de distanciation que ce dernier permet.

Nul n'est plus conscient que l'écrivain de cette transformation. Aussi, dans les productions romanesques et culturelles contemporaines, les rapports inégaux entre auteur et lecteur tendent-ils à être occultés, voire niés, plutôt que mis en scène de façon spectaculaire comme chez Diderot ou Sterne. Si, par la force des choses, un jeune lecteur accepte encore assez facilement d'être pris dans une relation inégale, il n'en va pas de même pour le lecteur adulte et sophistiqué. Celui-ci tolère mal que l'écrivain abuse de son pouvoir et il n'est pas prêt à lui concéder une quelconque position de supériorité énonciative, tout comme il refuse les incohérences et les invraisemblances narratives dans la mesure où celles-ci font bon marché de ses capacités de prévision et de raisonnement. Si l'écrit peut encore être dit le lieu d'un dialogue entre narrateur et lecteur, c'est seulement sur le plan virtuel, dans l'intériorité de l'acte de compréhension.

Voilà donc située une des composantes premières de l'interactivité, qui remonte à cette possibilité ancienne que possède l'écrit de s'adresser directement au lecteur et dont le texte moderne a appris à jouer avec une extrême discrétion. Mais le dialogue ne saurait suffire à créer l'interactivité. Il doit encore être intégré à un ensemble textuel ou médiatique susceptible de modifications significatives en fonction des réponses du lecteur.

Anticipant sur le concept d'hypertexte et de labyrinthe virtuel, Borges imagine dans « Le jardin aux sentiers qui bifurquent », publié en 1941, qu'un lettré chinois avait écrit un roman apparemment incohérent, comparable à un « labyrinthe de symboles » ou encore à « un invisible labyrinthe de temps ». La clé de ce début énigmatique est fournie lorsqu'un savant anglais explique à son interlocuteur que l'incohérence du roman en question provient du fait que l'auteur a pris en considération tous les dénouements possibles pour chacun des événements à survenir dans la trame narrative. Les contradictions et incompatibilités du roman chinois seraient donc dues à la juxtaposition des divers possibles à l'intérieur d'une même trame narrative. Une fois l'énigme élucidée, le récit peut alors se clore et le dénouement produit une impression d'autant plus forte qu'il est rigoureusement logique et forme un contrepoint ironique à l'hypothèse de l'infinité des possibles, qui en constituait le thème central. Précisons que le paradoxe ne consiste pas ici à envisager une dérive infinie à travers *des* textes, la circulation dans une bibliothèque pouvant déjà en fournir une assez bonne expérience sans que celle-ci soit vécue comme extraordinaire. La force paradoxale du récit est d'imaginer une telle dérive à partir d'un objet unique répondant à un même principe organisateur. Bref, avec ce texte de Borges, le concept du récit à embranchements était en place. Il restait à le mettre en œuvre de façon efficace.

Une des premières réalisations en ce sens remonte à « Un conte à votre façon » publié en 1967 par Raymond Queneau, dont l'intérêt pour les jeux de combinatoire littéraire s'était déjà affirmé dans son fameux « Cent mille milliards de poèmes » et dans son apport considérable au groupe de l'OuLiPo (Ouvroir de littérature potentielle). Le récit en question compte vingt paragraphes, construits sur le modèle d'un conte pour enfants, format idéalement adapté à une interaction forte avec le lecteur :

> 1. Désirez-vous connaître l'histoire des trois alertes petits pois ?
> si oui, passez à 4
> si non, passez à 2.
> 2. Préférez-vous celle des trois minces grands échalas ?
> [...]

Il faut rappeler qu'à l'époque où Queneau rédigeait ce conte les travaux de narratologie connaissaient un essor extraordinaire. Dans la foulée des recherches de Lévi-Strauss sur le mythe ou de celles de Propp sur le conte, des chercheurs de premier plan, tels Barthes, Greimas, Larivaille et Bremond, multipliaient les publications sur la logique des possibles narratifs. Ce regard nouveau porté sur la structure du récit devait en permettre la réinvention sous une forme interactive.

Un pas supplémentaire sera franchi en ce domaine avec l'apport d'une réflexion sur le jeu et sur la supériorité ludique d'une combinatoire de type aléatoire, comme celle que fournit un lancer de dés. Passionnés par les jeux de rôles du genre *Donjons et dragons,* les Anglais Steve Jackson et Ian Livingstone s'intéresseront très activement à la structure à embranchements et mettront au point un genre narratif qui deviendra vite très populaire chez les jeunes sous l'étiquette « Un livre dont vous êtes le héros » (en anglais *Fighting Fantasy*). Dans ce type d'ouvrage, chaque paragraphe est numéroté et débouche sur divers choix, dont certains peuvent obliger le lecteur à retourner sur ses pas ou à terminer le récit de façon prématurée. Ce fonctionnement narratif exige évidemment que l'auteur se donne au départ un organigramme détaillant avec précision les divers embranchements s'il ne veut pas se perdre et perdre ses lecteurs, le nombre de paragraphes étant autrement plus important que dans le conte de Queneau : quatre cents paragraphes pour *Le Sorcier de la Montagne de Feu,* premier volume de la série, publié en 1982, et huit cents pour le volume le plus long, *La Couronne des rois.* La formule est efficace et inspirera même des essais visant un public adulte, tel celui de Biron et Popovic, dont le titre parodie d'ailleurs celui de cette collection.

Après avoir rédigé une série de vingt-huit titres sur ce modèle, Jackson et Livingstone abandonneront le média imprimé pour passer tout logiquement au jeu sur ordinateur, qui permet une interactivité incomparablement plus riche que celle offerte par le support papier.

Mais, sur ordinateur, l'interactivité ne passe plus obligatoirement par le dialogue, surtout en matière de jeux. En fait, la composante verbale, qui était encore très présente dans les jeux des années quatre-vingt, est pratiquement réduite à néant dans les hypermédias fictionnels ou les jeux sur CD-ROM. On peut aujourd'hui s'engager dans une fiction complexe sans que le langage soit présent, sauf à l'état d'épiphénomène. Ce mouvement de « déverbalisation » a été rendu possible par une modification radicale du point de vue de narration. En effet, le « lecteur » de ces fictions interactives ne se trouve pas dans la position d'un témoin ou d'un voyeur qui se fait raconter par quelqu'un d'autre une histoire qui serait déjà là ou qui se déroulerait devant lui, comme c'est le cas dans un roman ou un film. Il n'est pas non plus le participant d'un dialogue qu'il ne conduit pas, réduit à faire des choix parmi des possibilités que lui soumettrait l'auteur. Avec les nouveaux jeux à la première personne, le lecteur est véritablement le héros, l'acteur principal, grâce auquel l'histoire se met en mouvement et prend vie. Son introduction dans la trame narrative peut prendre deux formes majeures. La première et la plus courante est celle d'une interaction au moyen d'un personnage vicariant. Le joueur peut ainsi se retrouver virtualisé à l'écran sous les traits d'une archéologue pulpeuse *(Tomb Raider),* d'un héros des Niebelungen *(Ring)* ou d'un détective californien *(Blade Runner),* pour ne nommer que quelques exemples d'un univers déjà très riche — et dont le chiffre d'affaires dépassait les onze milliards de dollars en 1998. Mais le joueur peut aussi interagir sans aucun intermédiaire avec les environnements virtuels, et s'inscrire à l'écran sous la forme d'une place vide, dépourvue de masse et de reflet, mais capable de se déplacer, de manipuler des objets, d'ouvrir des carnets de notes, voire d'être l'allocutaire passif d'un des acteurs de l'histoire *(Myst, Riven).* Dans tous ces jeux, le lecteur ne crée pas l'histoire, et les déplacements et actions déclenchés par les clics de la souris sont évidemment limités aux possibilités inscrites dans l'algorithme du programme. Toutefois, l'illusion d'une action « libre » est assez forte du fait que les choix offerts ne sont pas énoncés verbalement, ce qui réduit considérablement les capacités analytiques du joueur.

Manifestement, nous ne sommes plus ici en présence d'un texte au sens traditionnel du terme. Pourtant, il serait difficile d'affirmer qu'il n'y a pas lecture, car l'usager interprète activement des signes, décode des configurations, fait des choix éclairés en fonction des indices qu'il a recueillis et produit du sens en mettant en relation des données avec un contexte d'accueil. Tout comme dans les romans classiques, où alternent les actions et les pauses descriptives, le lecteur des hyperfictions

Dans l'hypermédia fictionnel qu'est *Riven,* c'est par des clics de souris que le lecteur est à même de transformer en signes des images ou des portions d'images, et de recueillir ainsi à partir de ce pseudo-texte les indices qui lui permettront de progresser dans le jeu jusqu'à la résolution de l'énigme. Ainsi précisée, l'image entre donc de plain-pied dans la sphère sémiotique de l'univocité, mais au prix d'une dégradation du signe sur le plan du signal.

est conduit par une chaîne narrative serrée et le désir de « connaître la suite », tout en effectuant occasionnellement des pauses pour contempler la richesse des images qui lui sont offertes. Aussi avons-nous proposé ailleurs de recourir au concept de *pseudo-texte* pour désigner tout objet de nature non linguistique dont la configuration se prête à des opérations de lecture[1]. Plus précisément, un pseudo-texte est un ensemble de données d'une certaine étendue et susceptible de faire l'objet d'une lecture chez un individu possédant les compétences nécessaires pour en repérer les principales informations et les appréhender de façon signifiante, en faisant intervenir pour cela des activités cognitives de mise en relation, de sélection et de rappel. À cet égard, un édifice constitue un pseudo-texte pour un architecte, tout comme un tableau pour un peintre,

---

1. Vandendorpe, 1998c.

car ceux-ci sont à même d'y découvrir les choix effectués par le créateur et d'établir des relations entre les divers éléments constitutifs. De même que pour le texte, un pseudo-texte sera d'autant plus riche que les compétences spécifiques du lecteur seront plus grandes.

Pour nous, la révolution interactive réside dans cette extension apparemment illimitée des processus de lecture, qui débordent la matière verbale dans laquelle ils s'étaient spécialisés depuis quelques milliers d'années, et particulièrement depuis l'apparition de l'imprimerie. Grâce à l'interactivité, la lecture est maintenant à même de prendre en charge des signes non verbaux, que des conventions peuvent rendre parfaitement opératoires à l'intérieur d'environnements fermés.

Variétés de l'hypertexte

En informatique, la notion d'hypertexte représente une façon de relier directement entre elles des informations diverses, d'ordre textuel ou non, situées ou non dans un même fichier (ou une même « page »), à l'aide de liens sous-jacents. Grâce à une interface qui fait une large place aux éléments visuels et intuitifs, telles la couleur et les icônes, l'usager d'un hypertexte peut repérer les endroits d'un document où sont greffées des informations supplémentaires et y accéder directement à l'aide d'un simple clic de la souris.

La théorie littéraire utilise aussi le terme d'hypertexte dans un tout autre sens. Ainsi, pour Gérard Genette, l'hypertexte désigne « tout texte dérivé d'un texte antérieur par transformation simple [...] ou par transformation indirecte » (1982, p. 14). Dans ce sens-là, *Ulysse,* de James Joyce, serait un hypertexte de l'*Odyssée* d'Homère. En fait, la notion aujourd'hui courante d'hypertexte, telle qu'elle nous vient de l'informatique et de l'utilisation du Web, se rapprocherait davantage de celle d'« intertexte » proposée d'abord par Julia Kristeva et redéfinie par Michael Riffaterre comme étant « la perception, par le lecteur, de rapports entre une œuvre et d'autres qui l'ont précédée ou suivie[1]». Mais il n'y a pas encore coïncidence, vu que l'intertexte, dans ce sens, est un fait de lecture, alors que l'hypertexte dont nous parlons ici est un construit informatique de liens et de textes, ces derniers correspondant à des fichiers ou à des parties de fichiers susceptibles d'être affichés dans des fenêtres de dimensions variables.

Il existe de nombreux logiciels d'hypertextes. Parmi les pionniers, mentionnons Hypercard, Hyperties, KMS, Intermedia et Notecards. Depuis l'apparition du Web, on parle surtout, pour la gestion du texte en hypertexte, du puissant langage de notation qu'est le SGML *(Standardized Generalized Markup Language)* et de ses dérivés que sont le HTML *(HyperText Markup Language)* ou, plus récemment, le XML *(Extensible Markup Language)*. Pour la gestion d'environnements multimédias, on utilise, entre autres, Toolbook et Director ou, sur le Web, Java. Plusieurs taxinomies des langages hypertextes ont été présentées, notamment par Conklin et Halasz.

Historiquement, le terme *hypertext* a été créé en 1965 par Ted Nelson, qui désignait par là une façon nouvelle d'écrire sur ordinateur, dans laquelle chaque unité textuelle pourrait donner lieu à un accès non séquentiel. Le texte ainsi créé reproduirait la structure non linéaire des idées par opposition au format « linéaire » du livre, du cinéma ou de la parole. Nelson était lui-même redevable à l'article prophétique de Vannevar Bush qui, dès 1945, envisageait un gigantesque système d'emmagasinage du savoir humain grâce auquel chacun pourrait interconnecter et annoter tous les documents susceptibles de l'intéresser. Dès avant l'apparition de l'ordinateur personnel, Nelson a cherché à réaliser le rêve de Bush au moyen d'un système informatique qu'il a baptisé Xanadu, nom du palais de l'empereur mongol Ku Blai Khan, que Coleridge met en scène dans un de ses poèmes pour en faire la figure symbolique de la mémoire et de ses trésors accumulés. Le Xanadu de Nelson était censé déboucher sur un vaste système de librairie uni-

---

1. Cité par Genette, 1982, p. 8.

verselle que l'on a comparé à un McDonald's de l'information[2], dont les clients se rendraient dans des magasins franchisés pour consulter « l'univers des documents » *(docuverse),* en effectuant des micropaiements pour chaque nœud d'information auquel ils accéderaient. En dépit de ses connotations mercantiles, le modèle de Nelson a exercé une profonde influence sur l'évolution de l'hypertexte, et l'on peut considérer que le réseau du Web en est l'aboutissement sous une forme libre.

L'hypertexte permet de manipuler des données de toute sorte, et pas seulement langagières, tels des images, des sons et des séquences vidéo ou animées. Il permet aussi de moduler l'interaction du lecteur avec le document en prévoyant dans les « objets » présentés à l'écran divers types de réactions accordées aux mouvements effectués par le lecteur à l'aide de la souris. L'auteur du programme peut stipuler, par exemple, que tel mot change de forme ou de couleur lorsque l'usager en approche le curseur au moyen de la souris. Grâce à ces caractéristiques, l'hypertexte fait entrer l'écrit dans une forme radicalement neuve de « dialogisme électronique », selon l'expression de Pierre Laurette. Plus encore que le livre, qui est susceptible de prendre bien des aspects, l'hypertexte peut déboucher sur des produits dont l'apparence et l'organisation interne pourront varier considérablement. En fait, la technologie informatique est capable de donner au texte numérisé toutes les formes imaginables.

Dans un texte sur papier, les paragraphes ou blocs d'information sont disposés selon un ordre séquentiel, et le lecteur y accède essentiellement par contiguïté, tout en s'aidant d'éléments tabulaires plus ou moins nombreux. Dans un hypertexte, les divers blocs d'information peuvent constituer autant d'îlots distincts et autonomes, accessibles par le lecteur dans une même « page » ou dans des pages séparées. Selon la nature du document et les lecteurs visés, l'auteur d'un hypertexte pourra favoriser un accès par *sélection,* par

2. Voir Christopher Keep : web.uvic.ca/~ckeep/hfl0157.html

association, par *contiguïté* ou par *stratification*. Ces divers modes peuvent exister seuls ou sous diverses combinaisons.

1. *Sélection*. Le cas le plus simple de sélection est celui où le lecteur choisit dans une liste ou détermine par une entrée au clavier le bloc d'information qu'il est intéressé à lire. Les divers blocs d'information constituent autant d'unités distinctes entre lesquelles il n'y a aucun lien essentiel. Le lecteur est guidé par un besoin d'information très précis qui s'épuise dès qu'il a obtenu satisfaction. Ce modèle est typique du catalogue, où toute l'organisation est construite sur un principe d'expansion, chaque mot de l'index permettant un branchement sur une description détaillée. Le dictionnaire fonctionne également selon ce principe, mais chacun de ses articles peut aussi contenir des renvois à d'autres entrées : synonymes, antonymes, etc. La sélection peut encore s'effectuer dans la liste des pages que l'usager a déjà consultées à l'intérieur du document, au cours d'une même séance de travail. Elle peut se faire dans une table des matières ou à l'intérieur d'une représentation arborescente où les divers branchements sont accessibles à divers niveaux de hiérarchisation. Enfin, le mode le plus fréquent de sélection est offert par les « hypermots » dénotés par une couleur particulière et sur lesquels l'usager est invité à cliquer pour explorer le contenu qu'ils recouvrent.

Appliqué à un texte d'une certaine ampleur, le principe de sélection est caractéristique aussi de l'hypertexte fictionnel, où chaque page-écran comporte plusieurs liens pointant vers d'autres pages, actualisant ainsi l'idéal borgésien des « sentiers qui bifurquent ».

De même, dans le domaine de l'essai, on pourrait imaginer que chaque bloc de texte serait suivi d'un certain nombre d'icônes, dont chacune correspondrait à une suite textuelle possible en fonction des réactions attendues de la part du lecteur, dans la mesure où l'auteur est à même de les prévoir. Après avoir lu un segment de texte donné, le lecteur pourrait sélectionner la « suite » la plus pertinente, eu égard à sa configuration mentale du moment. Ce faisant, il serait obligé de s'engager activement dans sa lecture, ayant à faire des choix et à se prononcer pas à pas sur chaque section lue. Mais attention à l'explosion combinatoire ! Si un bloc de texte ouvre sur trois choix et que chacun de ceux-ci en comporte également trois, nous aurons au troisième niveau neuf suites possibles au texte de départ, vingt-sept au quatrième et quatre-vingt-un au cinquième. Il faudrait donc rédiger cent vingt et un textes pour qu'une suite de cinq paragraphes soit accessible en mode parfaitement « libre » et « hypertextuel » ! En fait, il faut renoncer à l'idée que les choix puissent être ouverts à chaque niveau, sans quoi leur multiplication entraînerait le lecteur dans une dérive inexorable, tout en forçant l'auteur à explorer rigoureusement toutes les possibilités logiques à chaque point de son argumentation. D'ailleurs, la liberté apparente donnée ainsi au lecteur ne fait que renforcer la position souveraine de l'auteur, qui apparaît comme le maître de tous les dénouements possibles.

2. Sélection et *association.* Le lecteur choisit l'élément qu'il veut consulter, mais peut également naviguer entre les blocs d'information en se laissant guider par les associations d'idées qui surgissent au fil de sa navigation et des liens qui lui sont proposés. Ce modèle est typique de l'encyclopédie.

3. Sélection, association et *contiguïté.* En plus des modes précédents, les blocs d'information sont accessibles de façon séquentielle, comme le sont les pages dans un livre. Ce modèle convient à un essai ou à un article scientifique et sera notamment utilisé pour des adaptations sur CD-ROM d'ouvrages imprimés sur papier. Il correspond à une transposition simple du format codex au format électronique. À titre d'exemple, dans un essai comme celui de Marvin Minsky, *The Society of Mind,* adapté en hypertexte, le lecteur peut choisir de sélectionner un titre dans la table des matières, chercher un mot dans l'index ou circuler d'un chapitre à un autre ou d'une page à une autre. Le mode de la contiguïté n'est intéressant que si les différentes pages d'un document sont censées se lire dans un ordre déterminé — comme c'est habituellement le cas pour le livre.

4. Sélection, association, contiguïté et *stratification.* En plus d'être accessibles par les modes précédents, les éléments d'information peuvent être distribués en deux ou trois niveaux hiérarchisés selon leur degré de complexité, ce qui permet de répondre aux besoins de diverses catégories de lecteurs ou de satisfaire, chez un même lecteur, à divers besoins d'information. Ce modèle d'hypertexte combine au maximum les avantages du codex avec les possibilités ouvertes par l'ordinateur, notamment par la prise en compte d'une nouvelle dimension du texte, qui est celle de la profondeur. En superposant diverses « couches » de texte sur un même sujet ou, selon une autre métaphore, en satellisant autour d'un noyau central divers documents complémentaires dont les usages sont bien définis, un hypertexte stratifié offre en fait plusieurs livres en un seul.

À titre d'exemple, l'usager d'un tel hypertexte pourrait se déplacer dans une fenêtre principale où il ferait tourner des pages, tout en ayant la possibilité d'ouvrir en parallèle une ou plusieurs fenêtres secondaires offrant un discours plus théorique ou, au contraire, plus vulgarisé. Il existe bien des domaines où il est souhaitable de pouvoir jouer sur une structure de ce type, à double ou triple strate, offrant un discours de base et des fenêtres concurrentes accessibles sur demande. C'est le cas par excellence pour les situations d'autoapprentissage, où l'apprenant se trouve placé devant une masse de concepts interreliés qui peuvent ne pas lui être tous connus. C'est aussi le cas pour le manuel technique, dont l'usager peut à tout moment souhaiter consulter des informations complémentaires sur un élément particulier. Ces quatre modes de déplacement pourraient également être utilisés conjointement dans l'édition électronique d'une œuvre donnée, en ouvrant de nouvelles perspectives à l'édition critique pratiquée sur papier. Le fil principal de lecture serait alors constitué par la version finale du texte, surplombant les strates des versions antérieures, que le lecteur pourrait aussi choisir d'afficher en parallèle. On accéderait aux différentes pages du texte par contiguïté ou par sélection dans une table des matières. Enfin, les commentaires, notes et illustrations seraient accessibles par connexité ou par liens associatifs. En raison de la richesse et de la diversité des liens ainsi proposés au lecteur, nous appellerons ce type idéal un hypertexte « stratifié » ou « tabulaire ».

La réussite d'un outil de ce genre dépend évidemment de la cohérence et de l'intérêt de la strate de base. Si celle-ci est relativement facile à déterminer dans le cas d'une édition critique, il n'en va pas de même pour d'autres documents. Dans un manuel visant un public diversifié, il y aurait lieu d'établir les diverses strates d'informations que celui-ci devrait contenir. La strate de base contiendra évidemment le fil principal du texte, constitué d'informations minimales et d'un niveau de difficulté moyen. À chaque page où le besoin le justifie, des hypermots permettraient d'ouvrir une ou deux fenêtres complémentaires : une fenêtre « profane » à l'usage des usagers qui n'en savent pas assez pour comprendre le propos principal, une fenêtre « expert » à l'intention de ceux qui possèdent déjà les connaissances de base et qui veulent en savoir plus.

Travaillant sur un dispositif capable de jouer sur la profondeur et non plus seulement sur la surface de la trame discursive, le rédacteur d'un hypertexte tabulaire doit accorder le plus grand soin à l'établissement des différentes strates et au partage des informations entre le niveau de base et les strates complémentaires. Ces choix varieront suivant le type de texte et le public cible. Selon les cas, les niveaux d'informations seront départagés en fonction d'un axe concret/abstrait, d'un clivage entre récit et documents, ou entre texte savant, données expérimentales et ouvrages de référence, ou encore entre texte didactique, exemples et exercices, etc.

En règle générale, il ne semble pas souhaitable de concevoir plus de trois strates complémentaires au niveau de base. Une multiplication de celles-ci engendrerait une prolifération des types de renvoi, et la lecture deviendrait vite un casse-tête. On ne doit pas perdre de vue que, dans une économie textuelle soucieuse du lecteur, l'important est de fournir à ce dernier des repères qui lui permettent de contrôler son travail de lecture, notamment au moyen des déplacements de la souris sur la surface de l'écran, et de prévoir avec certitude le résultat de son action. La présence d'une strate *profane* ou *expert* rattachée à un mot ou à une page donnés devra donc toujours être dénotée par les mêmes procédés : icône ou attribut de couleur. Le lecteur profane qui clique sur une icône en espérant trouver une explication adaptée à son niveau serait vite découragé si, au lieu d'obtenir satisfaction, il tombait sur des développements destinés à un expert. Pour être efficace, la lecture doit reposer sur des conventions stables afin de permettre une concentration maximale du lecteur sur le contenu.

Tout comme l'ont fait les médias imprimés, il n'y a pas de doute que l'hypertexte stratifié élaborera lui aussi ses conventions et que celles-ci s'intégreront à la culture des lecteurs. En dépit des difficultés que cela présente, c'est certainement dans cette direction que réside l'avenir le plus prometteur de l'hypertexte si celui-ci doit dépasser le stade de l'utopie libératrice pour devenir un outil de travail.

Par ailleurs, ces divers modes d'organisation de l'hypertexte peuvent déboucher sur des formes de navigation très différentes selon le degré d'opacité ou de tabularité retenu pour la présentation des données. Un hypertexte littéraire ou ludique peut opter pour une navigation opaque et donner à l'usager la possibilité de produire des événements sur l'écran, mais sans qu'il sache où il est ni où il va. Il n'y a pas alors de « déplacements » évidents, tous les événements informatiques pouvant se dérouler dans un même cadre apparent. Cette forme d'hypertexte opaque peut convenir à un récit expérimental du type *Afternoon* de Michael Joyce, ou à un jeu d'aventure comme *Myst,* où le joueur n'a aucune idée de sa position relative par rapport à l'ensemble des énigmes à résoudre. Mais, en matière de document d'information, l'option la plus satisfaisante pour le lecteur est celle qui lui donne une vue claire de la distribution de l'information et lui permet d'accéder directement à chacun des blocs en ayant le plein contrôle de ses déplacements. Il est significatif à cet égard que même certains jeux récents, tel *Ring,* donnent au joueur la possibilité de choisir l'épisode qui l'intéresse et d'afficher à tout moment le pourcentage du chemin parcouru par rapport à celui qui lui reste à faire pour arriver au terme de chacun des épisodes.

S'il est un domaine où l'on ne peut laisser au hasard le parcours effectué par l'usager, c'est bien celui des apprentissages. Les programmes d'enseignement et les manuels reposent précisément sur le principe que l'acquisition des connaissances ne peut pas toujours se faire dans un ordre aléatoire, guidé par les seules associations libres du sujet. Les premières réalisations en enseignement assisté par ordinateur (EAO) ont poussé ce principe à l'extrême, enfermant l'élève dans un cheminement séquentiel microgradué où l'accès à un exercice était conditionné par la réussite du précédent. On attendait de l'élève qu'il accepte de progresser en aveugle, sans qu'il sache combien d'étapes il aurait à parcourir ni, parfois, quelle compétence réelle il retirerait du parcours effectué.

L'hypertexte pourrait certes être utilisé, lui aussi, de façon opaque et servir à contrôler totalement le parcours de l'usager, en ne lui permettant de faire que les branchements acceptés par la logique du programme, confortant ainsi les pratiques traditionnelles d'EAO. Nous croyons pour notre part que l'hypertexte devrait plutôt s'approprier certaines caractéristiques de la technologie séculaire du livre pour déboucher sur un produit nouveau, susceptible de satisfaire les besoins d'un lecteur exigeant et qui se sert de cet outil à des fins d'information ou d'apprentissage. C'est dans ce dernier domaine que les besoins sont les plus pressants. Comme le manuel de papier, un *hypermanuel* devra viser à présenter le plus rationnellement possible une masse d'informations sur un domaine de connaissances. Tout en étant regroupées de manière séquentielle, les données devront être accessibles par un index et une table des matières ainsi que par des liens internes. Comme dans tout imprimé, le lecteur pourra y circuler librement et à son rythme. Mais, pour être vraiment efficaces, les exposés théoriques et les démonstrations de l'hypermanuel seront aussi complétés par des exercices, afin de permettre à l'apprenant, d'une part, de s'assurer qu'il a bien compris le contenu d'une leçon et, d'autre part, d'acquérir certains automatismes par la mise en œuvre répétée d'un réseau d'associations. Enfin, la lecture sera encouragée par divers procédés interactifs produisant sur la page des événements susceptibles de stimuler la curiosité et l'intérêt du lecteur.

La réalisation d'un hyperlivre ou d'un hypermanuel exige donc de la part de l'auteur des choix stratégiques constants. La distribution des éléments d'information pose un problème central du fait que chaque unité textuelle primaire doit pouvoir être caractérisée par un titre. Dans la mesure où celui-ci est significatif pour l'usager, il permettra non seulement de trouver facilement les éléments d'information recherchés, mais aussi de garder une trace des pages parcourues au moment de la sortie de l'hypertexte. De cette façon, le lecteur pourra véritablement exercer un contrôle sur le texte, au lieu d'être contrôlé par lui ou d'y voyager à tâtons.

Contexte et hypertexte

Selon la conception originelle de l'hypertexte, ce nouveau mode d'organisation textuelle devait viser à se démarquer radicalement de l'imprimé en n'imposant pas d'ordre fixe au parcours du lecteur : ce dernier cliquerait sur les liens conduisant à de nouveaux blocs d'information en suivant exclusivement ses propres réseaux associatifs, dans une déambulation parfaitement libre. Une représentation aussi idyllique de la lecture supposait que l'auteur d'un hypertexte aurait, en réalité, renoncé à manipuler le contexte de réception du lecteur. Au nom de cette conception, on a vu au début des années quatre-vingt-dix des enthousiastes de l'hypertexte segmenter n'importe quel document pour l'adapter au nouveau média : l'article de Vannevar Bush a ainsi été « hypertextualisé » en huit tronçons numérotés, accessibles dans n'importe quel ordre[1]. Or il n'est pas sûr du tout que le lecteur sorte gagnant d'une telle opération. Le problème de création du contexte et des liens entre les fragments, qui relevait

---

1. Voir : www.ps.uni-sb.de/~duchier/pub/vbush/vbush.shtml

normalement de l'auteur incombe désormais au lecteur. Placé devant une série de fragments, le lecteur est maintenant appelé à se donner un contexte en fonction duquel il recherchera et interprétera les données susceptibles de satisfaire sa demande de sens.

La lecture sur hypertexte ne peut donc plus être ce mouvement qui s'alimente lui-même, comme dans le cas du texte traditionnel où les enchaînements entre les paragraphes et entre les chapitres sont planifiés par l'auteur et font l'objet de stratégies parfois très raffinées de création d'attentes. D'entrée de jeu, en effet, le livre papier manipule les contextes cognitifs du lecteur et tend à les saturer. Les pages de titre (titre du livre, titre de chapitre) et le paratexte en général ont pour fonction d'orienter les schèmes de réception et de créer des réseaux en fonction desquels aura du sens tout ce qui sera lu à la suite. Le cas échéant, le texte comportera aussi une épigraphe avec laquelle le lecteur sera tenté de mettre en relation le chapitre qui suit. Ou alors, le narrateur annoncera dès le départ une histoire croustillante qui ne sera dévoilée que par bribes au fil du récit ou, même, dont on ne saura jamais le mot de la fin, comme dans l'ouvrage de Sterne : l'organisation du livre et le fil du texte servent ainsi de relance constante, et le lecteur est invité à parcourir les sillons du livre jusqu'à ce qu'il atteigne à la connaissance promise ou à son absence acceptée, laquelle culmine nécessairement à la toute fin du récit.

Privé de cette promesse de dévoilement que contient le fil narratif, le lecteur de fragments doit constamment remettre à zéro le contenu de sa mémoire immédiate ainsi que les repères cognitifs qu'il avait dégagés de la lecture du fragment précédent : il doit recréer un contexte de réception adapté au nouveau fragment. Mais ce jeu de décontextualisation répétée a un prix : c'est la lassitude. À quoi bon continuer à cliquer sur des mots quand on ignore absolument le type de texte sur lequel on va déboucher ? Faute d'une stimulation adéquate permanente, l'impulsion initiale qui avait lancé la quête du lecteur est condamnée à s'épuiser bien vite.

Il est cependant possible de guider la navigation du lecteur en lui donnant des indices sur le contenu de la page sur laquelle pointe un lien donné. Le fait de titrer chaque page, ou chaque fragment, pourrait certes faciliter la mise en place d'un contexte de réception. Mais, en même temps, ce procédé contribue à éliminer l'illusion qu'il existe une continuité d'un fragment à un autre et rend plus aléatoire la persistance du contexte de lecture enclenché.

Quel que soit le moyen retenu, l'hypertexte ne pourra instaurer un nouveau mode de lecture qu'à condition de jouer sur toutes les séductions de la liberté de choix. C'est déjà ce que fait le journal, qui offre sur la surface de la page ou de la double page un choix entre dix ou vingt textes différents que le regard sélectionne, happe au passage, absorbe par fragments et délaisse parfois à peine commencés. Mais le journal possède l'avantage de disposer d'un vaste espace, capable de saturer l'empan visuel du lecteur.

Un écran d'ordinateur, au contraire, en raison de sa surface limitée, ne peut pas offrir au regard une multitude de colonnes d'informations ou de photos : il doit aguicher le lecteur par d'autres procédés. L'hypertexte devra donc soigner sa maquette afin de créer l'équivalent typographique d'une composition foisonnante. La règle fondamentale, en l'occurrence, est de recourir à de petits caractères et de segmenter l'écran en zones spécialisées, pour que le lecteur dispose de repères de navigation constants et qu'il puisse conduire son activité de lecture de façon tabulaire, en choisissant entre divers éléments d'une mosaïque.

Un autre grand principe est de renouveler constamment les jeux de séduction par lesquels retenir le lecteur. Idéalement, chaque clic sur un bouton, chaque changement de page, devrait créer un nouvel *événement.* Celui-ci peut être un clip sonore ou vidéo, l'apparition d'une image, l'ouverture d'une fenêtre, la modification des attributs typographiques d'un texte, le déplacement d'un élément iconique ou textuel, bref tout procédé qui attire l'attention. Les possibilités n'ont de limites que celles de l'imagination des infographes. Plus les événements seront variés et pertinents quant à l'objet de l'hypertexte, plus ils contribueront à faire de l'écran un espace vivant et interactif, susceptible de fasciner le lecteur. C'est dans cette spectacularisation du texte que réside l'apport le plus révolutionnaire de l'ordinateur comme « machine à lire ».

Des limites de la liste

Une façon de limiter les effets de décontextualisation dans un hypertexte est de placer les liens à l'intérieur d'une liste. Forme archétypale d'écriture hypertextuelle, parfaitement prise en charge par le langage HTML, la liste est le genre discursif le plus répandu sur le Web. Par un curieux retour des choses, il se trouve que ce procédé est aussi ancien que l'écriture elle-même. Selon l'anthropologue Jack Goody, la liste apparaît avec les tout premiers systèmes d'écriture et constitue une forme d'écrit abondante dès −3000. Les Sumériens en auraient pratiqué trois types principaux, à savoir : *a*) la liste rétrospective, qui sert à enregistrer des événements, des rôles sociaux, des personnes ; *b*) la liste inventaire, qui sert à noter des actions à faire et à les cocher au fur et à mesure ; *c*) la liste lexicale, embryon de nos dictionnaires.

Ce qui caractérise la liste, c'est que l'information n'y est pas notée de façon analogique par rapport à la parole, en utilisant des *articulations textuelles* de type verbal, mais sous une forme propre à l'écrit, en faisant jouer l'ordre du visuel et de la tabularité. Comme le fait remarquer Jack Goody, la liste s'oppose à la connexité propre au discours oral : elle « implique discontinuité et non continuité » (p. 150). En outre, « elle fournit un dispositif spatial de triage de l'information » (p. 155). Comme ces caractéristiques s'accommodent très bien de l'écriture hypertextuelle, il n'est pas étonnant qu'elle soit si populaire sur le Web. Étant formée d'éléments autonomes le plus souvent limités à une ligne, la liste présente en outre l'avantage d'être facilement lisible sur écran. Enfin, comme elle rassemble des éléments appartenant à une même classe, elle permet d'éviter les problèmes de décontextualisation évoqués plus haut et qui sont le point aveugle de l'hypertexte.

C'est cette affinité de l'hypertexte avec les listes qui permet par exemple à une grand-mère de réaliser, à l'intention de ses petits-enfants et des internautes du monde entier, une page Web où sont énumérés tous les jeux qu'elle connaît, regroupés selon différentes classes — jeux de cartes, de lettres, etc. — et où chaque élément de la liste pointe sur un site consacré au jeu en question. L'écriture la plus caractéristique de notre modernité renoue ainsi avec la forme inventée voilà quelque cinq mille ans, entre le Tigre et l'Euphrate, par des populations qui avaient découvert l'intérêt de confier à des tablettes d'argile séchées au soleil les éléments d'information les plus dignes d'être conservés.

La liste se prête aussi à une représentation spatiale, lorsque les éléments sont regroupés par champs sémantiques ou positionnés sous la forme d'une carte. On peut alors obtenir des effets visuels de désordre apparent en disposant les éléments dans un ordre non linéaire et en les reliant par un fil visuel, afin de proposer métaphoriquement au lecteur un chemin à suivre.

En dépit de tous ces avantages, la liste constitue un véritable degré zéro du texte en ce sens qu'elle ne contraint pas la lecture et ne la « porte » pas comme peut le faire la syntaxe textuelle. Cela tient au fait que les éléments n'y sont pas liés, mais simplement juxtaposés. La liste ne peut donc accueillir que des éléments de même nature et situés sur un axe d'équivalence paradigmatique. Elle convient très bien à des énumérations, dont Rabelais a exploité la force comique. Elle convient aussi, à la rigueur, à des éléments qui entretiennent entre eux des rapports de hiérarchie. Mais elle est incapable de traduire les rapports, parfois très subtils, que marquent les centaines de connecteurs de coordination ou de subordination : rapports de cause (car, vu que, comme, etc.), de condition (si, pourvu que, etc.), d'opposition et de concession (mais, bien que, malgré, en dépit de, au lieu de, etc.), de conséquence (donc, de sorte que, etc.), de temps (quand, dès que, etc.), de but (afin de, pour que, etc.), de transition (or, donc, etc.), de comparaison (comme, etc.), de restriction (cependant, etc.). Or, ce sont ces connecteurs qui font la richesse d'une argumentation et qui permettent de communiquer au lecteur des configurations cognitives nuancées et complexes. Sans eux, la liste ne peut que fonctionner sur un plan informatif, sans possibilité de construire un discours complexe ou de créer un univers narratif.

Vers une syntaxe de l'hyperfiction

Les hyperfictions se multipliant sur le Web et surtout sur CD-ROM, de nombreux sites se vouent à les répertorier, surtout du côté américain, où diverses revues électroniques en proposent, telles *Postmodern Theory* et *Culture Studies and Hypertext*. Du côté québécois et français, des hyperfictions commencent aussi à apparaître.

Si on les examine du point de vue de la démarche de lecture qu'elles requièrent, on peut observer une grande variété de genres, qui se différencient selon les divers paramètres que sont respectivement le degré de contrôle accordé au lecteur, la nature des textes et la part du visuel.

Certaines hyperfictions obligent le lecteur à naviguer en aveugle. C'est le cas, par exemple, d'une des premières fictions hypertextuelles, *Afternoon* de Michael Joyce, qui date de 1987. Dans ce récit, le lecteur n'a quasiment aucun contrôle sur son cheminement de lecture. Non seulement il ne sait pas quel segment du roman il a sous les yeux, mais il est dans l'incapacité de relire un passage déjà lu au cours d'une séance antérieure. En outre, certains passages ne lui sont accessibles qu'après qu'il a « visité » une séquence textuelle spécifique. Ces caractéristiques étaient évidemment voulues par l'auteur et ne sont pas inhérentes au support informatique. Comme l'expliquera plus tard Michael Joyce dans une réflexion sur ce type d'expérience :

> Je voulais, tout simplement, écrire un roman qui changerait au cours des lectures successives, et réaliser ces versions mouvantes en accord avec les liens que j'avais depuis quelque temps découverts naturellement dans le processus d'écriture et que je voulais partager avec mes lecteurs (p. 31; notre traduction).

Dans *Twelve Blue,* publié quelques années plus tard par le même auteur[1], on observe un progrès très net vers plus de transparence. Non seulement il est maintenant possible de relire un passage déjà lu, mais un dessin de fils enchevêtrés reproduit métaphoriquement la trame du texte et permet au lecteur d'afficher directement une des sections du récit par un clic de la souris sur une partie du dessin. Comme si cela ne suffisait pas, le dessin est accompagné d'une légende où apparaissent les chiffres correspondant à chacune des huit sections, et les contrôles de navigation sont repris en marge, avec un très explicite *Begin* pour appeler la séquence d'ouverture du récit. L'énigme prend ici la forme du labyrinthe à traverser, qui est une figure récurrente de l'hyperfiction et du jeu d'aventures.

D'autres hyperfictions vont proposer un fil conducteur tout aussi évident, mais reposant sur diverses métaphores organisatrices. Dans *TRIP* de Matthew Miller, la navigation est organisée à partir d'une carte des États-Unis : le lecteur clique sur l'un des États de la carte pour tenter de découvrir et suivre le fil du récit[2]. Dans *My Body,* Shelley Jackson a recours à un dessin sommaire du corps féminin pour évoquer des souvenirs autobiographiques[3].

1. www.eastgate.com/TwelveBlue/

2. raven.ubalt.edu/staff/moulthrop/hypertexts/aboutTRIP.html

3. www.altx.com/thebody/

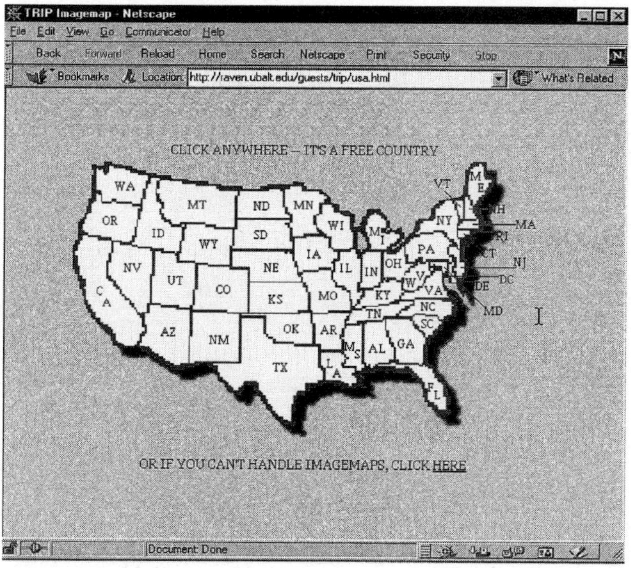

Dans *TRIP,* Matthew Miller a choisi une carte des États-Unis comme cadre organisateur de son hyperfiction. Le lecteur clique sur l'État où il veut se rendre pour suivre le fil narratif. D'abord publiée dans *Postmodern Culture,* en 1996, cette œuvre est accessible sur le site raven.ubalt.edu/guests/trip/

Mi-récits, mi-rébus, les créations proposées sur anacoluthe.com cherchent à retenir l'attention du surfeur par leur atmosphère de mystère et la qualité de la mise en images. Ci-contre, un extrait d'une hypernouvelle d'Anne-Cécile Brandenbourger.

Les histoires proposées sont souvent très brèves : quelques lignes, quelques écrans. Mais, intégrées à une trame narrative à peine esquissée, certaines images réussissent à créer un effet intéressant, à la fois énigmatique et poétique, comme le site Anacoluthe, qui pratique le haïku avec bonheur[4].

Beaucoup d'hyperfictions sont des essais sur l'hypertexte, tel *Le Nœud,* de Jean-François Verreault, qui contenait cent neuf fragments en février 1999[5]. La question centrale est évidemment toujours celle de la part qui sera faite à la lecture. Les textes les plus lisibles sont ceux qui fonctionnent à partir d'aphorismes cognitivement provocants ou de paradoxes, comme le fait Stuart Moulthrop dans *Hegirascope*[6]. Contrairement à la première version de cet essai, les pages s'enchaînent maintenant de façon automatique sur un tempo assez rapide, tout en continuant à offrir dans certains cas des liens au choix du lecteur.

Dans *HyperWeb* d'Adrian Miles[7], non seulement la réflexion joue sur le langage, mais elle accorde une place importante au symbolisme visuel. Chaque page est conçue comme une sorte de tableau intégrant illustrations et phrases de type aphoristique, ce qui nous rapproche du poème et du calligramme plutôt que de la fiction. Fait à signaler, tout comme chez Moulthrop, le défilement des pages se fait en mode automatique, sans exclure la possibilité pour le lecteur de cliquer aussi sur des liens dissimulés sous des éléments de texte ou d'illustration. Cette forme de lecture dirigée et linéaire a sans doute été jugée nécessaire pour entraîner le lecteur dans une continuité textuelle, au moins jusqu'à ce que soit créé un contexte de réception suffisant pour que la lecture se nourrisse de son propre mouvement. Au lieu d'indiquer le nombre de pages-écrans, l'introduction précise au lecteur que le défilement en mode automatique dure de six à sept minutes.

---

4. www.anacoluthe.com/

5. www.total.net/~amnesie/index.html

6. ebbs.english.vt.edu/olp/newriver/3/HGS2/HGSPropers.html

7. cs.art.rmit.edu.au/hyperweb/

Dans *HyperWeb* d'Adrian Miles, les pages proposent au lecteur une méditation poétique et picturale sur l'hypertexte. Cette œuvre a d'abord été publiée dans *Postmodern Culture,* 1996. Adresse actuelle : hypertext.rmit.edu.au/hyperweb/2_148.html

Dans ces derniers exemples, l'activité proposée se rapproche davantage du visionnement d'un spectacle que de la lecture d'un livre, en raison non pas tant de l'importance accordée au visuel que du manque de contrôle du lecteur sur la tourne de page.

On voit ainsi se mettre en place divers types d'hypertextes. Et l'écrivain ou l'éditeur qui a troqué l'imprimerie contre le réseau virtuel fait de plus en plus souvent appel à un maquettiste-designer-infographe afin de retenir l'attention des surfeurs en intégrant le texte à des éléments visuels séduisants. C'est le cas, par exemple, du Canadien Douglas Cooper, dont le roman *Delirium* a été hypertextualisé par Barry Deck, qui a d'ailleurs repris en page d'ouverture la métaphore visuelle d'un planisphère quelque peu retouché pour les besoins de la fiction[8].

Mais cette nouvelle forme d'écriture doit aussi parvenir à susciter l'intérêt du lecteur en recourant à un mode narratif qui ne repose pas sur le seul fil linéaire et en réduisant la longueur des blocs de texte, de façon à adapter la lecture aux contraintes de l'écran. Parmi les voies offertes, l'une des plus répandues est de proposer une énigme au lecteur, énigme qui va souvent prendre la forme d'un labyrinthe à traverser, comme dans une aventure interactive du type *Myst*. Mais ce modèle peut se combiner avec toutes les séductions du visuel et les variations rhétoriques que permet l'usage du fragment.

Il semble donc que la fiction hypertextuelle possède les ressources syntaxiques nécessaires pour remplir auprès du public lecteur plusieurs des rôles que le roman traditionnel a tenus jusqu'à maintenant, notamment par une hybridation des formes d'expression nouvelle avec les anciennes. On peut ainsi imaginer des personnages qui laissent traîner des notes soigneusement camouflées, dans une variante virtuelle du classique jeu de piste : l'auteur pourrait s'en servir pour exploiter tous les procédés romanesques au moyen desquels un lecteur

8. pathfinder.com/twep/features/delirium

est amené à s'investir émotivement dans un personnage, à réfléchir sur des questions fondamentales ou à rêver.

En fait, si l'art du roman réside, comme on l'a dit souvent, dans la capacité de retarder le dénouement d'une intrigue tout en créant un motif envoûtant à l'aide des diverses trames narratives qui le constituent, l'hypertexte est encore bien plus puissant que le livre. On peut en effet faire revenir un motif sous quantité de formes, qu'il s'agisse de textes suivis, de fragments, de messages enregistrés ou de vidéos, d'objets significatifs, sans oublier les messages obliques offerts par l'univers des sons et de la musique...

Dans ce spectacle total, l'œil perd évidemment une large part du contrôle qu'il est accoutumé à exercer. Mais cela ressemble dans une certaine mesure à l'expérience du cinéma ou du théâtre. On ne demande pas dans ses plaisirs la même dose de contrôle et de régulation que dans son travail.

On peut aussi imaginer des hyperfictions qui, en lieu et place d'une navigation opaque, opteraient pour la tabularité. Une hyperfiction tabulaire consisterait, selon notre définition, à multiplier les portes d'entrée offertes au lecteur, de façon que ce dernier puisse rapidement trouver dans l'œuvre les éléments qui l'intéressent ou sur lesquels il veut revenir. En plus d'une division en chapitres et d'une table des matières, on pourrait imaginer un index thématique (comme on en trouve déjà dans certaines œuvres, telle *La Vie mode d'emploi* de Perec), une carte générale des lieux parcourus (comme dans certains romans merveilleux, tel *Le Seigneur des anneaux* de Tolkien), une liste des personnages et de leurs relations (comme dans les pièces de théâtre), une chronologie des événements, etc. En cliquant sur un endroit de la carte, le lecteur pourrait voir s'afficher les renvois aux différents passages du récit qui s'y déroulent. Il pourrait aussi trouver rapidement tous les endroits du livre traitant d'un thème donné, soit que le repérage en ait été défini à l'avance par l'auteur, soit qu'il résulte d'une recherche effectuée au moyen d'un moteur d'indexage. Pour les ouvrages qui s'y prêtent, le lecteur pourrait aussi naviguer à partir des citations ou des illustrations, et de celles-ci aller au texte qui les accompagne. Enfin, on pourrait imaginer que le lecteur ait accès à toutes les gloses que chaque passage de l'œuvre a pu susciter chez les lecteurs, comme dans un manuscrit médiéval ou, plus près de nous, dans les bases de données de grandes librairies ou de films[9].

Le défi de l'hyperfiction est évidemment de garder l'intérêt du lecteur. Si l'on se souvient du progrès observé dans la structure narrative au fur et à mesure que furent intériorisées les caractéristiques de l'écrit, on peut penser que l'hyperfiction ne s'imposera véritablement qu'en mettant en place des histoires à énigme, où serait maximisé le gain cognitif offert par le dénouement. La lecture devient alors une quête et dans certains cas un parcours initiatique, où le lecteur recueille des indices qui lui permettent de passer à divers niveaux et d'atteindre finalement à la connaissance attendue.

---

9. Voir par exemple us.imdb.com/

Lecture de l'image

Même si le concept de lecture s'est considérablement élargi au cours des dernières décennies, il n'est pas excessif de dire que celle-ci se ramène toujours à une opération à deux faces. La première relève de l'ordre de la perception effectuée par l'appareil visuel ou par son équivalent tactile pour les ouvrages en braille. Elle consiste à recueillir sur une surface adéquate des caractères ou des mots appartenant à une écriture ou à un code donné. L'autre face de cette opération est d'ordre cognitif et correspond au traitement sémiotique des éléments perçus. Cela présuppose que les caractères ou les mots en question sont organisés de façon cohérente afin de permettre au lecteur d'en effectuer une lecture susceptible d'être reproduite et partagée avec une communauté.

Pourquoi ne retenir que la vue et le toucher parmi les sens mis à contribution dans la première face de l'opération de lecture ? Ne serait-on pas fondé à assimiler l'ouïe au rang des sens que peut mobiliser la lecture puisque les aveugles ont bien recours à des enregistrements audio ? Certes, mais même si la minicassette a pris place parmi les supports du livre, celle-ci reste un support indirect : ce qui est enregistré, ce n'est pas de l'écrit, mais des sons. Or, on ne « lit » pas une bande audio, on ne peut que l'écouter. La différence entre les deux activités est capitale. Le son est par nature transitoire. Il n'existe que dans la durée de sa production : il ne peut être figé, fixé dans un moment donné. L'oral relève donc du flux temporel. Au contraire, ce qui est soumis à l'empire de l'œil peut être arrêté et manipulé à volonté : on peut à tout moment, et sans le secours d'une technologie particulière, retourner en arrière dans le texte, isoler des segments, les figer sous le regard ou les mettre en relation avec d'autres segments, établir des hiérarchies, placer des repères, faire des annotations, flécher des parcours. La vue est le sens par excellence de l'intellection car elle permet d'analyser à volonté les données considérées. L'ouïe, au contraire, capte toute la masse sonore présente à un moment donné — même si le cerveau peut apprendre à neutraliser avec succès des bruits ambiants — et elle ne peut la saisir que si elle ne la fige pas, mais la suit dans son mouvement temporel. Pour ces raisons, le monde sonore ne fait pas, normalement, l'objet d'une lecture, car cette opération exige un contrôle des données que l'ouïe ne saurait fournir. Par ailleurs, le monde du visible ne se rapporte pas exclusivement, loin s'en faut, à celui du lisible, mais le déborde et l'excède de toutes parts, car tout ce que l'on voit n'appelle pas une lecture ni ne se prête à cette opération.

Il ne faudrait cependant pas non plus rabattre la lecture sur le seul matériau langagier, car on peut très bien lire autre chose que du texte. Ainsi apprend-on à lire un graphique, un schéma, un diagramme, un plan ou une carte géographique. Dans ces divers exemples, la présence d'une opération de lecture se reconnaît au fait qu'il est chaque fois nécessaire de mettre en relation des données codées en vue de produire du sens — qu'il s'agisse des variations de hauteur d'une courbe sur un axe des X en rapport avec celui des Y ou de la distance entre des points, de la grosseur des lignes et des traits qu'on peut y apercevoir, des variations de couleur ou des symboles divers servant à désigner des réalités naturelles ou culturelles. Ces acceptions élargies du verbe « lire » sont couramment admises, au point que la lecture de schémas est maintenant intégrée dans les manuels d'apprentissage de la lecture.

Le concept de lecture met en jeu des opérations cognitives de haut niveau, qui engagent ce qu'un individu sait et ce qu'il est. Quelqu'un qui affirme avoir *lu* un ouvrage est censé se l'être approprié, au moins d'une certaine façon. Au contraire, un simple regard n'engage pas intellectuellement, et encore moins une opération purement tactile (« je l'ai feuilleté ») : ces actions relèvent davantage de la perception que de la cognition et ne font que nous baigner superficiellement dans les schèmes produits par autrui ou dans les contextes cognitifs mis en place par l'opération de lecture.

Le langage courant offre deux verbes différents pour désigner l'activité du spectateur, selon que ce dernier est passif ou actif. À la réception passive correspond le verbe « voir », qui désigne l'état d'un individu envahi par le spectacle qu'il a sous les yeux ; le verbe « regarder » désigne une posture plus active et plus attentive, et suppose une certaine concentration du regard, une focalisation sur un secteur donné. Le spécialiste de la peinture qu'est Gombrich avait noté que « la lecture montre notre capacité de traitement de l'information à son degré le plus mystérieux » (p. 50). Et il est certain que le maximum de concentration visuelle est dénoté par l'acte de lire. Ce dernier terme ne peut s'appliquer à un objet donné que si certaines conditions sont remplies : il ne suppose pas seulement la concentration du regard, mais aussi l'exécution réglée d'un certain nombre d'opérations précises. La lecture implique en effet un mouvement volontaire de perception et de mise en relation de signes placés sous l'empire du regard ou de son équivalent et susceptibles de traitements réglés. Les trois verbes ici considérés ne sont donc pas interchangeables, et on ne peut certainement pas *lire* tout ce qui est susceptible d'être *regardé* et encore moins ce qui peut être *vu*. Ainsi répugnerait-on normalement à dire, par exemple, qu'on a l'intention d'aller « lire » les toiles d'un musée, car les tableaux sont d'abord et avant tout des surfaces qui doivent être appréhendées globalement par l'œil pour être « regardées », ou simplement « vues ».

Pourtant, il est de plus en plus question du verbe « lire », là aussi, surtout employé à l'infinitif et dans un contexte technique et savant. Ainsi ce dernier verbe sera-t-il privilégié dès que l'on veut insister sur un traitement sémiotique de l'image et appliquer à celle-ci les procédures actives d'attention et de production du sens habituellement réservées à l'écrit. À titre d'exemple, le sémiologue de l'image qu'est Louis Marin a montré, à propos de la *Manne* de Poussin, que l'on peut « lire un tableau », c'est-à-dire « à la fois discerner ce qui dans le tableau fait signe et énoncer, déclarer les significations de ces signes » (1993, p. 144). De même ne fait-il pas de doute pour Gadamer que l'on peut lire des œuvres plastiques, voire des édifices :

> Je tiens fermement que la lecture et non la reproduction est le véritable mode d'expérience de l'œuvre d'art elle-même et celui qui la définit comme telle. Il s'agit là de lecture au sens « éminent » du terme. C'est en vérité dans la lecture que se réalise toute rencontre de l'art. Et il y a lecture non seulement des textes, mais aussi bien des œuvres plastiques et des édifices (p. 28).

Pour qui accepterait pleinement la possibilité de « lire des images », la tentation serait grande de mettre en place une machine à lire qui soit aussi efficace en cette matière que pour le texte. C'est ce que Barthes semble avoir voulu faire dans *La Chambre claire.* D'abord submergé par « le désordre que dès le premier pas [il] avai[t] constaté dans la Photographie » (1995, p. 1118), il crut soudain avoir découvert une « règle structurale » pour expliquer le fait que certaines photos retenaient son regard alors que d'autres le laissaient indifférent. Cette règle, il la définit comme le repérage dans une photo de « la co-présence de deux éléments discontinus, hétérogènes », qu'il appelle respectivement le *studium* et le *punctum*. Le *studium* coïnciderait avec les intentions du photographe, telles qu'il estime les avoir repérées dans la photo, tandis que le *punctum* serait le détail qui retient l'attention du spectateur et qui, sans être nécessairement voulu, va dévier le regard et, à la limite, le mobiliser tout entier : ce peut être, selon les cas, les ongles sales d'Andy Warhol, les bras croisés d'un personnage, un aide de camp en kilt à côté de la reine Victoria ou le grain d'un pavé.

Et il est vrai qu'en examinant les photos ainsi commentées, le lecteur-spectateur ne peut manquer de reconnaître une certaine justesse à cette analyse. À la suite du grand critique, il pourra lui aussi découvrir ici et là le jeu significatif du *studium* et du *punctum,* et s'attacher à regarder des photos en s'attardant à tel ou tel détail susceptible de leur donner un sens singulier, transcendant les intentions de leur auteur. En y regardant de plus près, toutefois, on sera finalement forcé d'admettre que les effets de sens ainsi obtenus sont éminemment subjectifs et qu'on aurait pu en obtenir des dizaines d'autres à partir d'un découpage différent des éléments arbitrairement constitués en *studium* et en *punctum.*

En réalité, la démarche de Barthes visait à transposer dans le monde des images le mécanisme qui s'était révélé tellement efficace dans le fonctionnement du texte, sorte de machine à deux temps comme on l'a vu, qui consiste, dans son mouvement premier, à mettre en place un contexte approprié — le thème, appelé ici *studium,* ou concrétisation de l'intention de l'auteur, sur lequel on fait ensuite jouer un détail significatif : le rhème ou *punctum.* Cette démarche peut paraître d'autant plus légitime à une personne alphabétisée qu'elle procède de la façon dont on lit couramment, qu'il s'agisse de la structure de base de la phrase, du rapport entre un texte et le titre qui le coiffe ou de celui qui existe entre une image et sa légende.

Comme, dès le premier regard, le tableau s'offre dans sa totalité, il est possible au spectateur d'en sélectionner n'importe quel détail afin de le faire jouer sur la figure de fond que constitue l'ensemble. Chacune de ces mises en relation pourra ainsi produire une « lecture » différente et donc un « sens » différent, au gré du spectateur. On retrouve ici un point de contact avec l'hypertexte, qui, en principe, n'offre pas non plus de début ni de fin obligés aux divers parcours de lecture — sauf que le mode d'expression en est profondément différent et que, dans le tableau, tous les éléments sont coprésents, alors que, dans l'hypertexte, ils sont placés dans un rapport de substitution réciproque.

Mais, qu'on ne s'y trompe pas, la lecture d'une image, au sens plein du terme, ne fournira une sensation d'achèvement et de nécessité que dans la mesure où elle s'exercera sur une séquence narrative ou sur la relation avec une légende évocatrice. L'exemple le plus typique est celui des œuvres allégoriques, qui sont souvent elles-mêmes la traduction picturale d'un récit archétypal, tel le tableau de la *Manne* de Poussin analysé par Louis Marin. Mais le sémiologue de l'image, qui n'était pas dupe de la métaphore implicite dans ces opérations de lecture, reconnaîtra ailleurs que le langage et la peinture ne signifient pas du tout de la même façon. Ainsi qu'il l'a formulé avec beaucoup de finesse : « Dans le langage, les idées se substituent aux signes pour la communication des esprits. Dans la peinture, les signes se substituent aux choses pour le plaisir des imaginations » (1994, p. 33).

Sartre avait également opposé le fonctionnement sémiotique des images à celui du signe linguistique :

> Le peintre est muet : il vous présente un taudis, c'est tout ; libre à vous d'y voir ce que vous voulez. Cette mansarde ne sera jamais le symbole de la misère ; il faudrait pour cela qu'elle fût signe, alors qu'elle est chose (p. 62).

À la différence du mythe qui, selon Lévi-Strauss, avait toujours au moins pour fonction de « signifier la signification », une image peut se contenter « d'être là » ; mais elle pourra être investie de valeurs supérieures selon le rapport qu'un individu donné entretient avec elle. Aussi peut-on dire avec Régis Debray que l'image est « à jamais et définitivement énigmatique, sans *bonne leçon* possible. Elle a cinq milliards de versions potentielles (autant que d'êtres humains) dont aucune ne peut faire autorité (pas plus celle de l'auteur qu'une autre) » (1993, p. 59).

Sans aller aussi loin que Lyotard, selon qui « On ne lit pas, on n'entend pas un tableau » (p. 10), il faut toutefois admettre que, en cette matière, l'opération de lecture doit normalement être investie d'un sens plus faible que dans le cas d'un texte. Il peut certes y avoir lecture, soit activité de déchiffrement-interprétation au cours de laquelle le regard balaie la surface picturale afin d'y repérer des différences et des continuités. Mais, en comparaison du texte, la matière signifiante du tableau, en plus d'être d'une identification incertaine, est irrémédiablement inerte, sans mouvement narratif temporellement orienté ni dispositif syntaxique qui fasse durablement fonctionner les opérations de lecture et de production du sens. Une sémiotique de l'image peut bien repérer dans un tableau, comme le fait Fernande Saint-Martin, des rapports topologiques de voisinage, de séparation, d'emboîtement, d'enveloppement, de succession et de vectorialité (p. 92). Mais, du fait qu'une image n'a pas d'organisation linéaire ni de syntaxe codifiée, le spectateur ne peut savoir par où commencer la collecte des traits significatifs, où l'arrêter, ni dans quel ordre en établir les rapports.

Surtout, l'image n'appelle pas obligatoirement un décodage. On sait ainsi qu'un individu peut apercevoir jour après jour une image dans un endroit familier sans jamais y accorder la moindre attention, sans même en repérer le thème ou le sujet, alors que quelqu'un d'autre y découvrira d'emblée une foule de significations. On voit ici la différence essentielle entre le texte et l'image : alors que le premier fait toujours signe pour qui sait lire, la seconde est muette et ne met en branle un parcours de lecture que si elle est adéquatement contextualisée par son environnement immédiat — comme dans la publicité —, ou par la richesse de l'encyclopédie qu'elle évoque chez le spectateur, ou encore par les oppositions significatives sur lesquelles elle est construite. N'étant pas un code, elle ne déclenche pas chez celui qui la perçoit le jeu d'un décodage actif, à l'instar de la lecture dont le mécanisme, une fois acquis par l'enfant, tend à s'amorcer automatiquement devant tout texte apparaissant dans le champ visuel.

Comme le fait remarquer Gombrich, *« pictures don't tell their own story »* (p. 89). Un tableau ne s'exprime pas par propositions, il ne parle pas. Tandis que le texte excelle à mettre en marche la production du sens, l'image se contente d'être là, nous happant d'un bloc ou nous laissant indifférents. Elle est ainsi toujours plus près des sens, de la nature, du non-mécanisable. Elle séduit, impressionne, suggère, incitant parfois le spectateur à s'arrêter, à explorer, à contempler. Mais elle ne livre pas les clés qui enclencheraient à coup sûr le jeu de la signification.

Même l'image publicitaire, lorsqu'elle communique un message, le fait surtout par son intentionnalité, le produit auquel elle est rattachée et son environnement verbal. Son intérêt ne réside pas d'abord dans une structure de sens avec laquelle on pourrait la mettre en équation, mais dans l'effet d'ordre affectif qu'elle est susceptible de produire sur le spectateur. À cet égard, il est significatif qu'un peintre aussi cérébral que Magritte considérait que « le sens d'une image [...] ne réside nullement dans l'explication qu'on pourrait en donner, mais dans l'effet que cette image produit sur le récepteur[1] ». C'est dans cette opposition nécessaire entre sens et effet que l'on peut le mieux cerner ce qui, selon nous, fait la spécificité de l'image. Le langage produit du sens (ou du non-sens) et accessoirement un effet ; l'image produit un effet (ou un non-effet) et accessoirement du sens.

Le film présente, comme la parole, une séquence de signes temporellement orientée : il disparaît dès qu'on en arrête le mouvement. En proie à la fascination d'une action qui se déroule devant lui et qu'il ne peut interrompre, le spectateur ne peut guère prendre de distance mentale à l'égard de ce qu'il a sous les yeux : c'est après coup seulement que son esprit pourra y faire retour et tisser des liens entre ce qu'il vient de voir et tout ce qu'il sait. La lecture du texte, au contraire, est une activité qui peut à tout instant être volontairement inter-

1. Everaert-Desmedt, 1990, p. 89.

rompue pour céder la place à la réflexion. Lire un texte, c'est le confier à notre silence intérieur, où il est mis en résonance avec les zones de notre mémoire les plus aptes à s'y rapporter, à en éclairer la compréhension et à être transformées par lui. Le lecteur peut toujours moduler le rythme de cette activité, l'accélérant ou le ralentissant au gré de ses stratégies de compréhension et de ses intentions, produisant ainsi ce que Bertrand Gervais appelle métaphoriquement un « effet-accordéon ».

Le spectacle, qui s'inscrit également dans la durée, défie encore plus la lecture que le cinéma parce que l'environnement peut en être bien plus hétérogène. Aussi y est-il plus difficile de procéder à la collecte des signes et de décider comment les hiérarchiser, quelles relations établir entre eux. En proposer une *lecture* exigerait que l'on opère une sélection et qu'on les organise dans des configurations qui se prêtent à une interprétation — ce qui introduit nécessairement des distorsions dans les données de départ.

L'hypermédia mobilise aussi autre chose que les facultés de lecture du texte. Le lecteur n'a pas seulement à manipuler de l'écrit, dans un ordre plus ou moins déterminé, mais il est placé devant un spectacle virtuellement complet, où se mêlent textes, sons, couleurs, images, animation ou vidéo : les sollicitations peuvent venir de toutes parts. Il y a cependant quelque chose de nouveau dans le spectacle virtuel sur hypermédia, et qui le différencie du spectacle réel. D'une part, les liens entre les divers éléments peuvent être explicites ; d'autre part, l'usager peut contrôler le déroulement des diverses composantes et, par exemple, faire rejouer un document audio ou vidéo, effectuer un arrêt sur image, retourner en arrière, etc. En faisant entrer le spectacle dans l'ordre du tabulaire, l'hypermédia met celui-ci sous la coupe de nos opérations de lecture. Mais c'est surtout par la surdétermination d'icônes ou de segments d'images en hyperliens qu'il fait apparaître des signes et qu'il transforme le visible en lisible.

Certes, tous les hypermédias ne sont pas construits de la même façon et tous ne visent pas à donner au lecteur un accès aussi complet que possible à l'ensemble des données réunies. Il en va d'ailleurs de même pour le monde des livres : certains se préoccupent d'offrir le maximum d'indices tabulaires au lecteur — tables, index, notes de bas de page, résumés ou intertitres —, alors que d'autres se présentent comme une masse compacte, sans chapitres ni paragraphes.

L'écrivain et les images

« Une image vaut mille mots. » Avec ce proverbe sans âge, le ton est donné : le rapport entre le texte et l'image sera conflictuel. Certains écrivains ressentiront même profondément cette concurrence des images, et entretiendront à leur égard une haine tenace. C'est le cas de Flaubert qui, dans sa *Correspondance,* se plaint à plusieurs reprises de l'envahissement des illustrations. Cet homme qui se voit et se vit comme l'écrivain par excellence ressent la montée des images comme une menace et un déshonneur pesant sur l'art de la parole et de l'écriture. Dans une lettre à son ami Charpentier, il l'avoue sans ambages : « Ô illustration ! Invention moderne faite pour déshonorer toute littérature[1]. » Ailleurs, il rationalise cette haine en dénonçant l'excès de précision de l'image :

> La persistance que met Lévy à me demander des illustrations me f... dans une fureur impossible à décrire... Ah ! qu'on me le montre, le coco qui fera le portrait

---

1. Lettre à Charpentier du 15 février 1880.

> d'Hannibal, et le dessin d'un fauteuil carthaginois ! il me rendra grand service. Ce n'était guère la peine d'employer tant d'art à laisser tout dans le vague pour qu'un pignouf vienne démolir mon rêve par sa précision inepte[2].
>
> Jamais, moi vivant, on ne m'illustrera, parce que : la plus belle description littéraire est dévorée par le plus piètre dessin [...]. Une femme dessinée ressemble à une femme, voilà tout. L'idée est dès lors fermée, complète, et toutes les phrases sont inutiles, tandis qu'une femme écrite fait rêver à mille femmes[3].

Le débat est ancien. Pourtant, il serait superficiel de croire qu'un écrivain va toujours prêcher pour sa paroisse langagière. Ainsi, des écrivains ont été passionnés par l'image, tel Michel Butor qui a contribué à rapprocher peinture et langage, notamment avec des objets livres produits en collaboration avec des artistes. On pense aussi à l'exclamation de Baudelaire, dans « Mon cœur mis à nu » : « Glorifier le culte des images (ma grande, mon unique, ma primitive passion). »

En fait, chacun de ces arts nous interpelle de façon radicalement différente. Le texte joue sur le sens et se contente de suggérer la représentation, laissant au lecteur le soin de se construire ses propres images — ou de garder dans le vague toute représentation, ce qui est probablement le cas le plus fréquent. Comme le note Barthes :

> Tous les auteurs sont d'accord, dit Sartre, pour remarquer la pauvreté des images qui accompagnent la lecture d'un roman : si je suis bien pris par ce roman, pas d'image mentale (III, 1995, p. 1170).

En revanche, l'image présente aux sens la vision d'une réalité immédiate, évitant au spectateur tout travail de représenta-

2. Lettre à Duplan du 10 juin 1862.

3. Lettre à Duplan du 12 juin 1862.

tion. De là à accuser de paresse mentale les tenants de l'image, il n'y a qu'un pas, que l'on franchit facilement, comme en fait foi l'anathème jadis lancé contre le cinéma par Georges Duhamel : « Le cinéma est un divertissement d'ilotes. » Il faut le redire : lecture du texte et lecture de l'image font appel à des processus d'appréhension très différents. Ce que l'amant de la littérature reproche à l'image, c'est de se donner tout entière, en apparence, sans qu'il soit nécessaire de se livrer à un travail intellectuel.

Il existe certes quelques points de contact entre matériau visuel et matériau langagier, mais ils sont irrémédiablement secondaires. Dans le calligramme, le texte utilise sa propre dimension visuelle pour produire une image, tout en continuant à relever de l'ordre du langage : bel exemple de jeu sur les deux tableaux. Dans la légende, chacun reste sur son propre terrain : bel exemple de coopération.

La « légende » signifie étymologiquement « ce qu'il faut lire ». Le terme, d'abord appliqué aux vies de saints, en est venu à désigner ce qu'il y a à lire dans une image soumise au lecteur. L'obligation est sous-tendue par le gérondif latin qui est à l'origine de ce terme.

Si l'on dispose côte à côte une image et un texte, lequel des deux va servir de contexte à l'autre ? La réponse peut évidemment varier selon la nature respective du texte et du tableau. Mais il est probable que ce sera le texte. En fait, il suffit de placer une phrase à côté d'une image pour que cette dernière soit automatiquement perçue comme une illustration — plus ou moins fiable et plus ou moins métaphorique — de celle-là.

Même le titre d'un tableau a la priorité sur le tableau lui-même, comme d'ailleurs tout titre par rapport au texte qu'il chapeaute. Tout lecteur apprend en effet très tôt que, dans un livre ou un journal, le titre a pour fonction d'annoncer ou de résumer le texte qui va suivre. En matière de peinture, on s'attend aussi à ce que le titre permette de traduire dans l'ordre du langage la quintessence du tableau. Le visiteur d'un musée aura ainsi tendance à aller lire le titre de l'œuvre exposée avant même de commencer à la regarder. Autrement dit, le titre sert de contexte à la compréhension du tableau ; il convoque dans l'esprit du lecteur-spectateur les filtres qui en permettront une « bonne » lecture, et lui annonce ce qu'il y a à voir ou à comprendre. Le texte étant censé dire la vérité de l'image, l'artiste contemporain qui veut se délivrer de cette sujétion n'a pas d'autre choix que de donner à ses œuvres des titres insignifiants (« N° 55 *bis* ») ou, comme chez Magritte, qui anticipait ce comportement, de proposer un contrepoint ironique ou paradoxal (« La trahison des images ») de façon à relancer chez le lecteur le processus interprétatif. Dans une civilisation caractérisée par la montée du visuel, on peut certes s'attendre à ce que cette structure hiérarchique des rapports texte-image se modifie. Il n'est pas sûr du tout que les prochaines générations, placées devant des environnements mixtes, liront d'abord le texte comme nous avons si souvent tendance à le faire nous-mêmes. Au contraire, les boucles de rétroaction entre le texte et l'image vont se multiplier à l'infini, ainsi que les zones de mouvance entre la spectacularisation du texte-fragment et la textualisation du tableau.

Michel Butor, qui s'est intéressé au travail des peintres et à la montée de l'image dans notre environnement, note que les journaux les plus sérieux et les plus sobres ont dû se résoudre à faire une place à l'image. Il en conclut :

> Nous nous trouvons devant un nouvel âge du texte. Le texte tel qu'il se présente maintenant est autant libéré par rapport à certaines contraintes que celui du codex l'était par rapport à celui du volumen. Nous sommes donc véritablement à l'aube d'un nouvel âge de l'humanité (p. 28).

Dans la nouvelle culture de l'hypermédia, les jeux de mise en rapport entre texte et image sont encore multipliés par la prise en considération des connotations apportées par l'environnement visuel et la maquette. La facilité avec laquelle on peut aujourd'hui manipuler des images, les combiner avec du texte et les reproduire instantanément est en train de modifier le vieil ordre de la lisibilité et oblige à repenser la notion de textualité. Le texte littéraire ne pourra pas éviter longtemps ces nouveaux défis.

Montée du visuel

Il n'est que de se promener sur le Web et dans les hyperfictions pour constater que la part du visuel y est de plus en plus importante. On évoque volontiers à ce propos les manuscrits richement décorés du Moyen Âge. Mais alors que l'enluminure médiévale avait pour fonction d'apprivoiser à la lecture une population largement analphabète, le texte imagé que l'on trouve aujourd'hui dans les magazines et sur le Web vise plutôt à retenir l'attention incertaine et hautement volatile de lecteurs emportés dans la poursuite des signes, qui exigent d'abord d'être séduits avant d'accepter de consacrer un moment à un document quelconque.

Dans le texte de création, le poète digital vise à mettre en relation ou à amalgamer fragments de texte et éléments iconiques de façon à créer un « texte-objet » qui se situe à la convergence du récit, du poème et du tableau. C'est la démarche, notamment, de Carol Dallaire, qui travaille l'image de synthèse et dont on peut visiter diverses œuvres sur le Web[1].

1. Voir www.ava.qc.ca/creation/carol_dallaire/Carol_Dallaire.html

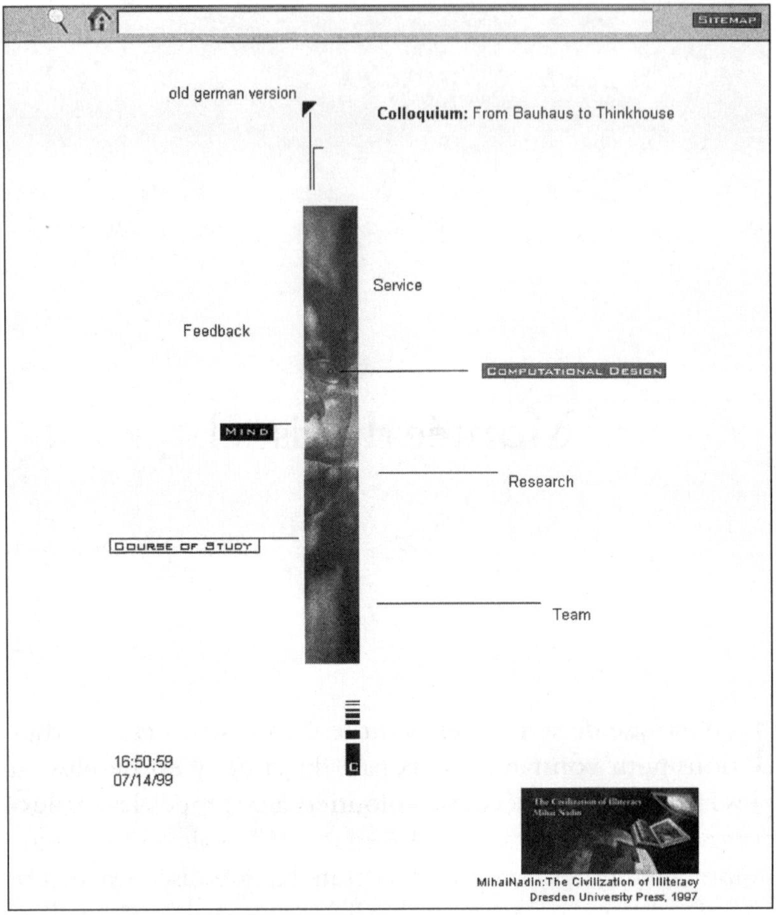

Épurée comme une structure du Bauhaus, la page d'accueil du site de Mihaï Nadin rompt avec la linéarité du texte et invite le lecteur à une exploration spatiale. (www.code.uni-wuppertal.de/)

Dans les *Lieux communs,* cet auteur revendique explicitement comme fil créateur le procédé de la « xénochronie » (terme emprunté à Frank Zappa), soit « la mise en parallèle de deux objets sans relations apparentes » — mais il serait plus juste de parler de « xénotopie », vu qu'on est ici dans l'ordre du spatial et non du temporel.

Cette hybridation du texte au moyen du visuel est caractéristique non seulement de la production littéraire émergente, mais aussi de nombreux sites informatifs, dans lesquels la mise en forme des données textuelles exploite volontiers les ressources du graphisme. Grâce à la souplesse d'intégration des données numériques dans l'ordinateur, l'image est ainsi en train de conquérir une place de plein droit dans la communication écrite. Et sa richesse est inépuisable par rapport aux outils dont disposait l'oral. Là où le mètre poétique ne pouvait jouer que sur l'accent tonique, deux valeurs de durée, une trentaine de phonèmes et quelques centaines de syllabes, le visuel offre au texte toutes ses variations de tailles, de couleurs, de formes, de dispositions, sans compter les richesses du dessin, de la photo et de la peinture.

L'exploitation des ressources visuelles a commencé dans les journaux et magazines de la presse populaire, où des photos légendées servent de passerelles entre les divers éléments évoqués dans le texte et stimulent la lecture par la reprise sous une image d'une phrase susceptible de piquer l'intérêt. C'est que les pages de magazines sont faites pour être appréhendées par le balayage d'un regard qu'elles espèrent retenir suffisamment pour éveiller un appétit de lecture. Depuis les années soixante, ce modèle de mise en pages a essaimé dans les livres, d'abord dans la collection « Microcosme » du Seuil, puis dans la collection « Découverte » de Gallimard. Même les sujets les plus abscons et les plus liés à la notion de texte peuvent aujourd'hui être traités dans des ouvrages qui n'hésitent pas à recourir aux procédés de la bande dessinée et où le texte ne joue qu'un rôle complémentaire, tout en visant un public universitaire[2].

La juxtaposition sur la page d'éléments textuels et visuels a pour effet de modifier l'économie du texte, qui tend à laisser à l'image les données descriptives et référentielles pour se consacrer à l'explicitation des éléments abstraits ou des liens entre les données. De cette façon, le lecteur peut procéder à un travail d'exploration douce guidé d'abord par les illustrations.

2. Voir par exemple la collection publiée par Icon Books de Cambridge, où l'on trouve *Baudrillard for Beginners, Derrida for Beginners, Hegel for Beginners* et des dizaines d'autres titres.

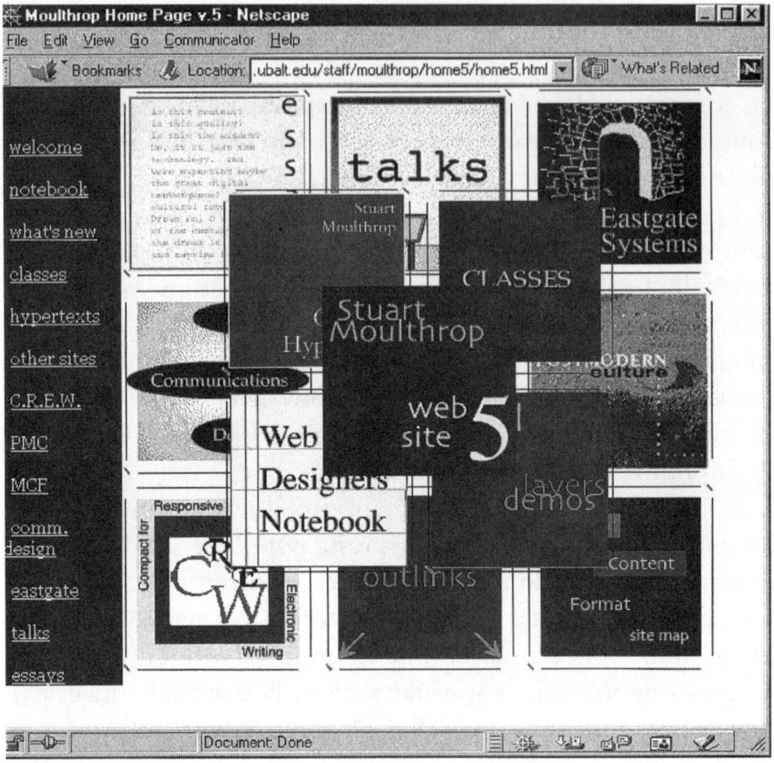

La page d'accueil du site de Stuart Moulthrop intègre les données informatives dans des éléments graphiques. Le lecteur doit explorer l'image pour découvrir le texte, ce qui n'est pas sans rappeler la lecture de l'enluminure médiévale. (raven.ubalt.edu/staff/moulthrop/home5/home5.html)

Ce genre de document hybride est nettement plus difficile à paraphraser et pourrait encourager le développement d'une pensée de type associatif, où le lecteur retient des éléments verbaux et iconiques dans une synthèse personnelle fortement teintée d'affectivité, qui tient plus de l'effet ressenti que de l'extraction d'une macrostructure sémantique.

Une telle situation pourrait contribuer à réintroduire dans la culture du Web un trait de la culture orale. C'est la position que soutient par exemple Derrick de Kerckhove, qui s'appuie sur les travaux de Walter Ong pour établir un lien entre la culture orale et la nouvelle culture de type associatif (p. 108).

En même temps, il est improbable que notre civilisation abandonne le contrôle de l'œil pour retourner à la culture orale du « ouï-dire ». Certes, sous plusieurs aspects, on observe des tensions dynamiques entre oral et écrit. Mais l'ordinateur semble encourager une domination sans conteste du visuel, dont l'empire s'étend de jour en jour. Cet extraordinaire convertisseur de signes permet en effet de transformer un nombre toujours plus important de données sous la forme de tableaux ou de graphiques à deux ou trois dimensions. Et l'un des domaines les plus actifs de l'informatique consiste à mettre au point des logiciels capables de traduire des données numériques en images colorées, fournissant ainsi au lecteur des textes d'un type nouveau dont l'ambition est, comme le dit Rao, de « faire communiquer le cognitif avec le perceptuel ». Le graphique, en effet, dispose les données sur deux ou trois axes, de façon à traduire visuellement des rapports de causalité, de comparaison ou d'opposition. Un simple graphique peut ainsi remplacer plusieurs paragraphes de texte, tout en offrant au lecteur une possibilité de moduler son activité et de ne consacrer son attention qu'aux données pertinentes. En outre, le concepteur peut surdéterminer le graphique sur le plan visuel en lui donnant une forme évocatrice du domaine de référence, à la manière du calligramme, mais avec bien plus de cohérence, du fait que le plan de la forme et celui de la substance sont ici de même nature. Bref, un lecteur habitué à la richesse de l'information fournie par des graphiques s'attendra à ce qu'on y ait recours chaque fois que c'est possible.

Du point et des soupirs

La ponctuation constitue un ensemble de procédés propres au langage écrit, au moyen desquels l'auteur ou l'éditeur met en évidence les rapports qu'entretiennent les diverses unités linguistiques d'un texte donné. Elle recouvre essentiellement les phénomènes de segmentation en propositions et en phrases. À un niveau plus élevé, elle englobe aussi le découpage en paragraphes. Même la division en chapitres est signalée par des procédés typographiques que l'on appelle parfois « ponctuation du texte » par opposition à la « ponctuation syntaxique[1] ».

Aristote avait déjà noté que la ponctuation est parfois nécessaire pour permettre au lecteur de déterminer si tel mot est à rapporter au membre de phrase qui précède ou à celui qui suit. Mais les premiers signes de ponctuation n'apparaissent avec une certaine régularité qu'à partir du IIIe siècle av. J.-C., à Alexandrie, avec Aristarque de Samothrace.

---

1. Catach, 1994, p. 8.

Au Ier siècle de notre ère, les Romains séparaient les mots par des points, jusqu'à ce qu'ils adoptent la *scriptio continua* des Grecs, en collant les mots les uns sur les autres[2]. À quoi bon, en effet, séparer les mots si la lecture est essentiellement orale et effectuée par des esclaves spécialisés en la matière ? Une innovation se fait jour cependant au IVe siècle de notre ère, lorsque saint Jérôme établit une ponctuation suivie dans sa traduction de la Bible et divise le texte des Évangiles en chapitres et en versets numérotés à l'encre rouge[3]. En favorisant les opérations de citation et de renvoi aux textes sacrés, ces dispositifs contribuent à placer la lecture sous le contrôle du visuel.

Le développement de la ponctuation au Moyen Âge témoigne d'une prise de conscience croissante des aspects visuels de la lecture et de la possibilité de faciliter le travail du lecteur en ajoutant au texte des indices non verbaux. Ce mouvement se manifeste d'abord dans les manuscrits irlandais du VIIe siècle, où la ponctuation joue un rôle de plus en plus important et s'intègre à des éléments décoratifs[4]. C'est de cette époque que date l'utilisation des chevrons pour citer des extraits des Évangiles. Par la suite, on assiste à l'introduction de divers types de signes correspondant à des pauses plus ou moins fortes, mais la normalisation est inexistante. Le point d'interrogation apparaîtra au IXe siècle. Au XIIe siècle, certains scribes n'emploient toujours que deux signes, la virgule et le tiret (équivalent de notre point), tandis que d'autres en emploient trois, pour dénoter une pause mineure, une pause interne majeure et une pause finale. Ce n'est qu'avec l'invention de l'imprimerie et les travaux des grands humanistes, tel Robert Estienne, que vont se stabiliser les signes de ponctuation. En 1540, Dolet reconnaît six signes : point à queue (virgule), deux-points, point, point interrogatif, point exclama-

2. Parkes, 1993, p. 10.

3. Catach, 1994, p. 19.

4. Parkes, 1993, p. 25.

tif et parenthèse. Le point-virgule se répandra peu après cette date, mais sans jamais parvenir à acquérir un statut de nécessité.

De tous les signes, c'est sans doute la virgule qui est le témoin le plus révélateur de l'évolution du rapport au texte. Elle pose en effet la question du système global de référence auquel le texte devrait être inféodé. Doit-elle reproduire à l'écrit des pauses qui relèvent de la diction et de la respiration ou, au contraire, traduire dans l'ordre visuel des relations d'ordre logique ? Initialement, la solution adoptée a été de donner à la virgule la valeur d'une pause à l'oral, appelée aussi « un soupir ». Au XVIIe siècle, par exemple, il était normal de placer une virgule entre le sujet et le verbe, afin de mettre l'un de ces mots en relief ou de marquer la pause que devrait faire quiconque lirait la phrase à haute voix (voir Normes de lisibilité, p. 29). Cette conception de la virgule s'est maintenue dans les grammaires jusqu'à tout dernièrement. Chez Grevisse on lit encore que la virgule « marque une pause de peu de durée ». Or, une telle position est de moins en moins tenable : à partir du moment où l'oralisation du texte ne constitue plus la forme normale de la lecture, la notion de pause perd son sens. L'œil, en effet, n'a pas besoin de déterminer dans la masse textuelle des segments à oraliser, mais des propositions à interpréter. Dans une conception de l'écrit comme système sémiotique autonome, la virgule est donc en train de changer de fonction et tend à devenir un indicateur de segmentation purement logique : son rôle est de faciliter un découpage sémantique adéquat et d'éviter la formation d'unités inappropriées. Une telle position n'a que tout récemment été prise en compte par les ouvrages spécialisés, notamment celui de Jacques Drillon (1991).

Au cours des derniers siècles, d'autres signes ont été proposés, tel le point d'interrogation inversé, qu'on a suggéré soit pour accompagner une question purement rhétorique[5], soit pour marquer le point d'ironie. Mais ce signe n'a pas été retenu, sauf en espagnol, où il annonce une phrase interrogative : en

---

5. Voir notamment Parkes, 1993, p. 53.

■ Exemples : émotions ou états d'esprit

smileys	signification	smileys	signification
:-)	est content	:-(	est triste ou fâché
:->	rire	:-&	est très fâché
:-)))	rire énormément	:-C	est vraiment très fâché
:-D	a un grand sourire	:-|	est indifférent
;-)	fait un clin d'oeil	:-[	est mécontent
:'-)	pleure de joie	:-/	est sceptique
:-"	siffle	:'-(	pleure
d :-)	tire son chapeau	:-O	est étonné
:-x	envoie un baiser	:-P	tire la langue
:-X	envoie un gros baiser	:-#	ne veut plus parler
|-)	s'endort	:-$	est malade
|-I	s'est endormi	:-...	a le coeur brisé

Une liste d'émoticônes. Il est significatif que la première tentative d'envergure pour intégrer l'iconique à notre écriture alphabétique soit centrée sur l'expression d'attitudes émotives. (www.clparc-beauvais.fr/serveur/FORUM/irc/emoticon.htm)

tant que tel, sa fonction est surtout de faciliter la lecture orale, en permettant au récitant d'adopter l'intonation adéquate. Le domaine où les signes se sont le plus répandus est celui du discours citationnel, pour signaler les diverses variations de ce discours ; ainsi sont apparus alinéas, tirets, crochets carrés, italique, points de suspension, etc. Et les guillemets ont connu une telle fortune que, depuis quelques dizaines d'années, ils ont même migré dans l'ordre du gestuel et du langage oral.

Mais ces signes ne suffisent pas, et il ne fait pas de doute que l'écriture hypertextuelle va inventer son régime et ses signes de ponctuation. C'est déjà le cas pour les codes de couleurs qui signalent la présence d'un hyperlien : une couleur pour indiquer qu'un lien doit être visité et une autre lorsqu'il l'a été. D'autres conventions feront probablement leur apparition en vue d'accroître l'efficacité des opérations de lecture : on pense notamment à un usage plus généreux des attributs de graisse, de taille et de couleur afin de mettre en relief les idées importantes. Et, dans le courrier électronique et les groupes de discussion, on remarque une plus grande sensibilité à l'effet rhétorique des majuscules, qui sont perçues comme équivalant à un cri.

Depuis quelques années, on constate aussi une tendance à recourir dans les messages électroniques à des dessins stylisés pour dénoter certains états affectifs du locuteur : les *emoticons* ou « émoticônes », appelés aussi *smileys* ou, selon la recommandation de l'Office de la langue française, « binettes[6] ». Ces pictogrammes qui prolifèrent et que répertorient des listes sur Internet, combinent divers signes de ponctuation pour évoquer une relation iconique avec des expressions du visage[7]. Mais ce ne sont pas à proprement parler des signes de ponctuation. En effet, si la ponctuation appartient encore à la chaîne verbale, puisqu'elle donne des instructions sur la façon de la découper, le pictogramme émotif relève d'un autre code et correspond à une tentative spontanée d'envergure, transcendant les langues, pour intégrer à notre écriture alphabétique une dimension iconique. La greffe prendra-t-elle ? Cela est douteux, car ces signes, qui introduisent des éléments purement visuels dans le langage, se heurtent à des forces de résistance non négligeables qui tiennent autant à l'ancrage verbal du langage qu'aux traditions entourant la culture écrite. Ne pouvant pas être traitée par la « navette » de la compréhension, l'émoticône produit dans la machine textuelle des zones de non-signifiance assimilables à des « ratés » ou, pour celui qui en connaît le code, des effets d'interférence avec la chaîne verbale et de recontextualisation du message, au même titre qu'une figure de rhétorique. À l'instar de cette dernière, d'ailleurs, ces pictogrammes réintroduisent obliquement et sur un mode ludique le rapport subjectif que l'énonciateur entretient avec son énoncé, ce qui entre aussi en conflit avec la tendance du texte à la neutralité et à l'objectivité. Cette double incompatibilité les condamnera sans doute à rester un trait d'écriture marginal, propre aux rapports privés qu'entretient le groupe socioculturel des adolescents, au même titre que l'usage du verlan.

---

6. www.olf.gouv.qc.ca/

7. Voir www.clparc-beauvais.fr/Serveur/FORUM/irc/emoticon.htm

Op. cit.

Le livre savant a dû mettre au point divers procédés afin d'éviter que, dans la citation de ses sources, il ne soit amené à répéter sans cesse les mêmes informations, infligeant ainsi de pénibles pertes de temps aux lecteurs. Le procédé le plus ancien a été de donner la référence complète lors du premier renvoi et de se contenter par la suite de l'abréviation latine *op. cit.* (pour *opere citato* : dans l'ouvrage cité).

Cette façon de faire est valide et efficace tant que le lecteur procède à une lecture minutieuse et attentive, en suivant rigoureusement le fil du texte. Mais quiconque aborde un ouvrage de manière sélective, à partir de l'index ou de la table des matières, tombera inévitablement sur un *op. cit.* non référencé dans sa mémoire et qui l'obligera à retourner dix ou vingt pages en arrière, parfois plus, avant de pouvoir identifier l'ouvrage dont il est question. Dans un contexte de lecture extensive comme le nôtre, cette vénérable méthode de renvoi revient à contrôler le lecteur en lui imposant un parcours linéaire et d'injustifiables pertes de temps. Résidu fossile du discours oral, ce procédé est donc beaucoup plus proche de la culture du *volumen* que de celle du codex. On ne peut s'en expliquer la persistance, dans les milieux savants, que par le conservatisme inhérent aux activités de haute culture.

Heureusement, on a vu apparaître au cours des dernières décennies des systèmes de renvoi beaucoup mieux adaptés à la tabularité du livre. Le plus efficace est celui qu'a mis en place la puissante MLA (Modern Language Association), organisation américaine qui regroupe les spécialistes des sciences du langage. Ce système, qui est suivi par l'immense majorité des publications américaines et canadiennes, consiste à placer la liste des ouvrages cités dans une table alphabétique à la fin du livre et à y renvoyer dans le corps du texte en faisant simplement suivre toute citation par un renvoi au nom de l'auteur, à la date de publication de l'ouvrage en question et au numéro de la page. De cette façon, quel que soit l'endroit où le lecteur ouvre le livre, il peut en quelques secondes repérer précisément la source mentionnée dans le corps du texte.

Ce procédé offre l'avantage supplémentaire de permettre au lecteur de prendre connaissance en un coup d'œil de l'ensemble de la bibliographie et d'en apprécier la pertinence et la plus ou moins grande actualité. Bref, il contribue à accroître chez le lecteur la maîtrise de son activité en la rendant plus facile et plus efficace. Le seul inconvénient qu'on puisse lui reprocher, c'est de briser l'apparence uniforme du texte par des parenthèses parfois longues et visuellement plus encombrantes qu'un simple chiffre en exposant. Mais cette rupture visuelle est finalement négligeable par rapport à celle qu'impose la nécessité de se reporter à une note, parfois introuvable, pour déterminer la source d'une citation.

Tant que les notes ne sont que des renvois, le lecteur peut les négliger et le fil de la lecture n'en est pas affecté. Mais le livre savant, qui est l'héritier des manuscrits glosés du Moyen Âge, a une affinité profonde avec les notes de contenu, rejetées en bas de page, en fin de chapitre ou en fin de volume. Ce discours second a pour fonction de compléter le discours principal en présentant des hypothèses nouvelles, voire des commentaires sur des travaux d'autres chercheurs. Les notes ont ainsi facilement un caractère piquant qui en fait la partie la plus intéressante d'un ouvrage, et le lecteur est souvent divisé entre le désir d'aller lire immédiatement la note en question et celui de poursuivre le fil de la lecture, au mépris de la légitime curiosité suscitée par le renvoi. Ce dilemme est bien rendu par l'intéressante comparaison que rapporte l'historien Chartier, selon laquelle lire une note en bas de page, c'est « comme être obligé d'aller ouvrir la porte en plein ébat amoureux » (1998, p. IX).

Ces difficultés et ces réticences que le livre éprouve à mener deux textes en parallèle sont révélatrices de la prédilection ancienne de celui-ci pour le fil continu, longtemps considéré comme la condition incontournable d'un fonctionnement optimal de la machine textuelle. Aussi constate-t-on une tendance à la disparition des notes, comme y invite d'ailleurs le modèle de la MLA, ou à leur « extermination », selon le mot de Quignard (1990a). Après tout, c'est à l'auteur qu'il appartient de structurer son texte de façon que le lecteur en retire le maximum de profit en un minimum de temps : la note ne devrait pas être pour l'auteur un moyen commode de se décharger sur le lecteur de ses responsabilités quant à l'organisation du texte.

En même temps, les exigences de tabularité suggèrent que le lecteur devrait pouvoir facilement repérer dans un texte les parties qui l'intéressent et sauter les digressions ou les sections non pertinentes, bref, qu'il ne soit pas rivé au fil continu. Cela peut se faire en introduisant des hiérarchies et des divisions de niveaux, ou encore en plaçant dans des blocs distincts les éléments d'information secondaire susceptibles de compléter le texte principal. Cette dernière solution, qui rappelle les gloses marginales des manuscrits médiévaux, est fréquente dans le magazine et le journal, qui peuvent aisément juxtaposer divers blocs de texte grâce à leur grande surface de lecture. Les manuels scolaires ont aussi appris à exploiter toutes les possibilités offertes par le grand format. Au contraire, en raison de ses dimensions réduites, dues d'abord à un besoin de portabilité, le livre courant ne dispose pas de l'espace visuel qui permettrait une composition foisonnante. Il doit hiérarchiser les informations et se résigner à faire circuler le lecteur entre des lieux différents en le faisant aller du texte principal à l'appareil critique, à la traduction juxtalinéaire ou aux notes savantes. Cette pauvreté visuelle de l'édition moderne est aussi justifiée par la plus grande lisibilité que procure une colonne de texte assez étroite et dérive du désir de neutraliser tout effet parasite afin de permettre au lecteur de se concentrer sur le sens, dans un mouvement d'épuration de la maquette qui n'a fait que s'accentuer au cours des siècles. Cette position moderne contraste avec la gestion de l'espace dans les manuscrits et les incunables des débuts de l'imprimerie, où les gloses encadraient le texte principal et visaient à maintenir une constante liaison de proximité avec lui.

Dans un hypertexte, la note infrapaginale n'existe pas comme telle, mais fait l'objet d'un lien à un autre fichier. En raison de ce fonctionnement, on a comparé ce média, assez justement, à un système généralisé d'appel de notes, car toutes les entrées sont en principe placées sur un même plan, du moins dans le modèle multiséquentiel, et s'appellent mutuellement. Comme ces entrées ne comportent pas entre elles de transition, chaque hyperlien place le lecteur dans le dilemme que suscite un appel de note : vaut-il la peine d'interrompre le fil de la lecture pour aller consulter cette autre entrée ou peut-on l'ignorer ? Comme nous l'avons vu plus haut, c'est par le recours à l'hypertexte tabulaire et à une plus grande surface d'écran que l'on pourra résoudre de telles questions.

Lecture intensive et extensive ou les droits du lecteur

La transformation de l'acte de lecture observable aujourd'hui est en cours depuis plusieurs siècles. Encore dominant dans la première moitié du XVIIIe siècle, le modèle traditionnel imposait de lire un ouvrage de bout en bout, de façon à se l'assimiler complètement. Victime de ce modèle *intensif* qu'il avait poussé à la limite, Jean-Jacques Rousseau avoue dans les *Confessions* les affres que lui occasionnaient ses lectures de jeunesse :

> La fausse idée que j'avais des choses me persuadait que pour lire un livre avec fruit, il fallait avoir toutes les connaissances qu'il supposait, bien éloigné de penser que souvent l'auteur ne les avait pas lui-même, et qu'il les puisait dans d'autres livres à mesure qu'il en avait besoin. Avec cette folle idée, j'étais arrêté à chaque instant, forcé de courir incessamment d'un livre à l'autre et quelquefois avant d'être à la dixième page de celui que je voulais étudier, il m'eût fallu épuiser des bibliothèques (VI, p. 210).

Cela ne l'empêchera pas de donner à son personnage de Julie, dans *La Nouvelle Héloïse,* un précepte similaire : « Peu lire, et beaucoup méditer nos lectures, ou ce qui est la même chose en causer beaucoup entre nous, est le moyen de les bien digérer » (p. 29). On retrouve ici l'image associant le livre à un aliment et la lecture à un travail de digestion et de rumination, métaphore dont Michel de Certeau a montré qu'elle était aussi très en faveur chez les mystiques (1982).

Caractéristique de la culture traditionnelle, ce mode intensif a cédé la place à un modèle *extensif* dans la seconde moitié du XVIIIe siècle, époque où les historiens ont diagnostiqué une révolution de la lecture. Avec l'expansion des cabinets de lecture et la multiplication des imprimés, on s'est alors mis à encourager un mode de lecture silencieuse et rapide, en privilégiant la quantité et en se souciant beaucoup moins de lire un ouvrage de la première à la dernière page ou d'assimiler un texte en profondeur. Ce modèle est aujourd'hui largement dominant, même s'il faut reconnaître que lecture intensive et lecture extensive peuvent toujours coexister chez un même individu, selon les objectifs visés ou la nature des textes lus.

Avec la tabularisation du texte, en effet, le lecteur a pu élaborer des stratégies d'écrémage propres à la rapidité des perceptions visuelles. Ce mouvement a été renforcé chez les lecteurs par une volonté croissante d'avoir prise autant que possible sur leur lecture et de pouvoir circuler dans les textes à leur guise, sans être ralentis par des barrières artificielles dues à la nature du support utilisé. Bref, le lecteur a cessé progressivement d'être une quantité négligeable, partenaire obligé et anonyme de la production écrite, pour devenir une liberté avec laquelle il faut désormais compter. Cet avènement du lecteur a pris une ampleur sans précédent au cours des dernières décennies et se reflète notamment dans l'évolution des théories littéraires. Dès 1948, dans un texte célèbre, Sartre avait posé la question « Pour qui écrit-on ? ». Quelques années plus tard, la polémique entre Barthes et Picard, à propos du *Sur Racine,* légitimera la place de la théorie, et par ricochet celle du lecteur, dans le jeu des interprétations. Ce qui est revendiqué, en effet, dans ce débat, c'est la possibilité de proposer une lecture personnelle d'une œuvre en l'interrogeant à travers le prisme d'une idée forte ou d'une grille d'analyse donnée. Cette opération a acquis d'autant plus de légitimité que le texte, en passant de l'empire de l'oreille à celui de l'œil, a changé d'instance énonciative. Il est devenu une entité abstraite et impersonnelle, susceptible d'être détachée de son auteur et de son ancrage historique, offerte à la consommation individuelle et à la déconstruction sous toutes ses formes. Reconnaissant cette nouvelle donne dans l'appréhension du phénomène littéraire, les théories de la réception de l'École de Constance consacreront le lecteur comme horizon de référence de l'œuvre littéraire. Comme le note Iser :

> Une théorie des textes littéraires semble bien ne plus pouvoir se passer du lecteur. Celui-ci apparaît comme *système de référence* du texte, dont le sens plein est rendu par le travail de constitution que ce texte exige (p. 69).

Ce nouveau statut du lecteur équivaut aussi à un éclatement des pratiques de lecture généralement acceptées, voire à leur dissolution, et celle-ci est même parfois revendiquée avec force par la culture populaire. Ainsi, pour Enzensberger,

> [...] le lecteur a toujours raison. [...] [Il] a le droit de feuilleter le livre d'un bout à l'autre, d'en sauter des passages entiers, de lire des phrases tout de travers, de les déformer, de les recomposer, de les entrelacer et de les améliorer de toutes sortes d'associations, d'en tirer des conclusions que le texte ignore, d'enrager ou de se réjouir à sa lecture, de l'oublier, d'en faire un plagiat, et même de jeter le livre dans un coin[1].

Même dans l'institution scolaire, où il survivait tant bien que mal, le modèle intensif sera finalement l'objet d'une attaque frontale, de l'intérieur même du système, avec la publication de la charte des « droits imprescriptibles du lecteur »

---

1. Cité par Petrucci, 1997, p. 423.

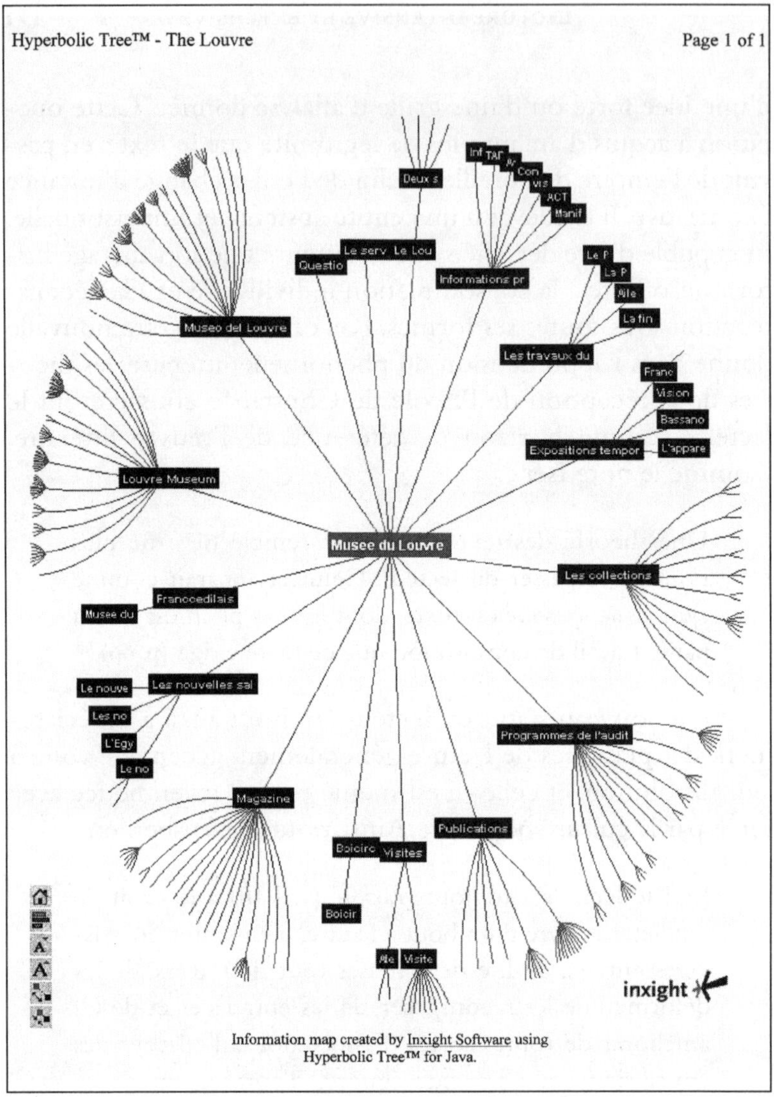

Le site du Louvre vu à l'aide de Hyperbolic Tree (Inxight). Il est possible, en jouant avec la souris, d'explorer n'importe quelle partie de l'arborescence et d'afficher les titres complets de chacun des nœuds terminaux. Tous les liens sont actifs. Adresse : www.inxight.com/

proposée par Daniel Pennac. Dans ce best-seller qu'est *Comme un roman,* et dont le succès témoigne d'un large consensus social sur la question, le narrateur énonce de façon fort persuasive la liste des droits que l'école et les adultes devraient reconnaître aux jeunes en matière de lecture :

1) Le droit de ne pas lire.
2) Le droit de sauter des pages.
3) Le droit de ne pas finir un livre.
4) Le droit de relire.
5) Le droit de lire n'importe quoi.
6) Le droit au bovarysme.
7) Le droit de lire n'importe où.
8) Le droit de grappiller.
9) Le droit de lire à voix haute.
10) Le droit de nous taire.

Dans le portrait en creux du lecteur que dessinent ces « droits », qui ne reconnaîtrait les lecteurs de journaux, de magazines et de romans jetables que nous sommes presque tous devenus ?

La lecture *intensive* et *suivie,* où le lecteur est conduit par son activité et se laisse prendre en charge cognitivement par un texte, n'a évidemment pas disparu et se pratique encore avec l'essai et le texte littéraire en général. Mais on assiste à la multiplication des situations de lecture *sélective,* où le lecteur circule dans un texte selon ses besoins, écrémant, sélectionnant, ne prélevant que les éléments conformes à son intention. Or, il ne fait pas de doute que la nature même du Web va encore accentuer ce mode de lecture extensive. Indépendamment du coût éventuel de la communication téléphonique avec le fournisseur de services, trois raisons au moins incitent à une lecture fébrile et placée sous le signe de l'urgence. D'abord, la lecture sur écran ne permet pas au lecteur d'adopter une posture aussi confortable que celle permise par la lecture sur papier, ce qui l'amène à lire vite et en diagonale, plutôt que de façon suivie. Ensuite, les textes à lire sont émiettés et les multiples invitations à cliquer qui jalonnent le moindre texte tendent à entraîner le lecteur sur des voies de traverse, en lui faisant perdre son contexte initial. Enfin, l'immatérialité des textes et la rigidité de la *quincaillerie* (clavier, écran) empêchent que le lecteur puisse aisément souligner ou annoter les passages qui l'intéressent et considérer les textes lus comme étant susceptibles d'une relecture.

Représentations du livre

Condensé de culture, le livre a longtemps été considéré comme un objet privilégié, possédant un statut exceptionnel, dépositaire de la parole divine ou des textes fondateurs d'une société donnée.

Très tôt, l'image du codex tient une place importante dans l'iconographie chrétienne. On peut encore voir aujourd'hui à Ravenne, en Italie, des mosaïques datant du Ve siècle dans lesquelles le livre est brandi comme un talisman et où apparaissent même de petites bibliothèques de *codices,* comme dans le mausolée de Galla Placidia. C'est de cette époque que daterait « la croyance populaire en un livre où Dieu inscrit les péchés et les mérites de chacun[1] ». Innombrables sont les représentations du Christ en majesté ou celles des évangélistes Luc, Jean et Matthieu avec un livre ouvert à la main, quand ce n'est pas le lion de Marc tenant un codex à couverture rouge entre les pattes.

---

1. Zumthor, 1975, p. 18.

L'exaltation du codex est un thème récurrent dans la peinture religieuse médiévale. Dans cette fresque de Fra Angelico (1424-1430), provenant d'un monastère de Fiesole, la Vierge est entourée de saint Dominique et de saint Thomas d'Aquin brandissant chacun un livre ouvert (Musée de l'Ermitage, Saint-Pétersbourg).

Léonard de Vinci, *L'Annonciation* (détail). La Vierge feuillette un codex posé sur un lutrin, signe de savoir et de sagesse (Musée des Offices, Florence).

Ces mêmes motifs seront repris inlassablement dans les sculptures qui ornent les tympans des églises romanes. Symbole de la Révélation, du savoir et de la vérité, le livre est l'objet mythique par excellence du christianisme. Et, pendant des siècles, il va garder une place de premier plan dans la peinture. Les exemples abondent. Dans la *Madone à l'enfant avec saint Dominique et saint Thomas d'Aquin* de Fra Angelico, les deux saints tiennent chacun dans les mains un codex grand ouvert, offert à la lecture des fidèles ou des spectateurs. Même la Vierge sera représentée le plus souvent avec un livre à la main : quelle meilleure garantie de piété et de sagesse ? Chez Simone Martini (XIVe siècle), elle tient un livre entrouvert, tout en étant entièrement concentrée sur le message que l'ange est en train de lui adresser. Dans le tableau de l'*Annonciation* de Léonard de Vinci (XVe siècle), la mise en scène du livre est encore plus imposante, car celui-ci repose sur un énorme lutrin placé devant la Vierge. La madone du *Magnificat* de Botticelli (XVe siècle) écrit sur un codex ouvert sur le texte du Magnificat. Signorelli (XVe siècle) ne se contente pas de mettre un livre entre les mains de la Vierge dans son tableau de la Sainte Famille, mais il en peint un second, posé par terre et grand ouvert. Mentionnons aussi, parmi tant d'autres, *La Madone du chardonneret* de Raphaël ou encore ce Van Eyck qui présente la Vierge absorbée dans sa lecture, le regard pudiquement baissé sur le livre.

Au moment où, grâce à l'imprimerie, le livre commence à devenir un média de masse, son statut semble encore se renforcer comme objet culturel. Combien de portraits où le personnage principal tient un livre à la main ! Portrait d'une jeune inconnue d'Andrea del Sarto, portraits de jeunes gens ou de jeunes filles par Bronzino, etc.

Comme le montre une analyse de Martine Poulain, c'est parce que la Bible est symbole de foi que la peinture religieuse a donné une place exceptionnelle au livre. Dans des siècles moins croyants, le livre sera un symbole de savoir et l'on verra des bibliothèques servir de décor aux riches et aux puissants. Au cours des siècles suivants, le livre continuera de tenir une

Petite bibliothèque contenant des livres des évangiles. Détail d'une mosaïque du mausolée de Galla Placidia (Ravenne, Ve siècle).

Mosaïque représentant l'apôtre Jean avec à la main le livre de son Évangile. Remarquer sur le lutrin les instruments pour écrire (Ravenne, VIe siècle).

certaine place dans la peinture, mais cette place ne cessera de se réduire, même si, au XIXe siècle, on trouve des images de lecteurs et de lectrices, notamment chez Renoir, Degas, Manet, Vlaminck, Van Gogh, Cézanne. Au XXe siècle, la place du livre se fait plus restreinte. Certes, on trouve encore des lectrices chez Matisse, Picasso, Balthus, Gris, et le journal fait son entrée dans la peinture. Mais le livre n'est plus un attribut de savoir ni de pouvoir. Son éviction de l'imaginaire collectif est entamée. La place est prête pour l'entrée en scène de nouveaux médias. En fait, une étude des environnements dans lesquels les « donneurs d'interviews » se sont fait photographier au cours des dernières décennies montrerait la présence de plus en plus affichée d'un ordinateur sur une table ou un bureau. Loin d'être le seul attribut du décideur, l'ordinateur tend maintenant à accompagner la représentation de toute profession intellectuelle. Si la bibliothèque à laquelle on s'adosse est toujours un symbole de savoir pour l'universitaire interrogé sur une question quelconque, l'ordinateur garantit la modernité de sa démarche et sa capacité à dominer des domaines complexes, car c'est par cet objet et non plus par le livre que passe maintenant l'accès à la totalité du savoir humain.

Stabilité de l'écrit

Alors que la parole est essentiellement transitoire, l'écriture permet de stabiliser des configurations sémantiques et de leur donner une certaine permanence grâce au support employé pour écrire. Les textes gravés sur la pierre étaient destinés à défier les siècles, et toute altération en était impossible à corriger. Il en allait encore de même, dans une large mesure, pour les manuscrits que des moines recopiaient dans les *scriptoria* du Moyen Âge. Mais, avec l'avènement du support électronique, le texte est devenu une matière éminemment labile : il peut être effacé en une fraction de seconde, modifié, transformé, corrigé indéfiniment et sans effort. La permanence du texte est aujourd'hui chose du passé.

La notion d'édition est-elle vouée à disparaître, elle aussi ? Traditionnellement, celle-ci consistait à rendre public un manuscrit qu'un auteur avait mis au point dans l'intimité de son atelier, au sein de cette relation exclusive et parfois jalouse que tend à susciter le support papier en rapport avec la main qui écrit. En remettant son manuscrit à un éditeur, l'auteur lui confie le soin de faire passer une production symbolique dans la sphère des échanges commerciaux, ce qui implique la prise en charge de la normalisation du texte, de la typographie, de la mise en pages, de l'impression et de la diffusion. Ces diverses instances, qui mobilisent de nombreux spécialistes, ont pour effet de transformer le manuscrit en un objet socialisé, propre à entrer dans les circuits de consommation et à trouver son public le plus plausible. Le livre bénéficie donc en regard du manuscrit de l'auteur d'une valeur ajoutée non négligeable, que les études littéraires ont récemment commencé à prendre en compte sous le concept de « paratexte ». Celui-ci constitue en quelque sorte une interface entre l'œuvre et son public, qu'elle attirera en raison des attentes de lecture que suscite l'appartenance à un genre donné, dénotée par la page de couverture et divers autres indices : titre, résumé, présentation de l'auteur, illustrations, mise en pages, etc.

Télescopant toutes ces barrières, un texte électronique peut, en quelques heures, être rendu accessible sur Internet, dès que son auteur le considère comme terminé. Souvent même, un auteur affichera un texte avant qu'il ne soit vraiment achevé, afin de recueillir les commentaires des premiers lecteurs et d'affiner sa réflexion. Il n'y a donc plus de filtre obligé et pratiquement plus d'écart temporel entre le producteur du texte et ses lecteurs, ce qui entraîne des conséquences sur la nature du texte lui-même. L'auteur, sachant qu'il peut constamment retravailler son texte, risque dès lors d'accorder moins de soin à sa finition.

Pour cette raison, il ne fait guère de doute que des instances éditoriales seront toujours nécessaires, surtout dans une société axée sur l'information. D'abord, parce qu'un travail spécialisé de haute valeur ajoutée est nécessaire pour disposer les textes dans des formats standardisés et cohérents propres à en faciliter la lecture. Surtout, une structure éditoriale, en mettant sur pied des collections qui spécifient des publics et des parcours de lecture, effectue un nécessaire travail de filtrage des publications en fonction de communautés interprétatives bien définies auxquelles elle fournit la garantie implicite que les textes proposés méritent qu'on s'y intéresse.

Spatialité de l'écrit et contrôle du lecteur

Une des variables radicalement nouvelles que la technologie de l'hypertexte a introduite dans le domaine de la lecture réside dans la possibilité conférée à l'auteur de régir le cheminement du lecteur à travers une masse textuelle donnée.

Jusqu'ici, ce pouvoir était l'apanage du discours oral. Chacun a probablement expérimenté des situations où le détenteur de la parole était en mesure d'imposer des comportements déterminés à ses auditeurs avant de consentir à parler ou à continuer de parler : le silence préalable, une attitude respectueuse manifestant tous les signes extérieurs d'une écoute attentive, voire une position corporelle déterminée. Comme l'échange oral se situe dans l'ordre de la présence, celle-ci donne au locuteur une autorité proportionnelle à son pouvoir physique ou institutionnel. Sous ce régime, « entendre » équivaut en fait à « comprendre » : ces deux termes ont été longtemps interchangeables, l'entendement étant la capacité de traiter mentalement des données mises bout à bout et communiquées par la parole.

L'écrit a bouleversé cette donne millénaire en plaçant les phénomènes de compréhension sous le contrôle de l'œil. Bien mieux que l'oral, l'écriture permet de cristalliser une chaîne de pensées en autant d'éléments qu'il est nécessaire pour qu'un lecteur puisse à son tour la recréer. Une fois fixées par écrit et mises à plat sur la tablette d'argile ou sur la page, les données verbales ne relèvent plus d'abord de l'ordre du séquentiel. Elles ont troqué l'ordre de la temporalité contre celui de l'espace, échappant ainsi radicalement à leur auteur pour appartenir à l'esprit qui s'en saisit. Cette appropriation se fait par l'intermédiaire de la perception visuelle et l'œil peut indifféremment balayer, caresser, scruter, suivre une ligne de texte, en sélectionner une autre, revenir en arrière. Les données soumises au visuel sont en quelque sorte placées « sous le regard de Dieu ». En fait, le pouvoir analytique du regard sert à la fois de porte d'entrée et de métaphore à l'activité d'analyse. C'est l'œil du maître qui enregistre tout, pouvant aussi bien embrasser en un éclair de vastes perspectives que se fixer sur un détail. Cette visibilité du texte est d'autant plus grande que celui-ci s'étale sur la surface de la double page du codex.

L'avènement de l'hypertexte rend quelque peu problématique ce clivage très ancien entre œil et oreille. Sous hypertexte, en effet, l'écrit n'est plus régi par des rapports de surface mais de profondeur. Comme une page-écran suffit à cacher toutes les autres, il est possible à l'auteur de contrôler complètement le cheminement du lecteur et la façon dont il entrera en contact avec le message en ne lui dévoilant que des strates déterminées du texte, selon l'ordre et le rythme de son choix. Comme le faisait l'ancien conteur devant la tribu assemblée. Ou à la façon de ce maître du suspense qu'était Alfred Hitchcock, qui prétendait interdire aux retardataires l'entrée du cinéma où passait son dernier film. La figure du maître, qui n'avait jamais disparu de l'enseignement, est maintenant à même d'accompagner le manuel interactif ou l'hyperlivre, ouvrant ainsi au champ didactique un potentiel immense. Grâce à la technologie informatique, l'auteur peut maintenant reprendre un certain contrôle sur le lecteur, contrôle qu'il avait perdu, nonobstant tous les efforts de la rhétorique, à partir du jour où il avait délaissé le canal de la transmission orale pour celui de l'écrit. Aussi faut-il reconnaître que l'hypertexte introduit une rupture fondamentale dans le partage qui régnait depuis cinq millénaires entre oral et écrit.

Cette possibilité de contrôle qu'offre l'hypertexte, qui renoue avec des situations archaïques, n'est pas toujours estimée à sa juste mesure par les théoriciens, dont beaucoup se sont plu à présenter l'hypertexte sous ses seuls aspects positifs, comme une libération, pour le lecteur, de la domination sous laquelle il était tenu. C'est notamment le point de vue de Robert Coover, dans l'article qu'il a consacré au thème de la fin du livre. Pourtant, il n'est que d'examiner le potentiel de l'hypertexte pour découvrir les multiples manières dont celui-ci peut asservir le lecteur à la volonté de l'auteur. Ainsi peut-on utiliser cette nouvelle technologie de l'écrit pour imposer un rythme de lecture, par exemple en faisant défiler en continu le texte à l'écran dans une fenêtre dont la faible hauteur ne laisse apercevoir qu'une ou deux lignes à la fois — ce qui constitue sans aucun doute le sommet de l'asservissement du lecteur. En fait, celui qui voit défiler un texte sur son écran sans possibilité d'en arrêter le mouvement a déjà quitté la posture du lecteur pour celle d'un spectateur ou d'un auditeur. Certes, le cinéma nous a habitués à semblable situation avec le défilement du générique ou lors de la présentation d'un résumé en guise de contexte initial à l'ouverture d'un film. Que des lignes entières soient avalées vers le haut avant que le spectateur ait pu les déchiffrer, ce n'est certes pas une situation agréable pour un lecteur, mais il n'y a pas là de quoi frustrer exagérément un spectateur. Car, après tout, si l'on se rend au spectacle, c'est essentiellement pour être médusé : on ne s'attend pas à tout comprendre ni à tout retenir. Il en va de même quand on est en situation d'écoute et que des propos nous échappent en raison du bruit ambiant ou d'une mauvaise transmission. L'auditeur qui n'est pas en position de faire répéter un mot ou une phrase devra bien se contenter des éléments qu'il aura saisis. Il en va tout autrement en matière de lecture où, en principe, le message devrait être entièrement sous le contrôle du lecteur.

L'hypertexte peut aussi être utilisé pour imposer au lecteur d'aborder les éléments d'un ouvrage dans un ordre prédéterminé — celui-ci fût-il dicté par le hasard. Ces possibilités de contrôle ouvrent des horizons nouveaux aux ouvrages de formation et aux manuels. Elles ouvrent aussi des champs immenses à la création. Ainsi, les hypermédias fictionnels, tels *Myst* ou *Riven,* supposent que le lecteur navigue dans un environnement aussi dépourvu de points de repère et aussi énigmatique que possible : il serait contreproductif de laisser le lecteur s'y déplacer à sa guise, de façon transparente. Même le roman peut se renouveler à l'aide de ces procédés, comme en témoigne la fiction interactive de l'auteur américain Michael Joyce, *Afternoon,* déjà évoquée.

En faisant basculer l'écrit de l'espace bidimensionnel de la page à un espace tridimensionnel, l'hypertexte est aussi en train de modifier la nature du texte. L'œil ne pouvant plus en embrasser avec la même facilité les divers éléments constitutifs, la métaphore du tissu du texte devra être réexaminée. Mais comment gérer la profondeur sans tomber dans l'opacité ? Les nouvelles possibilités de prise en charge du lecteur rendront sans doute souhaitable l'instauration, en matière d'hypertexte, d'une charte des droits de l'usager, parallèle à celle que Pennac, rompant avec le modèle autoritaire de la lecture intensive, a proposée pour le lecteur de roman. Pour l'usager d'un hypertexte, ces droits nous semblent être les suivants :

1) Le droit de connaître au moins approximativement au départ le volume de texte proposé ainsi que le nombre d'images, la durée totale des clips sonores et vidéo.
2) Le droit d'entrer dans le texte au point où on le désire.
3) Le droit de lire à la suite les diverses unités consacrées à un même sujet.
4) Le droit de retrouver facilement un passage lu antérieurement et de le relire.
5) Le droit d'annoter les pages lues.

En fait, une telle charte n'a pas à être promulguée car elle va finir par s'imposer d'elle-même. Un texte, en effet, ne peut espérer attirer un lecteur et retenir quelque peu son attention que dans la mesure où il le respecte. Le lecteur qui ne trouve pas satisfaction à sa faim de lire dans un ouvrage donné aura tôt fait de le délaisser. Aussi, au lieu de tourner radicalement le dos au livre, les concepteurs d'hypertextes auraient-ils intérêt à intégrer les caractéristiques tabulaires qui, depuis des siècles, ont fait de lui un auxiliaire indispensable de l'apprentissage et de la curiosité intellectuelle.

Cela dit, il est probable que l'habitude d'écrire pour ce nouveau média va entraîner pour la textualité des transformations aussi importantes que celles qu'a engendrées le passage du *volumen* au codex. Il n'est pas possible de les prévoir toutes. Mais il est douteux que le lecteur renonce au pouvoir de manipuler un ouvrage à sa guise et de l'adapter à ses besoins. Plus le lecteur aura la maîtrise de son activité, grâce à la configuration et à l'ergonomie de l'objet, plus il pourra s'en servir efficacement et en tirer du plaisir. Nous ne nous étendrons pas sur le contrôle de type purement matériel, relatif à l'apparence de l'objet. Il est gratifiant pour le lecteur d'être à même de choisir la couleur du fond et la grosseur des caractères en fonction de ses préférences, car cela le met à l'abri des transformations que son équipement informatique risque de faire subir aux couleurs choisies par l'auteur. De même, la possibilité de modifier la dimension des fenêtres ainsi que la disposition des objets contribue à procurer à l'usager un confort de lecture essentiel à une activité suivie.

De plus, un ouvrage de type informatif devrait viser à donner au lecteur le maximum de contrôles tabulaires. En principe, on devrait pouvoir retrouver dans un document électronique tous les éléments dont dispose le lecteur d'un livre — et un peu plus. Le lecteur doit évidemment pouvoir choisir le moment où il passera à un autre paragraphe ou à une autre page, dans la mesure où le concept de page a encore cours en hypertexte. Ce premier type de contrôle est d'ordre purement physique et réside dans la possibilité de lire un texte à son rythme.

À un niveau plus élevé, le lecteur doit pouvoir porter un regard d'ensemble sur l'ouvrage qui lui est soumis. Il doit être capable de situer la place du segment qu'il est en train de lire et d'en appréhender les tenants et aboutissants dans l'organisation générale de l'ouvrage. Pour les collections d'un musée, ces indices tabulaires peuvent consister en diverses listes, regroupées par thèmes, auteurs ou époques. À titre d'exemple, le lecteur qui se met à « feuilleter » sur CD-ROM une série de masques d'une civilisation donnée a le droit de savoir au départ si cette séquence ne comporte qu'une douzaine de pages-écrans ou si elle en compte deux cents. Invoquer « l'esprit de découverte » inhérent à la technologie de l'hypertexte pour justifier le fait que l'usager soit maintenu dans le noir le plus total équivaut à infantiliser le lecteur, en lui déniant l'accès à des informations essentielles pour gérer sa lecture et le temps qu'il y consacrera. Cela ne veut pas dire qu'il faille nécessairement recourir à un compteur numérique. On peut fournir un plan du bâtiment qui soit toujours visible à l'écran, comme dans le CD-ROM *Le Louvre, peintures et palais,* qui indique constamment l'endroit où l'on se trouve. Ce peut aussi être une liste de ce qui a été vu, par rapport à ce qui reste à voir ; ou un graphe montrant le nœud où l'on se trouve par rapport à son entourage immédiat. Bref, l'écran de l'ordinateur doit pouvoir communiquer visuellement quantité d'informations qui, dans le monde physique, sont fournies par les dimensions spatiales des lieux parcourus ou, dans l'univers du livre, par des sensations tactiles ou visuelles périphériques, telle l'épaisseur du volume qu'on a entre les mains. Ainsi en est-il aussi des signets qu'on doit pouvoir placer à divers endroits et apercevoir d'un coup d'œil, comme on le fait dans un livre. De même doit-on pouvoir passer rapidement d'un endroit à un autre et alterner entre eux ; accumuler sur son espace de travail plusieurs livres ouverts ; ou attacher à une page des annotations qu'on pourra ensuite retrouver pour les relire, les corriger et les enrichir lors de son prochain passage. Certes, il faut reconnaître qu'un écran standard est encore loin d'offrir tout l'espace de travail que peut offrir une table. Mais la tendance va clairement vers une augmentation de la surface de l'écran : lorsque celle-ci aura encore gagné en résolution et qu'elle couvrira le double ou le triple de la surface que l'on considérait hier encore comme normale, l'ordinateur constituera sans doute un environnement fort agréable et l'écran apparaîtra de plus en plus comme un espace « naturel » pour effectuer des opérations de lecture et d'écriture.

Le CD-ROM : un nouveau papyrus ?

On sait que le CD-ROM *(Compact Disc Read Only Memory)* possède déjà dans son état actuel d'énormes possibilités de stockage d'informations, qui le rendent capable, par exemple, de contenir à lui seul quelque deux mille volumes de la collection « Que sais-je ? ». Lorsque cette technologie est arrivée sur le marché, en 1986, Microsoft a organisé une grande conférence sur l'impact que pourrait avoir un média capable de donner accès instantanément à des quantités de données aussi colossales. Très curieusement, le recueil des communications publié par Lambert a pris pour titre *CD ROM : The New Papyrus,* plaçant la nouvelle technologie du texte sous l'égide du rouleau de papyrus, dont elle serait la digne héritière.

On pourrait certes voir dans cet intitulé le simple désir de légitimer aux yeux des lettrés l'édition électronique sur CD-ROM en rattachant celle-ci à la longue tradition du livre, dont le papyrus avait inauguré l'existence. Mais, en même temps, on ne peut s'empêcher de penser que cette métaphore traduisait chez son auteur le sentiment d'une parenté certaine entre le *volumen* et la façon de concevoir le livre sous hypertexte.

Or, on le sait, le papyrus, qui est associé à la forme du rouleau, ne donne aucun repère susceptible de faciliter la tâche du lecteur. Conçu pour être déroulé de gauche à droite, il ne permet qu'une lecture par défilement de la colonne de texte, dans l'orientation début-fin. Le lecteur est ainsi censé suivre le fil du texte de la même façon qu'il suivrait le fil d'un discours ou d'une conversation. Contrairement au livre moderne qui, depuis l'apparition du codex, a mis progressivement en place quantité de repères jouant sur la tabularité du texte, on ne trouve dans le papyrus que peu d'indices permettant au lecteur de gérer efficacement son activité de lecture. Un lecteur d'aujourd'hui qui verrait soudainement ses livres familiers réédités en rouleaux de papyrus ne les reconnaîtrait pas. Il aurait beaucoup de mal à retrouver une section précise dans le cœur du texte, faute de table des matières ; à localiser un chapitre en particulier, faute de titre courant ; à identifier l'emplacement d'une citation, faute de pagination ; à repérer les passages portant sur une question donnée, faute d'index ; et à déterminer les sources utilisées par un ouvrage scientifique, faute de bibliographie. Et il ne lui serait pas facile de savoir où s'arrêter dans sa lecture, faute de division en paragraphes.

Sous prétexte que l'hypertexte ne doit rien au livre et qu'il ne devrait pas en imiter la structure, faut-il pour autant abolir des millénaires de progrès dans la technologie de l'écrit et doter le nouveau média de la même opacité que l'antique papyrus ? L'avenir du texte est-il en arrière de nous ? Certes, l'opacité de la navigation peut être justifiée dans le cas d'une hyperfiction et de la littérature à énigme. Par ailleurs, il est vrai aussi que la lecture sur écran, sous les fonctions de base du traitement de texte tel qu'on le concevait dans les années quatre-vingt, n'est pas sans présenter des analogies avec la forme de lecture qu'impose le papyrus : dans les deux cas, le lecteur voit défiler sous ses yeux une colonne de texte comme dans un rouleau. Précisons toutefois que la situation évolue et que les traitements de texte modernes offrent de plus en plus d'outils tabulaires, permettant par exemple d'afficher le texte sous forme de pages complètes, de se rendre directement à une page donnée, de parcourir le texte par notes, par illustrations ou par commentaires. L'outil le plus précieux est sans doute celui qui permet d'afficher la table des matières en regard de la colonne de texte, et de circuler dans celle-ci en cliquant sur celle-là.

Le lecteur de l'ancienne bibliothèque d'Alexandrie ne souffrait probablement pas des limites imposées par le papyrus : celles-ci n'ont été aperçues que par comparaison avec les repères tabulaires mis en place par le codex. Mais, à partir du moment où une ancienne façon de faire a montré ses limites, le retour en arrière n'est plus possible. Aujourd'hui, même si l'ordinateur est appelé à modifier nos habitudes de lecture, il est douteux que ce soit pour replacer le texte sous la technologie dépassée du papyrus. Il faut plutôt rechercher les moyens de donner au lecteur, grâce à la machine, une maîtrise encore plus grande sur son activité. La lecture sur écran ne pourra séduire durablement les usagers que si elle prend appui sur les acquis de la culture de l'imprimé tout en se libérant des limites inhérentes à un support matériel. Comme l'ont très bien vu Laufer et Scavetta, « les pratiques de lecture concernant les médias imprimés constituent la base des pratiques d'écriture hypertextuelles » (p. 85).

Le format des écrans ordinaires et leur faible résolution ont contraint les usagers à travailler sur les textes dans une fenêtre de type « paysage », avec des pages-écrans plus larges que hautes. Ce format, qui était pratique pour imprimer les *listings* produits par les tableurs et les bases de données, va à l'encontre des pratiques de lecture instaurées par le codex et renoue avec le format peu commode du papyrus, que l'on tenait horizontalement, lui aussi. Or, déjà dans la Grèce antique, on avait reconnu l'intérêt, pour favoriser la lisibilité, de limiter le texte à une colonne étroite de vingt à trente signes par ligne. Cette intuition a été confirmée par les études expérimentales sur la physiologie de la lecture qui ont établi que, plus une ligne est longue, plus les sautillements de l'œil risquent de devenir erratiques et de gêner la lecture. C'est cette affinité de l'œil avec une ligne courte qui est à l'origine d'un format de livre plus haut que large et où la ligne de texte dépasse rarement soixante-dix caractères.

Si l'on considère que les traitements de texte courants retranchent encore de la surface de l'écran l'équivalent de six à sept lignes (barres de titre, de menus, d'outils standard, de mise en forme, de défilement, de statut et de système d'opération), c'est le quart de la hauteur utile qui échappe au contrôle de l'usager, ne lui laissant qu'une fenêtre de texte équivalant à une demi-page ou moins. Il est sûrement possible d'envisager des outils de traitement de texte moins envahissants, où toutes les icônes seraient, par exemple, disposées dans un cube que l'on placerait à l'endroit de l'écran qui convient le mieux.

Retour à la page

Dans le rouleau, la *pagina* désignait une colonne de texte de six à huit centimètres de largeur. Avec l'adoption du codex, ce terme en viendra très tôt à correspondre à notre notion actuelle de « page », mutation qui favorisera une tabularisation de plus en plus grande du texte. C'est la pliure du feuillet en deux, puis en quatre, qui a permis l'apparition de la page « moderne » ou côté d'une double page. Cette forme n'a rien d'évident : le livre chinois n'était imprimé que sur une face et il était plié en éventail. Pendant longtemps, avant que le livre ne soit vendu massicoté, la pliure était la garantie de l'inviolabilité de son contenu, jusqu'à ce qu'il ait trouvé son lecteur. Ainsi Mallarmé pouvait-il encore écrire :

> Le pliage est, vis-à-vis de la feuille imprimée grande, un indice, quasi religieux : qui ne frappe pas autant que son tassement, en épaisseur, offrant le minuscule tombeau, certes, de l'âme (p. 379).

Transposée sur ordinateur, la notion de page possède surtout une valeur métaphorique ou indicielle. Ce que l'on aperçoit sur l'écran, en effet, n'est qu'un simulacre de page, qui représente, au mieux, ce que nous aurions en main si on l'imprimait sur papier. Cet équivalent virtuel de la page papier a mis plusieurs années à être adopté par le monde de l'ordinateur. Dans les milieux informés, en effet, on a d'abord parlé de *stacks,* suivant en cela le jargon des informaticiens, puis de « cartes » ou d' « hypercartes », reprenant par là le nom d'un logiciel d'écriture hypertexte pour le Macintosh (Hypercard). Comme les premiers textes étaient très courts, on les a désignés sous les termes de « nœuds » ou de « paragraphes ». Certains auteurs d'hyperfiction, tel Stuart Moulthrop, utilisent le terme *spaces,* tandis que Landow parle de *lexias* (lexies), utilisant le terme employé par Barthes pour le découpage de *Sarrazine* en unités d'analyse, et dont la longueur varie de quelques mots à quelques phrases. D'autres encore parlent de « page-écran », afin de ne pas créer de confusion avec la page imprimée. Mais depuis la popularisation du Web, il semble bien que ce soit le terme « page », désignant depuis des siècles l'unité de base de la culture écrite, qui ait été définitivement naturalisé dans le monde numérique.

Si l'introduction de repères tabulaires dans un hypertexte exige un découpage rigoureux de la matière textuelle, la page n'y possède cependant pas tout à fait les caractéristiques de son ancêtre, telle qu'on la connaît dans le monde imprimé. Sur un support papier, la page est une entité matérielle de dimensions fixes enfermant un segment de texte dont le nombre de caractères est à peu près constant à l'intérieur d'un même livre. Elle constitue un espace dans lequel vient s'aligner le texte jusqu'à saturation. Pure contrainte matérielle, la page imprimée ne correspond normalement pas au contenu sémantique : une unité de sens, tel un paragraphe, peut courir sur plusieurs pages ; inversement, plusieurs unités de sens peuvent se développer sur une même page. Seule une rupture sémantique importante, identifiée par un changement de chapitre ou de section, va justifier un changement de page. Ces affirmations sont toutefois à nuancer pour ce qui est du magazine, dont la mise en pages tend de plus en plus à faire coïncider unité thématique et unité de page. Mais, fait à noter, c'est sur une page de gauche que commence habituellement le début d'un article dans un magazine, alors que dans un livre cette fonction inaugurale est toujours réservée à la page de droite. Comme le note Fernand Baudin, « la double page est, de mémoire de scribe et de typo, l'unité visuelle dans l'espace d'un livre » (p. 56). Sur le support papier, ce n'est donc pas la page en soi qu'il faut considérer, mais la double page, et l'économie de celle-ci varie selon la fonction de l'ouvrage et les conventions culturelles qui régissent un média donné.

La principale caractéristique de la page-écran, et qui la distingue du codex, est qu'elle n'est pas limitée à une dimension fixe, car la fenêtre principale peut être munie d'une flèche de défilement vers le bas ou vers la droite. Le créateur d'un hypertexte doit donc déterminer au départ le format de base de la page et la métaphore dominante qui rythmera la progression du lecteur : soit une fenêtre à défilement vertical, devenue standard dans les traitements de texte, soit une fenêtre fixe dont le lecteur rafraîchit le contenu en cliquant sur une flèche de « changement de page ». Cette dernière possibilité est particulièrement satisfaisante s'il y a correspondance entre unité de contenu et unité visuelle. Mais cela n'est pas indispensable. Ainsi, dans la version sur CD-ROM de l'ouvrage de Minsky déjà évoqué, le cadre de la page, limité à environ deux cent cinquante mots, est fixe, si bien que le lecteur peut être amené à changer de page au milieu d'une phrase. Pourtant, on aurait tout aussi bien pu retenir comme unité de « page » le contenu d'une section, vu que, dans la version papier de cet ouvrage grand format, chacune des pages correspondait à une section autonome et complète. Mais le lecteur aurait alors eu à jouer sur deux modes de déplacement dans le texte : le défilement vertical pour prendre connaissance de l'ensemble d'une section et le changement de page par déplacement horizontal pour passer à une autre section.

On voit ainsi que l'auteur d'un hypertexte doit se donner des repères nouveaux en matière de textualité. Des recherches menées dans les années quatre-vingt suggèrent qu'on a intérêt à limiter la longueur de l'unité textuelle primaire à une idée ou à un élément d'apprentissage. Shneiderman et Kearsley, qui ont rédigé un livre à la fois sous format imprimé et sous hypertexte, ont conclu de leur expérience qu'un paragraphe qui semblait d'une bonne longueur sur une page papier était beaucoup trop long pour une lecture sur écran. Inversement, une unité textuelle qui paraît d'une longueur satisfaisante sur écran donne une impression de laconisme et de développement insuffisant sur papier. Toutefois, il ne semble pas possible de formuler des règles générales dans un domaine aussi vaste que l'écriture numérique, où le matériel évolue très vite et où divers types de textes sollicitent divers modes de lecture et divers modes d'organisation.

Précisons ainsi que la mise en place sur hypertexte d'un essai est radicalement différente de celle d'un manuel. Le premier peut fort bien s'accommoder de pages de longueur variable, dans lesquelles s'inséreraient des essais complets, c'est-à-dire des unités textuelles susceptibles de recevoir un titre et de former un ensemble cohérent, équivalent à un article de revue ou à un chapitre de livre. Par contre, pour un manuel sur hypertexte, où le cheminement de l'élève doit pouvoir être contrôlé et où le *lire* doit déboucher sur un *savoir-faire,* on aurait intérêt à adopter un autre modèle, où la matière serait distribuée entre divers types de fenêtres. À titre d'exemple, la fenêtre de base serait de longueur fixe et recevrait des unités textuelles primaires organisées dans un ordre séquentiel et accessibles par la table des matières. Les unités textuelles secondaires seraient placées dans des fenêtres escamotables à défilement vertical et contiendraient informations complémentaires, citations, rappels, notes, exemples, etc. Chacun de ces deux grands types d'unités textuelles devrait permettre des branchements associatifs sur d'autres pages-écrans des niveaux primaire ou secondaire. Comme le nombre de pages n'entraîne aucun coût supplémentaire par rapport à d'autres types de *nœuds* et que la fixité du cadre visuel est déjà assurée par le cadre de l'écran, il semble adéquat de concevoir la page comme une entité visuelle consacrée à une seule unité d'information. Et si celle-ci s'avérait trop importante pour entrer dans ce cadre, il faudrait trouver le moyen de la scinder en unités plus petites ou en informations complémentaires. D'autres types de fenêtres peuvent évidemment être nécessaires, selon le contenu. On peut ainsi envisager une fenêtre « expert », contenant des informations de type plus spécialisé, ou une fenêtre « démonstration » plein écran, où apparaîtraient des effets d'animation trop considérables pour entrer dans la fenêtre principale. En principe, on ne disposera dans une fenêtre à défilement vertical que des informations secondaires, tels des exemples supplémentaires, des renvois bibliographiques ou des remarques érudites. Compte tenu de l'omniprésence du format codex dans notre civilisation, il est en effet plus « naturel » de tourner les pages d'un texte que d'en faire dérouler le contenu.

Il reste que, sur écran, la disparition visuelle de la page lue lorsqu'on passe à la suivante crée chez le lecteur une sensation d'absence qu'il faut apprendre à apprivoiser. Comme le notent Laufer et Scavetta, « le passage d'un écran à un autre interrompt davantage le fil de la lecture qu'une tourne de page » (p. 87). Pour protéger le lecteur contre le sentiment d'une « disparition » ou d'une perte, il est nécessaire de concevoir des moyens visuels attestant de la « présence » continue des pages en question dans l'espace de lecture. Cela peut être, par exemple, de placer un élément iconique permanent reflétant la progression du lecteur à l'intérieur du chapitre ou du livre et de permettre un va-et-vient souple et aisé entre les pages lues et à lire. Ou encore, la page précédente et la page suivante pourraient s'afficher dans un onglet escamotable.

Dans les journaux et magazines diffusés sur Internet, la page correspond le plus souvent à un article complet, ce qui est une solution fort satisfaisante pour les textes relativement courts. Mais dès qu'un texte est d'une certaine ampleur, un découpage en unités secondaires peut se justifier. Ce découpage peut être de deux types. Il peut jouer sur l'intégrité physique du fichier en limitant le « poids » d'une page en octets afin de faciliter la circulation sur le réseau et de ne pas encombrer inutilement la bande passante. Cela semble être la

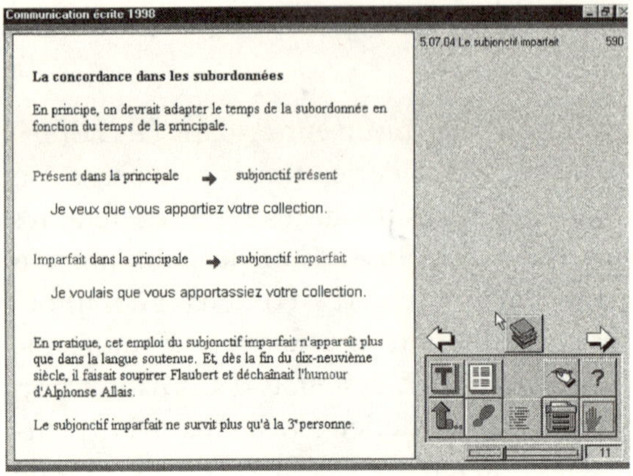

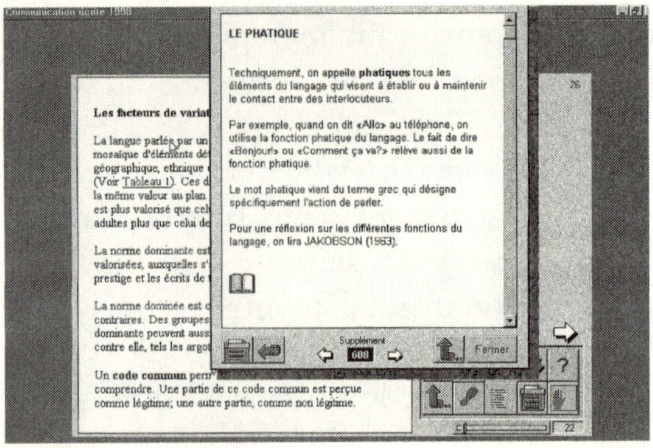

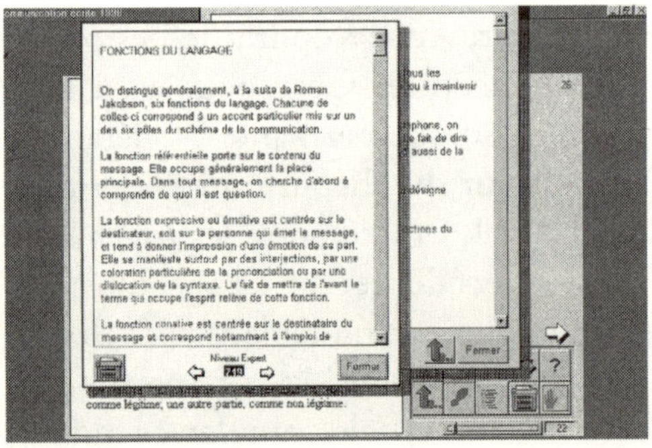

Le didacticiel de grammaire *Communication écrite* (Didascom). Dans cet hypertexte de type stratifié, les pages du niveau de base s'enchaînent comme dans un codex, avec titre courant, pagination continue et flèches de défilement. Certaines pages contiennent une icône ouvrant une fenêtre du *Supplément,* dans laquelle l'étudiant trouvera des exemples et des explications complémentaires. Il existe également une fenêtre *Expert* et une autre de *Démonstration* ainsi que divers outils de consultation.

motivation principale du magazine *Wired,* qui découpe ses articles en pages de quatre cents à huit cents mots[1]. L'inconvénient principal de ce procédé est qu'il entraîne la création de plusieurs fichiers pour un seul et même texte, ce qui complique la tâche d'un lecteur qui souhaiterait l'imprimer ou le télécharger intégralement. En outre, le fait que le sujet et le nom de l'auteur réapparaissent dans plusieurs fichiers d'un même texte engendre une redondance qui nuit à l'efficacité des moteurs de recherche.

Mais on trouve aussi sur le Web des revues qui, sans fragmenter l'unité physique d'un fichier de texte, introduisent dans le corps du texte des marques de séparation correspondant approximativement à la longueur d'une page imprimée, ce qui donne au lecteur des repères fort utiles pour conduire son activité de lecture et faire des renvois à un passage donné. On trouvera un exemple particulièrement soigné de cette façon de procéder dans la revue *Alsic*[2], où chaque article constitue une entité unique (un fichier, une page ou une adresse) tout en étant divisé en sections correspondant à des « pages livresques », signalées par un symbole visuel et comptant en moyenne sept cents mots.

La page a également fait sa réapparition dans les traitements de texte modernes, qui permettent à la fois de visualiser un texte sous ce mode et de s'y déplacer, ou qui parfois affichent en regard de la barre coulissante le numéro de page correspondant à la position du curseur. Enfin, le succès grandissant du format PDF d'Adobe *(Portable Document Format)* confirme que le passage du support papier à son équivalent virtuel est maintenant bien en cours et que l'ordinateur est véritablement en train de quitter la métaphore ancienne du rouleau pour adopter celle du codex.

---

1. www.wired.com/wired/current.html

2. alsic.univ-fcomte.fr/

Nouvelles dimensions du texte

L'hypertexte diffère radicalement du livre en ce qu'il permet de proposer des séquences animées : celles-ci s'obtiennent, essentiellement, en montrant et en cachant successivement un objet placé chaque fois dans une position différente. L'écran peut ainsi devenir l'équivalent du tableau d'une salle de classe, avec la différence que l'élève pourra y faire jouer une démonstration ou une séquence d'animation autant de fois qu'il le jugera nécessaire. Le programme peut aussi occulter des mots importants sous un cache, afin de susciter la curiosité du lecteur et de tenir en éveil son attention : pour faire disparaître ce cache, il suffira, par exemple, d'en approcher la souris.

On définira cette interactivité comme la capacité pour l'usager de *créer des événements sur la page*. En fait, si l'on veut maintenir en éveil l'attention, chaque page d'un hypermanuel devrait comporter une opération effectuée par l'usager : faire apparaître une fenêtre, démasquer une réponse correcte, modifier la couleur d'un énoncé en le corrigeant, expédier au panier un élément fautif, rendre manifestes des relations entre des éléments d'information, proposer une séquence animée ou une démonstration, et ainsi de suite.

L'activité de lecture est associée, dans le cas du texte sur papier, à des dimensions physiques particulières qui interviennent le plus souvent de façon subliminale : épaisseur et caractéristiques du papier, odeur de l'encre et de la reliure, etc. On peut toucher le livre, le prendre entre ses mains et le sentir comme une présence réelle. Par comparaison, l'ordinateur est un média inerte dont l'écran lourd et massif a quelque peu le caractère monumental des pierres tombales et où le texte paraît hors de portée, inaccessible. Saisi purement par le regard, il risque de rester pour le lecteur une abstraction froide. Aussi est-il important de mettre en œuvre tous les moyens qui permettront au lecteur de s'approprier la surface de l'écran, de la fantasmer comme une présence chaleureuse, capable de réagir à ses impulsions. L'interaction au moyen de la souris est évidemment une façon de faire intervenir le corps du lecteur : la lecture se teinte ainsi d'une action musculaire — mais qui ne va pas sans risque pour la santé. Le fait de proposer des icônes est une autre façon de rompre avec l'abstraction de la chose imprimée. Les images, en effet, invitent à un mode de lecture différent, d'ordre symbolique, et qui tisse des rapports subtils avec le texte. En outre, la couleur, parce qu'elle est saisie par la vision périphérique, contribue à donner au texte une dimension plus vivante et plus chaude, qui compense la faible définition de l'écran et ajoute à la richesse du matériau visuel. Utilisée avec cohérence, elle permet un repérage plus facile et, dans le cas d'une situation didactique, une meilleure assimilation des notions présentées. L'ordinateur peut aussi ajouter des événements virtuels afin de traduire dans le domaine visuel ou auditif certaines caractéristiques qui accompagnent la consultation du livre dans le monde physique. Par exemple, un bruit de page froissée correspondant au changement de page recréera chez le lecteur-spectateur l'impression de feuilleter un livre imprimé sur papier fort ou un ancien parchemin — effet déjà courant dans des encyclopédies électroniques ou des jeux comme *Riven*. Le changement de page peut également être accompagné d'effets optiques analogues aux procédés dont s'est délecté le cinéma pendant longtemps : fondu au noir, fondu enchaîné, mouvement en spirale, effet de puzzle, etc. La durée de cette opération a son importance pour l'atmosphère de lecture : rapide, le mouvement pousse le lecteur à avancer vite ; lent, il oblige à un pas mesuré, à une approche plus attentive du contenu de la page.

Combinés, ces divers procédés concourent à mettre en place un *hyperlivre* aussi maniable que l'a été le codex, et aussi indispensable que lui aux opérations de culture. Certes, il est probable que le format du livre restera longtemps encore une façon efficace de regrouper des textes destinés à une lecture suivie, surtout dans le cas de textes considérés comme durables ou devant procurer une émotion esthétique renouvelée. Mais la dimension hypertexte deviendra de plus en plus indispensable à tout un chacun parce qu'elle offre une plus grande souplesse de consultation et qu'elle permet plus facilement au texte de se plier à la volonté de l'usager et de réagir à ses actions.

Cela est particulièrement évident pour l'encyclopédie. Dans la version papier, une recherche échoue si le mot que l'usager a en tête ne correspond pas à l'entrée sélectionnée. Il en va différemment pour une encyclopédie informatisée, où les contrôles tabulaires sont extrêmement étendus. Le lecteur d'une telle encyclopédie peut rechercher une donnée soit en consultant la liste des articles, soit en entrant un mot ou une série de mots clés, ou encore en consultant l'index, constitué de tous les mots contenus dans l'encyclopédie. Mais il peut aussi partir d'un arbre des connaissances, où les données sont regroupées en branches du savoir. Ou faire défiler une « ligne du temps », où toutes les données à caractère historique sont reportées sur un axe chronologique. En fait, la masse d'éléments susceptible d'être rassemblée dans une encyclopédie électronique et la facilité de manipulation offerte au lecteur par ce nouveau média en font un instrument incomparablement plus riche et plus agréable à utiliser que l'équivalent papier. C'est le lieu par excellence où s'affirme la supériorité du « tout numérique ».

Métaphores de la lecture

Le terme « lire » tire son origine du latin *legere,* qui signifie « recueillir ». Métaphoriquement, l'opération de lecture est ainsi associée à l'action de glaner à la surface d'un champ. Cette conception de la lecture met en valeur son résultat : le lecteur a rassemblé, réuni, recueilli… Quoi ? Des matériaux qui le distrairont ou qui le rendront plus sage, plus savant, car la lecture est aussi un moyen d'assimiler le savoir d'autrui. L'activité du lecteur varie, bien sûr, selon la nature du texte lu. On *épluche* un contrat — comme pour en dégager les diverses couches de signification chargées de protéger les intérêts des signataires, on *dévore* un roman, on *parcourt* un magazine ou on *feuillette* un journal.

Le travail de lecture est souvent aussi comparé à la façon dont l'abeille butineuse s'approprie le pollen et le transforme en miel. Mais la notion d'appropriation du savoir par la lecture peut prendre des formes moins pacifiques. Ainsi, pour Valéry, la lecture est une opération de force par laquelle on extrait en deux heures le peu de substance d'un livre, pour n'en laisser qu'un cadavre exsangue :

> Un homme de valeur (quant à l'esprit) est à mon avis un homme qui a tué sous lui un millier de livres, qui lisant en deux heures, a bu seulement le peu de force qui erre dans tant de pages. Lire est une opération militaire (p. 29-30).

Avec la numérisation de l'écrit et la mise en circulation quotidienne de millions de mots sur le Web, le mode extensif de lecture va trouver de nouvelles métaphores. Chacun sait aujourd'hui qu'on ne lit pas un hypermédia : on y navigue ou on y surfe. Il semble en effet difficile de trouver des termes plus appropriés pour décrire l'action du cybernaute qui surfe sur la crête d'une vague d'informations sans cesse renouvelée ou qui navigue d'un nœud à un autre dans un océan de documents interconnectés. La navigation suppose un déplacement à l'estime dans un environnement non balisé, où n'existent pas de repères stables, de routes précisément tracées. C'est une activité qui présente aussi des périls et des surprises : on peut se perdre, aborder sur une terre nouvelle, s'échouer sur un récif (pendant plusieurs années, cela correspondait à la fameuse *Error 404*). D'anciennes adresses ont disparu ou déménagé, de nouvelles surgissent : l'information est emportée dans un vaste et constant mouvement de marée.

Mais peut-on dire du hardi navigateur qu'il lit encore ? Certes, il est obligé de lire pour se rendre d'un nœud à un autre. Mais, dans la mesure où il navigue, sa lecture sera hachée, rapide, instrumentale et entièrement orientée vers l'action. Comme un surfeur, le cybernaute ne fait que glisser sur l'écume constituée par des milliers de fragments textuels. Bercé par l'infini moutonnement des liens et des textes, il semble qu'il vise d'abord à rapporter de son expédition des preuves de sa navigation, consistant souvent en quelques adresses plus ou moins exotiques.

En matière d'écriture, la métaphore de la navigation est bien plus ancienne que ne le laisserait croire sa popularité récente. Curtius nous apprend ainsi que les poètes romains avaient coutume de comparer la rédaction d'un ouvrage à une traversée en bateau. Pour Virgile, composer, c'était « appareiller, mettre à la voile[1] ». À la fin de l'ouvrage, on entrait au port. Plus tard, Dante mettra ainsi en garde ses lecteurs : « Ô vous qui, désireux de m'écouter, avez dans une petite barque suivi mon navire qui vogue en chantant, retournez voir vos rivages, ne prenez pas la haute mer[2] ! » On trouve encore un écho de cette métaphore de la navigation chez Céline :

> Le lecteur n'est pas supposé voir le travail. Lui, c'est un passager. Il a payé sa place, il a acheté le livre. Il ne s'occupe pas de ce qui se passe sur le pont, il ne sait pas comment on conduit le navire. Lui, il veut jouir. La délectation. Il a le livre, il doit se délecter et à cela je m'emploie[3].

Pour Céline, Dante ou Virgile, c'est à l'auteur que revenait l'essentiel du travail de navigation ; le lecteur ne faisait que suivre, tout à la délectation, simple passager sur un bateau dont le capitaine avait pensé et écrit pour lui. Sur le Web, le lecteur est devenu son propre navigateur parce qu'il n'y a pas ici de texte unique et que, pour avancer, le lecteur a besoin de prendre des décisions constantes, au gré des nœuds qui s'offrent à sa vue et qu'il parcourt d'un œil rapide sans jamais s'y établir.

On notera encore que le terme de navigation combine la notion de déplacement entre des documents avec le fait d'en prendre connaissance. Alors que, dans la civilisation de l'imprimé, le fait de *feuilleter* était considéré comme secondaire par rapport à celui de *lire,* il en va tout autrement en matière d'hypermédia, où l'opération de lecture est marginale par rapport à celle de *surfer.* L'hypermédia tend ainsi à engendrer un nouveau mode de consommation des signes, situé à

1. *Géorgiques,* II, 41.

2. *Le Paradis,* 2, 1.

3. Cité par Drillon, 1991, p. 75.

mi-chemin entre le livre et le spectacle, et dont on a déjà parlé à propos de l'hyperfiction. Dans l'action de surfer, on retrouve certes le mouvement de la lecture, dont le principe repose chez l'usager qui décide des nœuds sur lesquels cliquer et du temps à consacrer à la page visitée. Mais, en même temps, ce lecteur capte à peine plus que des images ou des fragments textuels. Et privé du mouvement donné par le texte — surtout sous sa forme narrative —, il risque vite de tourner en rond ou de se lasser. Cette forme de lecture ne saurait donc satisfaire les besoins auxquels répond le mode traditionnel de la lecture fictionnelle.

D'autres séries métaphoriques ont été proposées pour définir l'activité de lecture. Mark Heyer distingue entre trois postures fondamentales : le *broutage,* où le lecteur avale systématiquement et consciencieusement tout ce qui lui est proposé ; le *furetage,* où il parcourt une grande masse d'informations sans avoir en tête un objectif bien déterminé ; et enfin la *chasse,* où il est à la recherche d'une information précise.

Même si ces divers modes sont évidemment susceptibles de coexister chez un même individu, ils correspondent à des conquêtes intellectuelles successives, le mode le plus récent qu'est la chasse exigeant les outils les plus sophistiqués. Le lecteur à la recherche d'une information disposait déjà des instruments complexes que sont l'index, le dictionnaire, l'encyclopédie et les bases de données. L'ordinateur a permis de raffiner encore ces opérations en offrant la possibilité de rechercher toutes les occurrences d'un mot dans un document donné.

Plus récemment, des outils sont apparus qui permettent au lecteur de ne trouver que les éléments d'information minimaux en gardant masqués les éléments non désirés. Ce mode est particulièrement exploité par les sites Web qui offrent des indices aux amateurs de jeux d'aventures[4].Visant à dépanner le joueur bloqué devant une énigme, ces hypertextes spécialisés distillent les informations à doses infinitésimales, de façon à

4. Voir par exemple Universal Hint System : www.uhs-hints.com/

fournir juste assez d'indices pour que le lecteur puisse continuer à progresser, sans lui gâcher le plaisir de la découverte. Si le joueur ne voit toujours pas comment continuer le jeu après avoir reçu un premier indice, il en demande un deuxième, puis un troisième, jusqu'à éventer complètement l'énigme. La métaphore la plus appropriée à ce type de lecture serait une opération de creusement dans des couches concentriques ou de déballage de poupées russes.

Mieux gérer les hyperliens

On navigue normalement dans un hypertexte en cliquant sur des hypermots qui servent de points d'ancrage à des liens avec des données situées ailleurs sur la même page ou sur une autre page : textes, images, clips visuels ou sonores. À première vue, cette opération est simple et évidente. Pourtant, quand il s'agit d'un texte, le fait de cliquer sur un mot correspond toujours à un saut dans l'inconnu, car cela implique de quitter un contexte déjà établi pour un autre. Et le lecteur ne sait jamais dans quelle mesure les données qu'il trouvera s'arrimeront au contexte précédent : peut-être ne s'agira-t-il que d'une association lointaine avec le sujet en question, ou d'une bifurcation dans le développement, qui le forcera à convoquer un contexte nouveau et à laisser en suspens la configuration de lecture déjà amorcée. Le lecteur-navigateur ne sait pas davantage de quelle ampleur seront les développements annoncés, si le lien suivi va l'obliger à une brève excursion ou à un long détour, voire s'il va l'éloigner radicalement du fil textuel qui avait retenu son intérêt. Aussi n'est-il pas excessif de dire, sans jeu de mots, que la problématique des liens constitue le maillon faible de la nouvelle organisation textuelle proposée par l'hypertexte.

Une solution partielle à ces problèmes de décontextualisation serait de donner au lecteur le moyen de savoir d'emblée sur quel type de contenu débouche chacun des divers liens qui lui sont proposés dans une page. Sur le Web, une convention devrait permettre de distinguer entre liens *endosémiques,* qui développent un concept en le creusant, et liens *exosémiques,* qui ne sont rattachés à l'hypermot que de façon connexe, par dérive associative. On pourrait ainsi distinguer entre des liens pointant sur divers types d'informations : renvoi bibliographique, définition, explication complémentaire. Si le HTML était assez rudimentaire, on sait par contre que l'avènement du XML fournira tous les outils nécessaires à cet effet[1]. Un usager pourra même donner à sa page exactement la présentation souhaitée, en utilisant la possibilité qu'offre ce langage d'attacher à un document une liste des codes utilisés.

Certains ont préconisé de ne pas faire de liens à partir de mots isolés, mais toujours à partir de propositions. Il est vrai qu'une proposition peut contraindre davantage le sens qu'un mot isolé et ainsi plus facilement fournir un contexte qui permette au lecteur de cliquer en connaissance de cause. Mais cette solution a aussi pour effet d'accroître considérablement l'espace occupé par des liens colorés sur la page et de les rendre plus envahissants, plus tapageurs. Une autre possibilité serait de placer systématiquement l'hypermot sur le nœud verbal et de le doter d'un titre explicite correspondant au contenu du document sur lequel il pointe ou, à défaut de ce titre, des premiers mots du document en question. Ce texte s'afficherait dans une minifenêtre au moment où s'en approcherait la souris : le lecteur pourrait alors choisir de cliquer sur le lien ou de rester à l'intérieur de la page.

---

1. www.w3.org/XML/

Frontières du livre

Depuis le début des années 1990, on se demande régulièrement dans des colloques ou des revues si le livre électronique pourra un jour remplacer le « vrai » livre.

Pour beaucoup encore, un « vrai » livre ne saurait être qu'un ouvrage imprimé sur papier, que l'on peut prendre en mains, emporter avec soi sur une plage ou dans le métro, et qui procure en outre des sensations tactiles et olfactives rattachées à la matérialité de l'objet. Selon cette définition, il est bien évident que le document électronique ne pourra jamais accéder à la « dignité » du livre.

Rappelons qu'un débat similaire avait déjà eu lieu, dans la Rome du IIIe siècle de notre ère. L'occasion en avait été fournie par l'interprétation d'un testament dans lequel étaient légués « les livres » du défunt : fallait-il entendre par là les seuls rouleaux de papyrus ou y inclure les codex ? Selon l'avis juridique d'un avocat de l'époque, c'est cette dernière conception qui devait prévaloir :

> Les codex doivent aussi être considérés comme des livres. On regroupe sous l'appellation de livres non pas

> des rouleaux de papyrus mais un mode d'écriture visant une fin déterminée[1].

Ce jugement oblige ainsi à prendre une certaine hauteur par rapport à la question initiale et nous rappelle qu'un livre renferme de l'écrit dans une intention donnée. Cette intention répond à deux impératifs majeurs : portabilité et pérennité.

Un livre est éminemment portable, car il permet de transporter un contenu d'information beaucoup mieux que ne pourrait le faire une collection de tablettes de pierre ou de cire, ou un amas de feuilles volantes.

Mais un livre, c'est aussi un texte ou un ensemble de données visuelles qui possède une valeur et que l'on peut conserver. Depuis des temps immémoriaux, le livre est vu comme la quintessence du témoin culturel, le condensé par excellence de la pensée des individus et des sociétés qui nous ont précédés. Aussi la destruction des livres a-t-elle toujours été perçue comme une violence faite à la culture et à l'histoire. Brûler un livre, c'est vouloir faire disparaître une pensée : les autodafés sont un moyen spectaculaire de désigner une doctrine ou une œuvre à l'oubli collectif.

Peut-on considérer que le livre électronique répond à la double exigence de portabilité et de conservation ? En matière de portabilité, la réponse est plutôt positive. Certes, les ordinateurs portables sont encore bien encombrants en comparaison du livre de poche, mais leur potentiel de stockage est infiniment supérieur à celui du papier. On prévoit aujourd'hui la possibilité de faire tenir deux gigaoctets de données sur une surface d'un centimètre carré, soit l'équivalent de trois cent cinquante mille pages à simple interligne ! Un individu pourrait ainsi transporter dans la pochette de sa chemise tout le contenu de la célèbre bibliothèque d'Alexandrie. Demain, ce sera sans doute l'équivalent d'une bibliothèque universitaire du XXe siècle. En outre, une fois numérisé, le texte peut être mani-

---

1. Cité par Roberts et Skeat, 1983, p. 32.

pulé avec une aisance qui aurait fait rêver les moines installés à vie dans les *scriptoria* médiévaux. Codé en SGML, un texte électronique peut être affiché ou imprimé sous n'importe quel format, dans une typographie respectueuse de la hiérarchie originale. Enfin, il peut être copié à la vitesse de la lumière et transféré par millions d'exemplaires d'un continent à un autre en quelques heures.

La question de la conservation est moins sûre. Si le parchemin et, dans une moindre mesure, le papyrus ont pu traverser des millénaires, on ne possède guère de recul pour les supports électroniques. Les CD-ROM semblent pouvoir résister au temps, mais certains spécialistes nous assurent que leur durée de vie ne devrait pas dépasser dix ans. Et d'ailleurs, trouverons-nous encore des lecteurs capables de les lire dans cinquante ans ? Qui peut aujourd'hui lire des disquettes de format 5 ¼ ? Quant à notre expérience d'internaute, elle n'est guère plus encourageante. Sur une liste de liens offerts par une page Web, on peut s'attendre à ce que le tiers en soit périmé au bout de deux ou trois ans. Les causes en sont multiples : l'auteur du texte a déménagé ou a perdu son compte sur le serveur, ou ce dernier a été remplacé. Le texte électronique révèle ici ses limites, qui sont l'envers de ses qualités : il est fragile et peut disparaître à tout moment.

Sous forme électronique, le livre est ainsi confronté à son ultime avatar. L'extrême labilité du texte et la facilité avec laquelle on peut le manipuler, le découper et le copier contribuent à en faire un objet banal, répétitif et d'une valeur plus relative que jamais auparavant. Aussi le livre papier continuera-t-il longtemps à exister en parallèle, comme moyen de reconnaissance sociale et culturelle.

Jusqu'à tout récemment encore, la culture écrite était reconnaissable à des éléments matériels et finis : la page était l'unité de base du livre qui, lui-même, constituait l'unité de remplissage d'un rayon de bibliothèque. Et cette dernière était, depuis Alexandrie, le lieu visant à totaliser tous les savoirs. La virtualisation du texte modifie radicalement cette donne millénaire. Plutôt que simple élément de la bibliothèque, un hypertexte est susceptible de donner accès à celle-ci dans son entièreté, sans avoir nécessairement une localisation matérielle fixe. Notre représentation du savoir en est déjà bouleversée. Tant que le livre était circonscrit dans des dimensions physiques limitées, on pouvait encore caresser l'idée que le savoir était composé de compartiments bien délimités et aux cloisons étanches, à la façon de ces parallélépipèdes alignés sur les rayons des bibliothèques. Avec l'hypertexte, il devient évident que tout élément de connaissance est relié à une quantité d'autres, dans un maillage infini.

Si un hypertexte n'a pas de limites dans l'espace, il n'en a pas non plus dans le temps. Les anciennes technologies de l'écrit étaient lourdes et placées sous le signe de la pérennité *(« verba volant, scripta manent »).* Un auteur ne pouvait pas facilement apporter des modifications à son texte une fois que celui-ci avait été gravé sur une stèle, copié sur un parchemin ou imprimé. Le texte numérisé, au contraire, est modifiable à volonté, et un auteur peut sans cesse le reprendre pour y apporter des corrections et des ajouts. Un hypertexte n'est jamais clos.

Cela dit, il est probable que le lecteur éprouvera longtemps encore le besoin psychologique d'achever une lecture commencée, de savoir qu'il a parcouru une œuvre suffisamment pour s'en faire une idée juste et cohérente. Le texte narratif traditionnel est par excellence construit en fonction du mot « Fin », qui constitue la ligne d'horizon vers laquelle le lecteur avance à marche forcée et dont il est impatient, et parfois désolé, de se rapprocher. Cet horizon constitue une survivance des grands mythes explicatifs qui ont bercé l'enfance de l'humanité tout comme des histoires par lesquelles chacun s'est progressivement découvert et construit. Certes, le narratif peut aussi fonctionner sans jamais atteindre cette frontière, ainsi qu'en témoigne le succès de ces récits à épisodes que sont les faits divers et la geste des vedettes et des grands de ce monde — avant qu'ils ne soient fauchés par la mort. Mais l'effet fiction ne fonctionne vraiment bien que dans la mesure où le lecteur se laisse absorber totalement dans un récit, ce qui suppose une épaisseur temporelle et une pleine attention à l'univers imaginaire en cours d'élaboration.

En ce qui concerne la lecture à des fins informatives, il ne fait pas de doute que, dans le monde de l'hypertexte, celle-ci sera de plus en plus gouvernée par le lecteur plutôt que par une opération externe de clôture. Le livre papier permet au lecteur de déterminer sa navigation et le travail de lecture en plaçant des signets. De même, un ouvrage numérique peut contenir dans un coin de l'écran un graphe indiquant la part respective de ce qui est lu et de ce qui reste à lire ; une fenêtre peut afficher la liste des pages déjà lues ; des signets peuvent être placés sur les pages auxquelles on voudrait revenir. Ces procédés sont déjà courants pour des réalisations sur CD-ROM. En outre, l'hypertexte peut donner au lecteur la possibilité de réorganiser la masse des informations en fonction de ses besoins, selon un ordre chronologique ou spatial, ou selon les personnages en cause ou, encore, selon les types d'enjeux.

Dans le cas de la navigation sur le Web, les tables des matières se font de plus en plus sophistiquées, l'enjeu étant de rassembler en un espace aussi compact que possible éléments textuels et visuels. Certains outils donnent à l'usager une vue dynamique globale sur l'organisation d'un site complexe, tel Hyperbolic Tree mis au point par Xerox et Inxight.

Mais le principal outil dont dispose le lecteur est fourni par les moteurs de recherche. Ceux-ci sont malheureusement encore affligés par des problèmes de redondance et de pertinence qui transforment souvent les recherches en épreuves de frustration. Chacun de nous aura ainsi déjà atterri sur une page personnelle sans intérêt alors même que l'on avait demandé à son moteur de recherche de découvrir tous les sites où il était question de voyages aériens à prix réduit ou de reproductions d'œuvres d'art. Comme on ne peut empêcher un quidam en mal de notoriété de placer dans sa page tous les mots du dictionnaire afin d'attirer le plus de gens possible, il faudra nécessairement produire des analyseurs sémantiques capables d'estimer statistiquement l'intérêt d'une page donnée en fonction d'une requête. À une analyse de contenu pourraient s'ajouter divers moyens de tester la crédibilité et la pertinence de l'information déposée sur une page en évaluant notamment les liens hypertextuels qui pointent vers celle-ci et ceux qui en partent. La façon de spécifier une requête de recherche devra aussi se faire de plus en plus rigoureuse, en invitant l'usager à préciser par exemple le réseau sémantique, le nombre de pages que doit contenir le site ou l'ampleur des textes.

Il ne fait pas de doute que le lecteur de demain pourra ainsi réaliser presque automatiquement, sur le sujet qui l'intéresse, des compilations de pages glanées sur Internet, et en prendre ensuite connaissance à l'aide de divers instruments d'édition et de lecture assistée. Quelqu'un qui serait intéressé à la théorie du chaos pourrait ainsi lancer une recherche sur ce terme, colliger les pages pertinentes, les trier et les assembler pour ensuite les imprimer dans un cahier à son usage personnel : cette forme de livre pourrait bien valoir un ouvrage imprimé. D'ailleurs, certaines maisons d'édition ont déjà entrepris d'exploiter commercialement ce filon avec des collections du genre « Lu sur Internet ». Et de nombreux individus, détenteurs d'une page Web, se vouent bénévolement à des travaux de compilation, rien que pour pouvoir partager leur passion pour un sujet avec les « surfeurs » du monde entier.

Dans de nombreux cas, donc, le projet de lecture ne sera plus déterminé par un auteur ni par une structure éditoriale, mais par des choix personnels organisés autour d'une thématique et menés à terme avec l'aide d'*agents* informatiques.

Lecteur, usager ou consommateur de signes ?

On éprouve parfois une certaine hésitation à parler de lecture à propos d'un hypermédia — et nous avons à maintes reprises employé ici même le mot « usager » là où l'on se serait attendu au terme de « lecteur ». Cela ne tient pas seulement à la dimension spectacle de ce nouveau média, mais aussi à la façon particulière dont on entre en relation avec lui.

La lecture consiste à recueillir systématiquement des indices convergents participant d'un même univers de sens. Pour qu'elle puisse être menée à bien, il faut au moins que deux conditions soient réunies :

a) le lecteur doit pouvoir manipuler les données à discrétion : relire un passage, se projeter vers l'avant, passer du texte à une table des matières, à un index ;

b) il doit lui être possible, à propos des signes qui lui sont présentés, de les mettre en rapport entre eux, selon des opérations réglées et susceptibles d'être partagées avec d'autres, au moins pour l'essentiel, de manière à effectuer la plupart des opérations de sens prévues par l'auteur, une lecture étant d'autant plus réussie que l'on aura effectué un plus grand nombre de celles-ci, ce qui n'exclut cependant pas que le lecteur puisse aussi trouver dans un texte des éléments de sens que l'auteur n'avait pas pensé produire.

En tant que telle, la lecture ne semble guère compatible avec une autre activité et suppose une attention complète de la part du sujet. Ainsi hésitera-t-on à décrire le consommateur en train de déambuler dans un centre commercial comme un « lecteur », même si celui-ci est amené à lire des étiquettes de produits ou des noms de magasins. Le lecteur est, par essence, quelqu'un qui se consacre, pour une durée déterminée, à la perception, à la compréhension et à l'interprétation de signes organisés en forme de message. Au contraire, la personne occupée à zapper dans un hypermédia n'est pas loin de ressembler à notre consommateur, happant au vol des bribes d'information, des appels, des tentatives de séduction provenant de myriades d'images, de sons, de réclames. La rapidité de la circulation, la distraction continuelle et l'absence de concentration empêchent que l'on puisse parler ici de lecture au sens plein. En outre, le lecteur d'un hypertexte fait souvent bien autre chose que lire : il regarde des icônes, sélectionne un bouton, fait défiler une colonne de texte, etc. Tantôt lecteur, tantôt spectateur, tantôt simple utilisateur : tel est le statut mouvant de quiconque s'aventure dans de vastes hypertextes, comme ceux que l'on trouve sur le Web. On a vu qu'il était possible de faire une lecture d'un édifice et de considérer celui-ci comme un pseudo-texte. Et il est vrai que, pour un architecte, le fait de parcourir systématiquement la structure d'un bâtiment, tel le palais du Louvre, et d'en répertorier les caractéristiques constitue une forme de lecture. En revanche, le touriste qui s'aventure dans le bâtiment pour jeter un coup d'œil sur *La Joconde* n'est le plus souvent qu'un simple usager de ce palais : il se sert de l'organisation de l'espace pour arriver à des fins qui sont tout autres que celles d'un étudiant en architecture.

Cela nous amène à nous demander pourquoi on lit, à quelle motivation répond ce comportement qui est un des premiers que l'enfant apprenne à l'école — et qui constitue même le fondement de celle-ci depuis des millénaires. Chez certains, la lecture peut devenir une occupation de tous les instants, une routine indispensable, voire une drogue ou, comme le disait Valéry Larbaud, « un vice impuni ». Lorsqu'un enfant a maîtrisé avec succès l'apprentissage de la lecture, on constate souvent qu'il ne peut plus s'empêcher de lire : tout ce qui lui tombe sous les yeux sera l'occasion de renouveler la magie que procure le « savoir lire ». Désormais, tout texte fera signe et mettra en branle le mécanisme de lecture.

On ne peut donc pas assimiler le signe écrit à n'importe quel signe créé par l'homme ou disposé dans la nature, même si l'on parle parfois métaphoriquement du « grand livre de la nature ». Ce qui distingue fondamentalement la lecture des autres opérations sémiotiques est à chercher dans la qualité particulière des signes que celle-ci manipule et dans la promesse de sens qu'elle adresse au lecteur, promesse qui n'est nulle part plus explicite que dans le texte imprimé, avec sa régularité et le potentiel de séduction qu'y ajoutent la typographie et les illustrations.

Une fois engagée, l'opération de lecture est prise en charge par le jeu régulier de la machine textuelle : moyen commode, pour le sujet, de tromper l'ennui ou d'alimenter sa fonction sémiotique en la mettant sous pilotage automatique. Sans doute le fonctionnement quasi mécanique de la production du sens, tel que le permet le texte parfaitement lisible, a-t-il pour effet de provoquer un plaisir hypnotique d'autant plus fort que la nature des opérations exigées du lecteur lui permet d'être plus passif sur le plan intellectuel. De là vient sans doute l'accusation fréquente de paresse intellectuelle, portée contre les lecteurs boulimiques de textes légers. Hermann Hesse, par exemple, raconte que, dans une chambre d'hôtel, deux journaux lui étant tombés entre les mains par hasard, il avait redécouvert le plaisir particulier de ce genre de lecture :

> Et à nouveau, je compris pourquoi les gens aiment lire les journaux. Envoûté par le réseau aux multiples mailles de l'information, je compris le charme de n'être que spectateur, libre de toute responsabilité [...] (p. 265).

Le maître allemand tonnait alors contre les journaux. De même s'en est-on pris par la suite à la télévision et, aujourd'hui, à l'Internet, qui serait responsable du syndrome que certains psychologues américains ont nommé *Internet addiction disorder,* trouble psychologique qui affecterait principalement les adolescents. Ceux-ci auraient en commun de passer des nuits entières à surfer sur le réseau et d'être incapables de prêter attention à quelque autre activité que ce soit. Ne vivant que pour être « connectés », ils présenteraient des symptômes de privation graves si on les oblige trop longtemps à revenir dans le monde « normal ». Or, un désordre psychologique assez semblable avait déjà été diagnostiqué dans notre civilisation vers 1605. On dénonçait alors l'état d'ahurissement et d'assuétude qu'était susceptible de produire sur des individus la lecture de certains types de livres. Selon le diagnostic posé alors par Cervantès, c'était la lecture de romans de chevalerie qui avait fait perdre le sens à Don Quichotte. En faisant du livre un produit abondant et facile à se procurer, l'invention de l'imprimerie, un siècle plus tôt, avait en effet permis l'apparition d'une forme de dépendance psychologique jusque-là impensable, consistant dans la consommation effrénée de romans. Après la géniale « chronique » que le romancier espagnol a consacrée à ce phénomène, il semble que ce désordre soit entré dans les mœurs et que les prétendues victimes se portent finalement assez bien. Quand toute une civilisation est atteinte d'un même mal, celui-ci ne finit-il pas par devenir la norme, voire une vertu ? Un Nabokov pouvait avoir lu dix mille livres vers la fin de son adolescence et Borges pouvait bien rêver de vivre dans une bibliothèque de Babel : ils n'en ont pas pour autant été internés. En tout cas, que l'on sache, aucun psychologue contemporain ne poserait sur ce trouble l'étiquette de *reading addiction disorder.*

Aujourd'hui, l'imprimerie étant en passe d'être détrônée par le réseau mondial d'information, il est tout à fait normal que l'on voie dans ce dernier une source de désordres potentiels. Le drogué de l'Internet, c'est celui qui voudrait épuiser tout ce qui se donne à lire et à voir sur le réseau. C'est celui ou celle qui vibre à l'idée d'être en contact virtuel avec des millions d'êtres, obéissant, par les clics de la souris à un obscur désir de communication, aussi vieux que l'humanité, et dont on nous offre aujourd'hui une promesse de satisfaction immédiate, comme jamais auparavant.

Mais la lecture n'est pas nécessairement facilitée par le nouveau média. Un des obstacles majeurs que l'hypertexte oppose à l'activité de lecture réside dans les effets de décontextualisation, lorsque ceux-ci ne sont pas médiatisés par le texte ou par l'activité cognitive du lecteur. Il ne peut y avoir de lecture, en effet, que si les éléments décodés sont soumis au creuset de la compréhension. Or, comprendre une donnée suppose qu'on puisse la mettre en relation avec un contexte d'accueil, de façon à la faire jouer sur ce que l'on sait déjà. La part la plus importante de la compréhension, et qui est cruciale pour une lecture réussie, consiste pour un lecteur à activer dans sa mémoire de travail toutes les connaissances antérieures nécessaires au traitement adéquat des informations qui vont lui être présentées. Si les dispositions d'accueil et de production de sens sont d'autant plus fortes que le contexte cognitif est plus riche, elles tendent vers zéro si le contexte est absent.

Quand le lecteur tourne la page d'un codex, il sait qu'il trouvera la suite du texte qu'il est en train de lire — et dont le traitement cognitif qu'il vient de faire lui a permis de construire un contexte mental qui le prépare à accueillir de nouvelles données. Il en va tout autrement pour la navigation d'un hypertexte. Chaque nouveau clic de souris risque en effet de l'éloigner davantage du contexte qu'il avait d'abord sélectionné. Celui-ci est alors à reconstruire, inlassablement, ce qui permet d'évoquer, à propos de la navigation sur le Web, le vieux mythe du tonneau des Danaïdes. Certes, le lecteur peut choisir de visiter les mêmes pages, de façon circulaire, frappant de monotonie la production du sens ; il peut aussi se contenter de flotter à la surface des pages sans chercher à comprendre. Il est alors comme un voyageur déambulant dans les rues de Tokyo sans connaître le japonais : quantité d'enseignes lui font signe, mais il les regarde d'un air blasé et indifférent, comme un simple spectacle. Il a beau être physiquement actif, et naviguer à en perdre haleine, les données rencontrées ne suscitent pas de traitement cognitif. Pour reprendre l'image de McLuhan, le surfeur reçoit bien le « massage » du média, mais le message lui demeure opaque et vide.

Je clique, donc je lis

Alors que, sur le support papier, toutes les pages sont coprésentes, elles n'apparaissent, dans le cas de l'hypermédia, qu'à la demande de l'usager. Cela crée une situation de lecture particulière, dont la caractéristique principale est que le lecteur doit constamment faire des choix en cliquant sur tel ou tel bouton s'il veut faire apparaître telle unité d'information ou telle autre. Chaque bouton, chaque hyperlien est ainsi une invitation à aller plus loin, une promesse de contenu. Par le mécanisme de dévoilement qui lui est inhérent, ce système en appelle particulièrement à la psychologie de l'enfant. Anticipant sur ce qui est connu aujourd'hui comme la « loi du marteau » (à savoir que l'enfant qui découvre le marteau estime que tout a besoin d'être martelé), Valéry avait noté combien les enfants avaient tendance à répondre aux sollicitations de leur environnement :

> S'il y a un anneau, on tend à le tirer, une porte, à l'ouvrir, une manivelle, à la tourner — une culasse, à la faire jouer. [...] S'il y a un escalier, à le gravir... un morceau de bois, à le mordre, un bassin d'eau, à y jeter toute chose (p. 912).

Le déplacement par clics de souris contribue à donner au lecteur le sentiment d'avoir le plein contrôle de l'objet dans la mesure évidemment où le programme a bien voulu le lui laisser et de pouvoir suivre souverainement ses impulsions. La souris est l'exact équivalent de la télécommande pour la télévision, où le simple fait de pouvoir changer de chaîne à partir d'une légère impulsion tactile a modifié les habitudes des téléspectateurs, encourageant une consommation parfois frénétique de miettes d'émissions. De même, la navigation au moyen de la souris tend-elle à susciter des déplacements chaotiques et extrêmement rapides, peu favorables à la lecture.

La consultation de l'hypertexte est ainsi placée sous le signe de l'immédiateté et de l'urgence. Excité par la promesse de dévoilement que contient implicitement la présence d'un hyperlien, le lecteur de l'hypermédia voudrait être arrivé à destination avant même que d'avoir commencé à lire. Ce mode de lecture est fort éloigné de la lecture méditative ou intensive valorisée dans le passé. En fait, ces deux modes font appel à des opérations cognitives très différentes que l'on peut rattacher aux mécanismes fondamentaux d'assimilation et d'accommodation décrits par le psychologue Jean Piaget. Dans le premier, le sujet incorpore les objets perçus en créant au besoin les schèmes adéquats ; dans le second, il se contente d'adapter temporairement ses schèmes aux objets nouveaux, afin d'en expérimenter la différence par rapport à ce qu'il sait déjà. Ce dernier mode est celui d'une curiosité de surface toujours insatisfaite. Tout comme Lipovetsky l'a montré à propos de la télévision, le lecteur zappeur n'attend pas de la lecture qu'elle lui apporte un savoir quelconque et encore moins qu'elle change sa vie : il lui suffit qu'elle le prémunisse contre l'ennui.

> En fait, le zappeur est toujours à l'affût d'un programme captivant, sans pour autant s'en donner les moyens : il veut être « branché » instantanément. Les émissions l'ennuient, mais il ne peut s'arracher de l'écran. Il y a quelque chose de tragique dans la condition du zappeur,

> le tragique du désir téléphile incapable de s'accomplir véritablement (1988, p. 69).

Correspondant à un besoin constant de rafraîchissement des opérations cognitives, le zapping recrée dans le domaine du visuel ou de l'écrit les brusques changements thématiques observables dans les conversations orales. En ce sens, il va fondamentalement à l'encontre du projet même qui a guidé l'écriture traditionnelle, qui vise à développer un sujet de façon exhaustive, dans le but d'en proposer une synthèse nouvelle.

Pour toute une série de raisons dues à l'état encore « immature » du média — faible surface, basse résolution et encombrement des écrans actuels qui empêchent une lecture commode ; coûts d'accès au réseau ; absence de protocoles d'édition adaptés —, la dynamique du Web tend ainsi à transformer la lecture en une activité fébrile où le lecteur est constamment à la surface de soi-même, surfant sur l'écume des sens offerts, emporté dans un kaléidoscope d'images et de fragments de texte oubliés dès qu'ils ont été perçus. Selon la formule de Régis Debray : « L'ivresse du roi zappeur commandant à un monde presse-bouton est un reste en nous d'ébriété primitive » (1991, p. 78). Sans le désir qui la porte en avant et les protocoles d'édition qui en permettraient le jeu conscient et réfléchi, cette forme de lecture est condamnée à papillonner dans la répétition et à voir les mouvements de zapping s'accélérer en proportion directe de l'ennui engendré.

La navigation sur le Web ne peut donc pas être cette forme de bercement autohypnotique par lequel le lecteur de roman se laisse emporter, voguant sur une langue et un imaginaire qu'il accueille en lui pendant des heures, des semaines parfois. Pour évoquer encore ce « long graphisme maigre comme une lettre » qu'est le personnage de Don Quichotte[1], celui-ci aurait-il perdu l'esprit s'il avait été tenu de cliquer à chaque pas qu'il faisait dans la lecture de ses romans de

1. Foucault, 1966, p. 58.

chevalerie : « Si vous voulez que le chevalier délivre sa dulcinée, cliquez sur ce mot. Cliquez ici si vous voulez qu'il continue son chemin » ?

Cette position critique du navigateur moderne, qui doit cliquer pour obtenir du texte, est certainement susceptible de détourner de la lecture. Aussi a-t-on envisagé pendant un moment, dans les bureaux californiens où se joue l'avenir du Web, d'offrir à l'internaute une série de « chaînes » spécialisées entre lesquelles il lui suffirait de choisir. Mais cet infléchissement vers la télévision et les divertissements préprogrammés constituerait une régression par rapport à la révolution amorcée par l'Internet, qui tend plutôt à amplifier le mouvement de tabularisation généralisée de l'information dans laquelle notre civilisation est engagée depuis deux millénaires.

Il faut donc s'interroger sur le désir qui pousse en avant le lecteur. Par définition, le désir est un point aveugle vers lequel on tend parce qu'on espère trouver un plaisir souverain, un ravissement de l'être. Il ne se confond pas avec l'envie, qui est le désir d'une chose connue. Le lecteur qui aborde un livre est sans cesse porté au-delà de ce qu'il est en train de lire par la promesse d'un dévoilement essentiel, qu'il s'agisse du dénouement d'une intrigue romanesque, de l'appréhension du mystère d'une vie ou d'une compréhension plus large de l'univers. Les intrigues amoureuses sont sans doute les plus susceptibles de provoquer le désir du lecteur parce qu'elles lui permettent de projeter son propre désir d'amour : on ne lit jamais avec autant d'intérêt que lorsqu'on croit retrouver un écho de sa propre vie et de ses passions. Mais comment soupirer pour une fin heureuse s'il n'y a pas de fin, pas de dénouement ?

Pourtant, l'hypertexte peut aussi être organisé en fonction d'une progression du désir et créer chez le lecteur un contexte générateur d'attentes que comblera un dénouement. Bien mieux que le livre, il peut mettre en scène le texte, l'accompagner d'éléments visuels, d'images animées. Enfin, il peut susciter l'interactivité avec le lecteur, et celle-ci trouve sans doute son terrain de prédilection dans la littérature à énigme.

Même si elle connaît aujourd'hui un succès qui semble en faire un genre très moderne, la littérature à énigme est aussi vieille que le mythe. C'est une énigme, en effet, qu'on trouve au cœur du mythe d'Œdipe : « Quel est l'animal qui marche à quatre pattes le matin, à deux à midi et à trois le soir ? » La particularité de l'énigme tient à la part importante qu'elle fait jouer aux capacités d'intellection du lecteur. D'entrée de jeu, l'auteur annonce qu'il va soumettre au lecteur un problème complexe comportant une solution accessible par la seule force du raisonnement appliquée aux données en présence. Ce défi peut amener le lecteur à abandonner la lecture pour mettre à contribution ses ressources mentales. Dans un échange oral, l'interlocuteur est sommé de trouver immédiatement la réponse à la question posée. Dans l'imprimé, l'intervalle entre l'énoncé de la question et celui de la réponse sera comblé par le récit des recherches faites par le héros et des différentes pistes sur lesquelles il s'est engagé. L'astuce de l'auteur consiste à ne donner la solution qu'après des heures de suspense pour le lecteur, heures au cours desquelles l'énigme aura eu le temps de croître dans l'esprit de ce dernier et de le passionner de plus en plus.

Mais l'imprimé doit nécessairement livrer la solution, sous une forme ou une autre, car on ne peut soustraire les pages de la fin au lecteur curieux ou excessivement pressé, même si celui-ci n'a pas lu la moitié du livre. Au mieux, les dernières phrases donneront un ultime indice qui guidera une relecture éventuelle. Ou encore, on pourra différer le dévoilement par une publication en feuilleton — et l'on sait la puissance que ce dernier pouvait exercer sur les esprits au XIXe siècle, quand les masses de lecteurs, émergeant à peine de la linéarité de la culture orale, acceptaient encore d'être soumis au bon vouloir de l'auteur.

Par comparaison avec l'imprimé, une hyperfiction dispose de moyens très sophistiqués et peut prendre en charge la progression du lecteur, en lui interdisant l'accès à un nouveau chapitre, c'est-à-dire à un nouvel ensemble de données, s'il n'a pas d'abord trouvé la clé d'une énigme préalable. Ce genre de jeu est capable de mobiliser l'intérêt du joueur pendant des dizaines d'heures et plus, car il combine à la fois l'excitation intellectuelle provoquée par des énigmes à résoudre, la fascination engendrée par des événements visuels spectaculaires et la puissance du narratif — sous la forme d'un récit intégrateur qui sert de toile de fond à la quête du joueur.

Peut-être le désir de lire n'est-il jamais aussi paradoxal que lorsqu'il mène hors du texte. On a vu en effet que le livre ne retient pas l'attention de la même façon qu'un spectacle, car il est toujours possible au lecteur de cesser de lire pour laisser le temps à ses réseaux d'associations de se déployer, en explorant tous les points de contact possibles avec le texte. De même lui est-il toujours loisible de retourner en arrière, de relire un passage et de se livrer à un travail de réflexion sur ce qu'il vient de lire. Aussi la lecture convient-elle idéalement à un travail de sédimentation cognitive et permet-elle d'inscrire un énoncé dans la durée en lui donnant épaisseur et densité, alors que le monde de l'oralité primaire ne permet d'approcher la densité que par la répétition.

Mais, bien sûr, pour que se produise cette fécondation de l'esprit par la lecture, il faut encore que le lecteur soit réceptif et qu'il ne lise pas par devoir ni de façon purement mécanique. Gide en donne témoignage dans un passage de son *Journal* :

> Je lis Carlyle, qui m'irrite et me passionne à la fois. J'ai eu ce tort de lire la seconde conférence *(des Héros)* par devoir. Il n'y a pas eu pénétration. C'est absurde. Je ne devrais rien lire comme cela. La première, au contraire, m'avait fait une impression telle que je ne venais pas à bout de la finir. À chaque ligne, j'en avais pour un quart d'heure de réflexions et de vagabondages (p. 19).

Quand l'esprit est ouvert à ce qu'il lit, les données prélevées dans le texte sont pleinement mises en relation avec tout le savoir antérieur, ce qui permet l'appropriation de la pensée étrangère et l'apparition de nouvelles constructions de sens. Michel de Certeau (1990) a parlé à ce propos de « braconnage » : parcourant les livres comme un chasseur braconnant à travers les champs, le lecteur est toujours à l'affût de quelque gibier qui nourrira sa pensée. Et Barthes a poussé jusqu'au paradoxe cette tentation de quitter précisément une lecture au moment où elle l'intéresse le plus :

> Je dirai justement, en me plaçant toujours sur ce plan de la sensibilité et du plaisir, je ne lis pas beaucoup, soit parce que le livre m'ennuie, et à ce moment-là, je le lâche, soit parce qu'il m'excite, il me plaît, et à ce moment-là, j'ai tout le temps envie de lever la tête pour continuer à penser ou à réfléchir de mon côté. Ce qui fait que je suis un assez mauvais lecteur sur le plan quantitatif (1995, p. 345).

Le vagabondage et l'attention flottante étaient déjà le mode préféré de Montaigne : « Là, je feuillette à cette heure un livre, à cette heure un autre, sans ordre et sans dessein, à pièces descousues ; tantost je resve, tantost j'enregistre et dicte, en me promenant, mes songes que voicy » (III, 3).

Entre codex et hypertexte

Au seuil d'une civilisation de l'information qui se met en place sous nos yeux, une nouvelle forme de lecture est en train d'apparaître. Grappillante, cliquante, zappante, écrémante, elle est aussi visuelle et tabulaire, et moins tournée vers une posture méditative que vers l'exploration de nouveaux territoires. Quels en seront les effets sur notre appréhension du texte et sur l'écriture ? S'il faut en croire l'écrivain André Malraux, une modification des attitudes de lecture entraîne nécessairement une modification de l'imaginaire, comme cela s'est produit au Moyen Âge avec l'avènement du livre :

> Toute révolution de l'imaginaire, avant de se marquer par la substitution d'un genre à un autre, se marque par un changement de liturgie. On avait découvert que l'on pouvait prier seul, on découvre que l'on peut imaginer seul, écouter un livre comme on priait sa Vierge d'ivoire (p. 92).

Dans une civilisation axée sur le traitement des signes, on peut s'attendre à ce que le processus de personnalisation du lecteur, en cours depuis des siècles, s'accélère et devienne plus aigu. Choyé par les possibilités qu'offre le texte numérique, le nouveau lecteur est en train de se construire des attentes que le papier ne peut satisfaire aussi vite ni aussi bien. S'étant habitué à intervenir dans le processus de collecte et d'organisation des données, il s'attribue aussi des droits que ne s'arrogeait pas le lecteur des époques antérieures, inféodé à l'autorité du livre et culturellement tenu de mener sa lecture jusqu'à son terme, de façon suivie et intensive.

Surtout, sur le nouveau média, les déplacements du lecteur ne sont plus limités par le vieil ordre début-fin, ni par l'entrée alphabétique, ni par l'entrée thématique. Chaque mot est virtuellement le lieu d'un nœud qui permet d'enchaîner avec une nouvelle fenêtre de texte. La curiosité du lecteur qui écrème un texte est ainsi susceptible d'une satisfaction immédiate. On peut passer d'une information à une autre avec une souplesse totale, en obéissant à son désir et à ses propres associations mentales plutôt qu'à un découpage conceptuel imposé. Cette liberté de déplacement accordée au lecteur répond aussi à une nouvelle donne culturelle en Occident qui encourage les individus à affirmer leur différence de toutes les façons possibles et dont le sociologue Gilles Lipovetsky s'est fait le chroniqueur attentif :

> Le procès de personnalisation impulsé par l'accélération des techniques, par le management, par la consommation de masse, par les media, par les développements de l'idéologie individualiste, par le psychologisme, porte à son point culminant le règne de l'individu, fait sauter les dernières barrières (1983, p. 26).

L'avènement de l'hypertexte va certainement renforcer ce phénomène. On savait déjà que deux personnes qui avaient lu le même livre pouvaient ne pas en avoir fait une lecture identique. Désormais, elles n'auront pas lu le *même* livre ! À terme, le texte en arriverait ainsi à perdre son potentiel comme lieu de rassemblement et de discussion, menaçant d'obsolescence l'institution littéraire et les religions basées sur le livre, qu'il s'agisse de la Bible ou du Coran.

On sait depuis McLuhan que le média interfère avec la nature du message qu'il véhicule. Cette solidarité entre « contenu » et « contenant » est en train de susciter de nouvelles formes d'écriture, adaptées à l'expérience de l'hypertexte, et de nouvelles vocations d'écrivain.

Jusqu'à présent, l'écrit avait joui du privilège de pouvoir seul permettre la communication à distance, dans le temps ou dans l'espace. En permettant la fusion de l'écrit, de l'image, du son et de la vidéo, les nouvelles technologies informatiques sont en train de saper cette position dominante du langage. Celui-ci a perdu l'aura dont il était investi depuis la nuit des temps, quand il servait à interpeller magiquement le monde, à exprimer le rapport au réel et à tenir la tribu sous le charme. Certains même considèrent, tel Mihai Nadin, que nous sommes à l'orée d'une *Civilization of Illiteracy.*

Certes, il est douteux que le dictaphone et la magnétothèque remplacent un jour l'écriture dans son rôle spécifique, comme on avait pu le penser dans l'enthousiasme audiovisuel des années soixante. Pour Barthes déjà, l'idée d'une disparition de l'écriture était difficilement soutenable : « [...] il est peu raisonnable d'attendre de la civilisation à venir un impérialisme de la parole et une disparition de l'écriture : ce serait en tout cas un avenir assurément barbare » (II, 1993, p. 1544). En fait, plus que par l'oralité, c'est par la séduction de l'image que le texte et la littérature sont aujourd'hui le plus concurrencés.

En même temps, l'écrit, devenu omniprésent, subsistera au moins pour une de ses fonctions, qui est de permettre la fixation d'une pensée et d'en faciliter la communication et l'élaboration, d'une façon illimitée. Comme la pensée ainsi mise par écrit possède une configuration spatiale, il est possible au lecteur de la traiter à son rythme, d'en suivre les développements, d'y déceler les articulations et aussi d'en apercevoir les failles. L'écrit se prête donc idéalement à un travail analytique. Dans cette fonction, on ne voit pas qu'il ait commencé à céder du terrain. Bien au contraire. Même dans le champ de la communication privée et du « bavardage », on demande de plus en plus à voir et à lire plutôt qu'à entendre, et le courrier électronique ainsi que les groupes de bavardage *(chat, ICQ)* rivalisent de plus en plus avec le téléphone.

Si l'on considère le passé, on voit que l'écrit a pris de l'importance avec l'apparition de l'imprimerie, qui a entraîné le passage d'une société orale à une culture écrite. Aujourd'hui que le traitement de texte et les correcteurs orthographiques donnent à tout un chacun la possibilité de produire, voire de publier sur papier ou sur le Web un texte d'allure professionnelle, on peut s'attendre à ce que l'écrit fasse plus étroitement partie de l'expérience individuelle que jamais auparavant.

En fait, le texte dispose maintenant, pour le soutenir, d'un média de plus. Il était associé, depuis cinq mille ans, à des pierres ou à des ardoises, à des tablettes d'argile, à des écorces d'arbre ou de roseaux, à des peaux de bête. Au début des temps modernes, il avait épousé le support économique et léger du papier. Il est maintenant en train de migrer massivement vers le support immatériel de l'électronique, ce qui lui permet de voyager à la vitesse de la lumière et de s'afficher en n'importe quelle taille, sur toutes sortes d'écrans. Cette mutation vers un support plus souple et plus maniable contribue à rendre l'écriture plus visuelle, mieux adaptée au mouvement de la pensée et aux conditions particulières de la lecture.

Ce nouveau type d'écrit ne devrait cependant pas faire disparaître le livre papier. Pas plus que la télévision n'a fait disparaître la radio, ou que le cinéma n'a évincé le théâtre. L'ordinateur est un média qui s'ajoute à la panoplie des moyens existants. Il déplacera certainement la configuration actuelle des supports de l'écrit en condamnant certains types d'ouvrages, là où les finalités de l'écrit s'harmonisent le mieux avec la spécificité de l'hypertexte : informations, concordances, encyclopédies, catalogues et sommes de toute sorte. En même temps, il devrait donner une expansion sans précédent à la forme du fragment, au collage, au « texte-image » et aux ouvrages constitués de liens avec des milliers de références.

On a vu que le concept de livre abritait le désir de constituer une totalité finie, qu'un lecteur devrait en principe parcourir intégralement afin de s'assimiler un sujet ou la topographie d'une configuration mentale donnée, propre à un auteur particulier. Horace disait ainsi : « Quelque sujet que vous traitiez, qu'il soit simple et un. » Or, dans la navigation sur hypertexte, le texte n'existe plus sous une seule coulée mais est distribué en segments, en fragments. Dès son origine, « l'écriture hypertextuelle représente un engagement dans le sens de la fragmentation, de la digression, de la multiplication des parcours » (Giffard, p. 114). Cette orientation théorique a trouvé sa réalisation dans le fonctionnement du Web, où la fragmentation répond notamment à une volonté d'éviter un encombrement de la bande passante et de réduire au minimum les délais de téléchargement.

Une telle conception du texte convient très bien lorsqu'il s'agit d'assembler dans son œuvre propre, si tant est que ce terme ait encore un sens, des liens avec des pièces déjà existantes. On peut ainsi fabriquer une page sur Michel-Ange en plaçant une série de liens pointant l'un vers une reproduction de la chapelle Sixtine, un autre vers un commentaire de Malraux, un autre encore vers une exposition. L'auteur de la page en question peut n'avoir rien fait d'autre que de « coller » les titres des divers fragments constitutifs de l'œuvre, et les adresses correspondantes. Il existe ainsi des sites qui compilent pour chaque peintre des liens avec les pages de musée exposant certains de leurs tableaux. Ce genre d'hypertexte est parfaitement adapté à des données de type encyclopédique et référentiel. Mais conviendrait-il à des textes de nature fictionnelle ou philosophique ? Qu'en est-il de l'œuvre originale, de l'écrit en tant que trace d'une réflexion personnelle sur une question donnée ?

Certes, l'imprimé offre, depuis déjà quelques siècles, des textes conçus en vue d'une lecture non suivie. Les *Essais* de Montaigne en sont un bon exemple, ainsi que les *Pensées* de Pascal — dont des critiques ont pourtant passé des années à tenter de retrouver l'ordre de composition initial. On connaît aussi *Les Caractères* de La Bruyère et, plus près de nous, les

Cahiers de Valéry. Pascal Quignard, qui a aussi écrit des fragments, a une position ambivalente sur ce genre d'écriture. Pour lui, la « fragmentation est une violence faite ou subie, un cancer qui corrompt l'unité d'un corps, et qui le désagrège comme il désagrège tout l'effort d'attention et de pensée de celui qui cherche à porter son regard sur lui » (1986, p. 23). Il y voit cependant des avantages, à savoir que le « fragment permet de renouveler sans cesse (1) la posture du narrateur, (2) l'éclat bouleversant de l'attaque » (p. 54).

Dans l'étude qu'elle a consacrée à Roland Barthes — qui a, comme on sait, exploré le genre du fragment à la fois dans la position de l'écrivain et dans celle du lecteur ainsi que du critique —, Ginette Michaud note que :

> Les fragments mettent ainsi en place un nouveau modèle de lecture, à partir duquel, comme le suggère Barthes, « il faut enfin penser à ce qu'on pourrait appeler les explosions de lecture : la dislocation d'une infinité de lectures qui nous assaillent », quand la lecture devient, comme dans le cas des fragments, un « état permanent de traduction libre (effrénée ?) » (p. 71).

Pour Barthes, le fragment, qui favorise le jeu des différences et de l'indécidable, appartiendrait de plein droit à cette élite textuelle que représente l'ordre du *scriptible,* par opposition à celui du *lisible,* dominé par les exigences de cohérence et de plénitude de l'écrit traditionnel. Mais cette position mérite d'être discutée, car, bizarrement, le fragment dont il est question dans ces écrits théoriques ne repose pas sur un média à textualité fragmentée, comme le journal ou le magazine, il ne s'épanouit que dans le cadre du livre. Plus encore, vers la fin de sa vie, Barthes reconnaît avec une certaine tristesse que son expérience d'une écriture fragmentaire, au fil des semaines, dans les colonnes du *Nouvel Observateur,* a tourné court :

> Le défaut [de ces chroniques], c'est qu'à chaque incident rapporté je me sens entraîné (par quelle force — ou

> quelle faiblesse ?) à lui donner un sens (social, moral, esthétique, etc.), et à produire une dernière réplique. Bref, ces chroniques risquent d'être des *moralités,* et de cela je suis mécontent. Car j'ai depuis longtemps conçu l'écriture comme cette force de langage qui pluralise le sens des choses et, pour finir, le suspend. C'est là une entreprise qui est possible au niveau du livre (la littérature en témoigne) mais qui me paraît très difficile dans le cadre d'un journal [...] (III, 1995, p. 992).

Enfin, il y aurait aussi lieu de méditer le fait que, treize ans après la mort de ce poéticien du fragment, Éric Marty en a publié les *Œuvres complètes* en trois tomes. Comme le compilateur a suivi un ordre chronologique strict, le lecteur peut maintenant lire ou relire tout texte, toute entrevue, toute note de l'essayiste en relation avec les écrits qui ont précédé et ceux qui ont suivi. Réunis dans un livre et unifiés par une même typographie et une même maquette, remarquablement soignée, ces « fragments » écrits au fil des ans ne produisent pas du tout, lus sous cette forme, l'effet que devraient susciter des membres « arrachés et dispersés ». Bien au contraire. Chacun des textes, environné de ceux qui le précèdent et de ceux qui le suivent, fait désormais partie de cette entité organique supérieure qu'est une « œuvre complète ». Dans celle-ci, loin d'être un morceau d'une unité perdue, chaque fragment devient une trace d'un parcours intellectuel, un épisode dans l'histoire d'une vie, une pièce dans une mosaïque très cohérente et qui dessine le portrait d'un esprit en action. Les effets de sens engendrés par la lecture de cette œuvre sont donc rapportés, en dernière instance, à la personne de l'auteur, qui en devient plus proche et dont la production forme le matériau brut d'une remarquable biographie intellectuelle.

Même des textes initialement conçus sous forme de fragments, une fois réunis dans la structure matérielle du livre, ne pourront donc pas être lus comme des morceaux détachés, car la nature du recueil dans lequel ils sont insérés joue automatiquement un rôle unificateur et contextualisant — comme l'illustraient déjà, par exemple, le titrage et le classement alphabétique des *Fragments d'un discours amoureux*. Les fragments auxquels on fait référence dans le monde du livre et de l'imprimé sont donc toujours en fait des éléments d'une œuvre unifiée, et ils sont lus comme tels. Seuls y manquent les liens de cohésion qui permettraient au lecteur de les relier aisément entre eux et d'en faire une lecture parfaitement suivie : l'écriture du fragment joue sur l'asyndète et la rupture pour produire ses effets de sens.

Il en va tout autrement de la lecture hypertextuelle sur écran où, faute du concept de livre ou à tout le moins d'une entité unifiée par une même maquette et une même intention, chaque fragment est isolé, pur atoll de sens auquel le lecteur accède au hasard des liens qu'il a activés. Cela est surtout vrai de la navigation sur le Web, où chaque clic sur un lien donné risque d'entraîner le lecteur de plus en plus loin de son contexte de départ et où l'attention et la compréhension ne sont mobilisées que durant un temps très bref. Alors que le texte imprimé consacre par excellence le triomphe de l'idée fixe et de la cohérence, l'hypertexte donne au lecteur et à son auteur la liberté dont jouit le causeur. C'est la porte ouverte au coq-à-l'âne, à la dérive, à l'association sauvage.

Comme le fragment hypertextuel est un élément détaché du contexte, une fleur coupée du milieu qui l'a vu naître, le lecteur doit recréer les éléments contextuels qui en permettent la compréhension et qui lui donnent vie. Il s'agit de retrouver la fleur dans le pétale et le jardin derrière la fleur. Opération délicate, où le risque est grand que l'on se contente d'une compréhension fragmentaire, partielle, prenant le pétale non plus pour un élément d'une fleur bien précise mais pour un débris végétal indifférencié. Par l'investissement supplémentaire qu'il exige du lecteur, le fragment d'hypertexte peut ainsi encourager une lecture superficielle, vite épuisée dans l'effort de production et de renouvellement incessant des contextes d'accueil et de réception. La lecture se transforme alors en festival du zapping, avec tout ce que cela comporte de régressif et d'infantile — comme en témoigne, par exemple, la déclaration désabusée de Sven Birkerts : « *This user, at least, has not been able to get past the feeling of being infantilized* » (p. 162).

Cela dit, la dynamique des liens associatifs peut certes favoriser chez le lecteur une prise de conscience aiguë de ses besoins d'information et une attitude plus active. Par la mise en contact de contextes différents, l'hypertexte permet aussi des rapprochements soudains, des collisions d'idées. Au lieu de la monomanie que valorise la conception classique du livre, avec ses développements interminables, le lecteur d'hypertexte demande un rafraîchissement rapide des thèmes abordés. C'est à un double titre qu'une telle attitude peut se réclamer de Pascal, dont les *Pensées* se seraient fort bien accommodées de la forme de l'hypertexte, tant dans son genre que dans sa philosophie :

> Puisqu'on ne peut être universel en sachant tout ce qui se peut savoir sur tout, il faut savoir peu de tout. Car il est bien plus beau de savoir quelque chose de tout que de savoir tout d'une chose (p. 113).

Le mode de l'hypertexte permet ainsi d'envisager, au moins sur le plan de l'utopie, la mise en place d'un vaste réseau où se grefferaient toutes les connaissances dans un domaine déterminé, hiérarchisées et constamment mises à jour, qu'il s'agisse des recherches en génétique, en mathématique, en psychologie, etc. À un autre niveau, cette forme d'écriture pourrait aussi déboucher sur une entreprise qu'il serait impossible de conduire à terme par les moyens traditionnels, soit de mettre par écrit nos pensées dans tous les domaines, en ajoutant des liens entre elles et en réajustant nos points de vue dans un mouvement permanent. Grâce aux possibilités d'indexation et de classement de l'ordinateur, l'auteur n'aurait pas à évoquer, comme le fait Valéry dans ses *Cahiers,* le rêve impossible d'une mise en ordre : tout élément nouveau pourrait être placé à la suite d'une rubrique déjà existante ou inséré par un lien dans la trame de l'hypertexte.

Mais il ne faut pas se cacher non plus le fait que l'écriture hypertextuelle destinée à la publication entraîne des contraintes qui excèdent de loin celles de l'écriture traditionnelle. Pour faciliter la tâche du lecteur et lui donner un certain contrôle sur la gestion de l'information qui lui est présentée, le producteur du texte devra consacrer un temps considérable à la mise en forme de la matière textuelle, en la segmentant et en établissant des liens d'un fragment à un autre.

La rédaction d'un texte sous forme de blocs autonomes en un hypertexte multiséquentiel pose aussi, paradoxalement, le problème constant de la clôture. On peut bien admettre avec Ted Nelson ou Jay Bolter que l'hypertexte permet de relier entre elles des idées élémentaires, mais la question est de déterminer en quoi consiste une idée. Comment segmenter la coulée du texte ? À partir de quel moment convient-il de faire migrer l'amorce d'un développement nouveau vers une autre page, de faire apparaître un autre rhizome dans une structure proliférante, d'établir un lien avec un autre fragment ? Rédiger un hypertexte amène ainsi à s'interroger inlassablement sur la notion même de texte ou de fragment. À peine un paragraphe est-il entamé que l'on se demande s'il ne faudrait pas le segmenter, rattacher telle idée à une autre page. Le texte n'est-il pas déjà trop long ? N'a-t-on pas introduit un concept étranger à l'unité sémantique de la page et qui mériterait son propre développement ?

Le fait d'élaborer une pensée par fragments entraîne aussi un effet de papillonnement qui masque facilement les problèmes de cohérence interne : d'un bloc à un autre, le point de vue risque d'évoluer, de se transformer, de contredire même des positions énoncées ailleurs, sans que l'auteur s'en aperçoive. On peut certes balayer ces inquiétudes du revers de la main, en les imputant à une conception dépassée de la cohérence. Mais, dans la mesure où l'on écrit pour quelqu'un, il faut bien se demander pourquoi un lecteur s'attacherait à cerner une pensée dans un domaine donné si celle-ci n'est pas unifiée et se contredit d'un endroit à un autre.

Une autre aporie posée par la doctrine de l'hypertexte multiséquentiel est la question du titre à donner au fragment hypertextuel — opération indispensable si l'on veut que les divers fragments puissent être sélectionnés dans une table par le lecteur. Or, le choix d'un titre est une opération synthétique et complexe. À quel degré de généralité faudra-t-il monter ? Limité à un ou deux mots, le titre situe le texte à un degré d'abstraction qui risque presque inévitablement d'engendrer chez le lecteur un sentiment de déception et une impression de superficialité à la lecture du fragment correspondant. En outre, une fois un titre retenu pour une page, il n'est plus disponible pour une autre, à moins qu'on ne le fasse suivre d'un numéro d'ordre, procédure assez étrangère au fonctionnement hypertextuel. Par ailleurs, plus on multiplie les titres dans un ouvrage, plus les choix du lecteur deviennent difficiles et cognitivement onéreux.

Et que dire de la redondance ! Pour permettre au lecteur d'un fragment hypertextuel d'en saisir pleinement les tenants et aboutissants, l'auteur sera souvent obligé de le recontextualiser de façon assez détaillée, dans la mesure où il tient pour acquis que le lecteur n'a pas nécessairement lu les fragments connexes. Cela l'amènera à répéter des informations données ailleurs ou à reprendre une idée jugée importante, mais que le lecteur risquerait de ne pas rencontrer au cours de sa navigation.

Bref, la rédaction sur hypertexte, du moins sous le mode multiséquentiel « plat » imaginé par Ted Nelson et idéalisé par la doxa des années quatre-vingt, semble profondément étrangère à la réalité textuelle et aux exigences de la lecture. Paradoxalement, elle contribue à mettre en évidence les affinités que le processus d'écriture possède avec le développement cellulaire et l'embryogenèse. Loin d'être condamnée, comme on le croyait encore récemment, la métaphore organique du texte pourrait bien en être revitalisée, et ses modes d'expression en acquérir une nouvelle légitimité. On retrouve ici la pensée grecque, qui avait déjà exploré cette analogie :

> SOCRATE : Voici pourtant une chose au moins que tu affirmerais, je pense : c'est que tout discours doit être constitué à la façon d'un être animé : avoir un corps

> qui soit le sien, de façon à n'être ni sans tête ni sans pieds, mais à avoir un milieu en même temps que deux bouts, qui aient été écrits de façon à convenir entre eux et au tout[1].

Aussi, dans les faits, s'éloigne-t-on chaque jour un peu plus de l'utopie de Vannevar Bush ou de Ted Nelson, qui rêvaient d'un réseau où chaque élément d'information constituerait un module accessible de partout. Le modèle encyclopédique, en effet, n'est pas généralisable à tous les types de textes. Un texte n'est pas un empilement de modules, pas plus que nos pensées ne sont assimilables à des blocs Lego standardisés susceptibles de se combiner indifféremment les uns avec les autres. Ainsi en est-il du récit, *a fortiori.* Comme l'écrivait Flaubert dans une lettre à Louise Colet : « L'ordre des idées, voilà le difficile » (II, p. 536). Et Ricœur (1985) a montré qu'un récit n'est pas une suite d'événements ou d'actions, mais une configuration globale dans laquelle divers éléments sont noués de façon significative. Si une structure textuelle ne se réduit pas à la somme de ses parties, il s'ensuit que l'unité minimale d'un texte que l'on placera dans un réseau hypertextuel ouvert et de type multiséquentiel devra contenir la totalité des éléments jugés essentiels à la compréhension du lecteur. Comme unité textuelle, le paragraphe est d'un niveau trop peu élevé pour constituer une entité autonome, sauf en tant que « chapeau » ou élément de tête d'une nouvelle. Dans les cas les plus courants, on aura intérêt à maintenir l'unité de lecture intacte, qu'il s'agisse d'un chapitre de livre ou d'un article de revue. Et c'est effectivement la solution la plus communément retenue aujourd'hui sur le Web, ainsi qu'on l'a vu à propos de la notion de page.

Il faut toutefois considérer à part l'hypertexte stratifié, dans lequel les divers blocs de texte ne sont pas autant d'électrons libres, mais des satellites d'un corps textuel principal bien

---

1. Platon, *Phèdre,* 264 b c, traduit par L. Robin, Paris, Les Belles Lettres, 1954.

identifié et qui sert de contexte global de lecture pour chacun des blocs d'informations qui y sont rattachés. Dans un ouvrage sur CD-ROM, il est facile de créer un environnement visuel de ce type, où des informations relevant d'une même catégorie apparaissent dans un même type de fenêtre, accessible par des liens spécifiques. La généralisation du XML, en remplacement du HTML, donnera une même souplesse pour les documents placés sur le Web. Envisagé sous la métaphore du spatial plutôt que de la multiséquentialité temporelle, l'hypertexte tabulaire se situerait alors dans la continuité de l'évolution qui a fait migrer le texte du rouleau vers le codex et qui a par la suite favorisé l'avènement du magazine.

Certes, il n'existe pas de modèle unique d'hypertexte, pas plus qu'il n'existe de modèle unique de codex. Vu les contraintes de la lecture sur écran, la création originale sur hypertexte, à orientation littéraire, va certainement favoriser le fragment plutôt que la somme, la phrase courte plutôt que la période, les embranchements ouverts plutôt qu'un texte suivi, une textualité largement conjuguée avec l'iconique plutôt que simplement verbale. Mais l'importance accordée à chacune de ces caractéristiques va varier selon la nature et les fins d'un ouvrage.

Considérée en soi, la spécificité de la lecture réside précisément en ceci qu'elle fait échapper l'activité de compréhension et de construction du sens à la linéarité du temps de la parole. Mais cet affranchissement ne s'est fait que très lentement, au fil d'une histoire qui s'étale sur des millénaires. Un des enjeux fondamentaux du livre peut se résumer en un mot : la liberté. Plus le lecteur est à même de découvrir rapidement les informations contenues dans un document donné, et d'y circuler selon des entrées diverses, plus il gagne en efficacité et en liberté. Cette liberté dépasse le simple niveau de la manipulation matérielle du document, car en matière de médias — on le sait depuis les travaux de McLuhan et, plus récemment, ceux de Régis Debray sur le concept de médiologie —, le message se trouve aussi, en partie, dans la structure sémiotique qui en conditionne la lecture.

L'ordinateur annonce une révolution radicale en autorisant tout un chacun à devenir producteur et distributeur de textes. Les barrières économiques et institutionnelles qui balisaient naguère le paysage informatif sont désormais caduques. Et cela soulève un immense espoir. Des millions de scripteurs qui n'auraient pu rêver d'avoir voix au chapitre dans l'ancien ordre politico-culturel ont aujourd'hui les moyens d'être lus par le monde entier. La tentation est grande, dès lors, de faire table rase du livre, lié à l'ordre ancien, et de mettre en place de nouveaux modes de communication interpersonnelle. Une culture change quand de nouvelles couches de consommateurs ne comprennent plus ce qui se faisait auparavant ni pourquoi on le faisait. En matière de textualité, la rupture culturelle risque d'être d'autant plus forte que le changement de paradigme est rapide et radical. Et c'est sur l'hypertexte, tout naturellement, que viennent se cristalliser les nouveaux espoirs, car celui-ci permet de repenser à la fois l'unité textuelle minimale, la place de l'illustration, la notion de discours fini et, surtout, le rapport au lecteur.

Pourtant, selon toute apparence, l'hypertexte ne signe pas la disparition du livre papier, et ce dernier restera longtemps un support de choix pour tout texte qui appelle une lecture suivie ou qui est conçu comme une totalité de quelque type ou niveau que ce soit. En revanche, l'hypertexte accueillera tout type de document qui présente les caractéristiques suivantes :

- La lecture en est nécessairement sélective ou tabulaire, au lieu d'être suivie et exhaustive.
- La lecture en est favorisée et enrichie par un accès croisé aux index, aux tables, aux tableaux, etc.
- La lecture requiert une certaine dose d'interaction avec le lecteur.
- Le texte doit coexister avec d'autres médias (son, vidéo, photos, etc.).

À terme, le lecteur tendra à exiger que chaque œuvre apparaisse sur le support le plus adéquat et le plus fonctionnel, compte tenu des usages de lecture prévus. Le livre papier sera disqualifié à partir du moment où l'on aura l'impression que les données traitées y sont à l'étroit ou que l'auteur n'a pas pu joindre tous les documents voulus, en raison des coûts, du manque d'espace ou de la complexité des rapports entre les éléments rassemblés. Tout comme on n'imprime pas le journal sur un papier glacé de petit format, on répugnera de plus en plus à confier au papier ce qui relève plutôt des archives électroniques.

Mais le codex va certainement aussi se trouver une nouvelle vie, indépendante du support papier, dans le livre numérique. Certes, pour en arriver à s'imposer, ce dernier devra d'abord mettre en place des environnements virtuels, construits sur des protocoles universels de mise en forme du texte, et qui permettront de recréer sur micro-ordinateur les conditions d'une lecture aisée. Si la mise en place des fureteurs HTML a représenté un pas important dans cette direction, une autre mutation est maintenant attendue, qui permettrait à un usager de mieux gérer la masse textuelle et, par exemple, de regrouper les textes recueillis sur le Web dans des ensembles significatifs, sous la forme de cahiers virtuels faciles à lire et à manipuler.

La conclusion la plus sûre est que nous allons vers une hybridation et une diversification des supports de lecture, en même temps que des genres de textes et des types de lecture. Le nouveau média qu'est l'hypertexte se caractérise notamment par la richesse de son potentiel d'interactivité et les brusques changements de contexte auxquels il oblige souvent le lecteur. Ces caractéristiques semblent le rapprocher de la situation d'oralité. En même temps, il s'agit là d'une oralité fictive dans le sens que la parole est le plus souvent éliminée au profit de l'écrit. Même les jeunes usagers préfèrent interagir avec du texte qui s'affiche sur écran plutôt qu'avec une machine parlante, tant il est vrai que la situation de lecture procure une sensation de contrôle et de sécurité cognitive que l'écoute ne saurait donner, à cause de la linéarité fondamentale de l'oral et de ses points d'attache avec la subjectivité que charrie la voix. Par ailleurs, les tendances lourdes qui, depuis la révolution du codex, ont imposé un idéal axé sur la tabularité du texte et la liberté du lecteur, sont en train de pénétrer aussi dans le nouveau média. En raison de sa nature électronique, celui-ci peut offrir des outils de recherche et d'aide à la lecture que l'imprimé ne pouvait même pas envisager. Il permet aussi de réconcilier les idéaux contradictoires que nous avons décelés dans le jeu de la lecture, en permettant l'affichage d'un même document, au gré du lecteur, soit sous une maquette austère sollicitant une lecture suivie, soit, au contraire, en rendant visibles toutes les séductions de la tabularité visuelle. Certes, il reste à traduire sur écran, à l'aide de métaphores appropriées, certains des outils tabulaires propres au codex, mais ce travail est aujourd'hui bien engagé.

La circulation du texte sur le réseau mondial devrait accentuer encore la rupture du texte avec l'auteur et le contexte de la situation d'écriture, et rendre son autonomie et son abstraction encore plus nécessaires. Parallèlement à ce mouvement, la montée de l'individu dans la seconde moitié du XXe siècle, qui a donné un essor sans précédent aux écritures du moi, s'est vue renforcée par l'accès de chacun à la publication virtuelle et aux échanges sur les réseaux sous forme écrite, ce qui entraîne un retour massif à la subjectivité dans l'écriture.

Pour compenser l'immatérialité du texte qui défile à l'écran, on voit se mettre en place une rhétorique visuelle de plus en plus riche en matière d'icônes et de jeu sur la couleur. Cette primauté de l'effet sur le sens, que renforce aussi la montée d'une civilisation démocratique et planétaire, tend à interférer avec la neutralité et la linéarité de la machine textuelle, telle qu'elle s'est développée au cours des derniers siècles, et qui privilégiait l'abstraction. Depuis déjà plusieurs dizaines d'années, dans les journaux et les magazines, l'image n'est plus conçue comme une simple illustration, mais comme un document qui remplace de longs développements de type analytique : le livre illustré et la bande dessinée ont quitté le marché des enfants pour s'adresser à une clientèle de plus en plus large et sophistiquée. De même le langage des graphiques est-il de plus en plus recherché par les lecteurs de journaux et de magazines. Dans les hypermédias, cette puissance du visuel se manifeste à la fois par l'émergence du texte-image et, dans les jeux, par l'éviction pure et simple du langage, que rend possible le rapport interactif entre le programme et l'usager. Le lecteur de demain continuera certes à rechercher des textes pour nourrir ses besoins d'imaginaire, de réflexion analytique et de croissance personnelle. Mais le langage ne jouera plus qu'un rôle de partenaire dans la production du sens et il a d'ores et déjà perdu l'aura dont jouissaient le Logos — que les Grecs assimilaient à la raison — ou le Verbe dont les textes fondateurs de notre civilisation faisaient un synonyme de Dieu.

Ce sont là autant de tendances non convergentes dont il n'y a pas lieu de penser qu'elles vont se résorber ni que l'une va nécessairement éliminer l'autre : en fait, c'est de leur coexistence dynamique que naîtront de nouveaux objets de lecture et de nouvelles formes d'expression.

Bibliographie

Aarseth, E., *Cybertext. Perspectives on Ergodic Literature,* Baltimore et Londres, Johns Hopkins University Press, 1997.

Adam, J.-M., *Éléments de linguistique textuelle,* Liège, Mardaga, 1990.

Aristote, *Poétique,* trad. par M. Magnien, Paris, Le Livre de poche, 1990.

Bakhtine, M., *Esthétique de la création verbale,* Paris, Gallimard, 1984.

Barr, A. et E. Feigenbaum, *The Handbook of Artificial Intelligence,* 3 vol., Stanford, Heuristech Press, 1981.

Barthes, R., *S/Z,* Paris, Seuil, 1970.

—, *Œuvres complètes,* 3 t., éd. établie et présentée par Éric Marty, Paris, Seuil, 1993-1995.

Bartlett, F. C., *Remembering,* Cambridge, Cambridge University Press, 1932.

Baudin, F., *L'Effet Gutenberg,* Paris, Éditions du Cercle de la librairie, 1994.

Bénabou, M., « Les ruses du plagiaire : exemples oulipiens », dans C. Vandendorpe, *Le Plagiat,* Ottawa, Presses de l'Université d'Ottawa, 1992, p. 17-30.

Benveniste, É., *Problèmes de linguistique générale,* vol. I, Paris, Gallimard, 1966.

—, *Problèmes de linguistique générale,* vol. II, Paris, Gallimard, 1974.

Bergson, H., *Le Rire,* Paris, PUF, coll. « Quadrige », 1940.

Bernard, M., « Hypertexte, la troisième dimension du langage », *Texte,* 13 / 14, 1993, p. 5-20.

Birkerts, S., *The Gutenberg Elegies. The Fate of Reading in an Electronic Age,* Boston, Faber and Faber, 1994.

Biron, M. et P. Popovic, *Un livre dont vous êtes l'intellectuel,* Montréal, Fides, 1998.

Blanchot, M., *L'Écriture du désastre,* Paris, Gallimard, 1980.

Bolter, J. D., *Writing Space,* Hillsdale, Lawrence Erlbaum, 1991.

Borges, J. L., *Histoire de l'infamie, histoire de l'éternité,* Paris, Gallimard, coll. «10/18», 1951.

—, *Ficciones,* Buenos Aires, Emecé Editores, 1956.

—, *Enquêtes,* Paris, Gallimard, coll. « Folio », 1967.

Bourdieu, P., « La lecture, une pratique culturelle. Débat entre Pierre Bourdieu et Roger Chartier », dans R. Chartier, *Pratiques de la lecture,* Paris, Rivages et Payot, 1993, p. 267-294.

Bransford, J. D. et K. E. Nitsch, « Coming to Understand Things We Could Not Previously Understand », repris dans H. Singer et R. B. Ruddell (dir.), *Theoretical Models and Processes of Reading,* Hillsdale, IRA et Lawrence Erlbaum, 1978, p. 81-122.

Bremond, C., *Logique du récit,* Paris, Seuil, 1973.

Bush, V., « As We May Think », *Atlantic Monthly,* n° 176, juillet 1945, p. 101-108.

Butor, M. *et al., Arts et Littérature,* Québec, Université Laval, 1987.

Calle, M., *Claude Simon. Chemins de la mémoire,* Québec, Le Griffon d'argile, 1993.

Carlut, C., *La Correspondance de Flaubert. Étude et répertoire critique,* Paris, Nizet, 1968.

Catach, N., *La Ponctuation,* Paris, PUF, coll. « Que sais-je ? », 1994.

Cavallo, G. et R. Chartier, *Histoire de la lecture dans le monde occidental,* Paris, Seuil, 1997.

Certeau, M. de, « La lecture absolue », *Problèmes actuels de la lecture,* Paris, Clancier-Guénaud, 1982.

—, *L'Invention du quotidien,* I, Paris, Gallimard, 1990.

Charney, D., « The Effect of Hypertext on Processes of Reading and Writing », dans C. Selfe et S. Hilligoss, *Literacy and Computers,* New York, Modern Language Association, 1994, p. 238-263.

Chartier, R., « Du livre au lire », *Pratiques de la lecture,* Paris, Rivages et Payot, 1993, p. 79-113.

—, « Dispositif de rigueur », *Le Monde,* 10 avril 1998, p. IX.

Chartier, R. et H.-J. Martin, *Histoire de l'édition française,* 4 t., Paris, Fayard, Cercle de la librairie, 1982-1986.

Chaurand, J. *et al.*, *Nouvelle histoire de la langue française,* Paris, Seuil, 1999.

Christin, A.-M., *L'Image écrite,* Paris, Flammarion, 1995.

Clément, J., « Du texte à l'hypertexte, vers une épistémologie de la discursivité hypertextuelle », dans J.-P. Balpe *et al.*, *Hypertextes et Hypermédias,* Paris, Hermès, 1995, p. 263-274.

Collectif, *De plomb, d'encre et de lumière,* préface de Charles Peignot, Centre d'étude et de recherche typographique, Paris, Imprimerie nationale, 1982.

Coover, R., « The End of Books », *New York Times Book Review,* 21 juin 1992.

Curtius, E. R., *La Littérature européenne et le Moyen Âge latin,* Paris, PUF, 1956.

Danzin, A., *Pour une politique de promotion des industries de la langue et des industries de l'information basée sur l'informatisation du français,* Paris, Conseil supérieur de la langue française, 1992.

Debray, R., *Cours de médiologie générale,* Paris, Gallimard, 1991.

—, *Vie et Mort de l'image. Une histoire du regard en Occident,* Paris, Gallimard, 1993.

Denis, J.-P., « Compte rendu du *Jardin des plantes* de Claude Simon », *Le Devoir,* 18-19 octobre 1997, p. D 5.

Dennett, D. C., *Consciousness Explained,* Boston, Little, Brown and Company, 1991.

Denys d'Halicarnasse, *Antiquités romaines,* texte établi et traduit par V. Fromentin, Paris, Les Belles Lettres, 1998.

Derrida, J., *De la grammatologie,* Paris, Éditions de Minuit, 1967.

—, *Marges,* Paris, Éditions de Minuit, 1972.

Drillon, J., *Traité de la ponctuation française,* Paris, Gallimard, coll. « Tel », 1991.

—, « Tous les chemins mènent au CD-ROM », *Le Nouvel Observateur,* 11-17 mai 1995, p. 132.

Druet, R. et H. Grégoire, *La Civilisation de l'écriture,* Paris, Librairie Fayard et Dessain et Tolra, 1976.

Ducrot, O. et T. Todorov, *Dictionnaire encyclopédique des sciences du langage,* Paris, Seuil, coll. « Points », 1972.

Duguid, P., « Material Matters : The Past and Futurology of the Book », dans G. Nunberg, *The Future of the Book,* 1997, p. 63-101.

Étiemble, *L'Écriture,* Paris, Gallimard, coll. « Idées », 1973.

Everaert-Desmedt, N., *Le Processus interprétatif : introduction à la sémiotique de Ch. S. Peirce,* Liège, Mardaga, 1990.

Febvre, L. et H.-J. Martin, *L'Apparition du livre,* Paris, Albin Michel, 1958.

Ferrand, N. *et al., Banques de données et Hypertextes pour l'étude du roman,* Paris, PUF, 1997.

Février, J. G., *Histoire de l'écriture,* Paris, Payot, 1984.

Flaubert, G., *Correspondance,* 3 vol., éditée par Jean Bruneau, Paris, Gallimard, coll. « Bibliothèque de la Pléiade », 1980.

Foucault, M., *Les Mots et les Choses,* Paris, Gallimard, coll. « Tel », 1966.

Gadamer, H. G., *L'Art de comprendre. Écrits II,* Paris, Aubier, 1991.

Genette, G., *Figures I,* Paris, Seuil, 1966.

—, *Figures II,* Paris, Seuil, 1969.

—, *Figures III,* Paris, Seuil, 1972.

—, *Palimpsestes,* Paris, Seuil, 1982.

Gide, A., *Journal,* Paris, Gallimard, coll. « Bibliothèque de la Pléiade », 1970.

Giffard, A., « Petites introductions à l'hypertexte », dans N. Ferrand, *Banques de données et Hypertextes pour l'étude du roman,* Paris, PUF, 1997, p. 99-117.

Gombrich, E. H., « The Evidence of Images » dans Ch. Singleton, *Interpretation. Theory and Practice,* Baltimore, The Johns Hopkins Press, 1969, p. 35-104.

Goody, J., *La Raison graphique,* Paris, Éditions de Minuit, 1979.

Greimas, A.-J. et J. Courtés, *Sémiotique. Dictionnaire raisonné de la théorie du langage,* Paris, Hachette, 1979.

Groupe, *Rhétorique de la poésie, lecture linéaire, lecture tabulaire,* Paris, Seuil, coll. « Points », 1990.

Guitton, J., *Nouvel art de penser,* Paris, Aubier, 1957.

Haddad, G., « L'autodafé », dans *Autrement. La Bibliothèque,* n° 121, 1991.

Hamman, A.-G., *L'Épopée du livre. Du scribe à l'imprimerie,* Paris, Perrin-Libre Expression, 1985.

Hay, L., *De la lettre au livre. Sémiotique des manuscrits littéraires,* Paris, Éditions du CNRS, 1989.

Hébrard, J., « L'autodidaxie exemplaire », dans R. Chartier, *Pratiques de la lecture,* Paris, Rivages et Payot, 1993, p. 29-78.

Hesse, H., *Magie du livre,* Paris, José Corti, 1994.

Heyer, M., « The Creative Challenge of CD-ROM », dans S. Lambert et S. Ropiequet, *CD-ROM. The New Papyrus. The Current and Future State of the Art,* Redmond, Microsoft Press, 1986, p. 347-357.

Hjelmslev, L., *Le Langage,* Paris, Gallimard, coll. « Folio Essais », 1991.

House, M. et R. House, « La naissance des index », dans R. Chartier et H.-J. Martin, *Histoire de l'édition française,* I, Paris, Fayard, Cercle de la librairie, 1982, p. 77-86.

Illich, I. et B. Sanders, *ABC. The Alphabetization of the Popular Mind,* San Francisco, North Point Press, 1988.

Iser, W., *L'Acte de lecture,* Bruxelles, Mardaga, 1985.

Jackson, D., *Histoire de l'écriture,* Paris, Denoël, 1982.

Jakobson, R., *Essais de linguistique générale,* Paris, Seuil, coll. « Points », 1963.

Jean, G., *L'Écriture mémoire des hommes,* Paris, Gallimard, coll. « Découvertes », 1987.

Joyce, M., *Of Two Minds. Hypertext Pedagogy and Poetics,* Ann Arbor, The University of Michigan Press, 1995.

Kerckhove, D. de, *The Skin of Culture,* Toronto, Somerville House Limited, 1995.

Klinkenberg, J.-M., *Sept leçons de sémiotique et de rhétorique,* Toronto, Éditions du Gref, 1996.

Labarre, A., *Histoire du livre,* Paris, PUF, coll. « Que sais-je ? », 1985.

Lambert, S. et S. Ropiequet, *CD ROM. The New Papyrus. The Current and Future State of the Art,* Redmond, Microsoft Press, 1986.

Landow, G. P., *Hyper/Text/Theory,* Baltimore et Londres, Johns Hopkins University Press, 1994.

Laufer, R. et D. Scavetta, *Texte, Hypertexte et Hypermédia,* Paris, PUF, coll. « Que sais-je ? », 1992.

Laurette, P., *Lettres et Technè,* Montréal, Balzac, 1993.

Lévy, P., *L'Intelligence collective,* Paris, La Découverte, 1994.

Lipovetsky, G., *L'Ère du vide,* Paris, Gallimard, 1983.

—, « Zappeur et sans reproche », *Le Point,* 21 mars 1988, p. 69.

Lyotard, J.-F., *Discours, Figure,* Paris, Klincksieck, 1971.

Mallarmé, S., *Œuvres complètes,* Paris, Gallimard, coll. « Bibliothèque de la Pléiade », texte établi et annoté par H. Mondor et G. Jean-Aubry, 1945.

Malraux, A., *L'Homme précaire et la littérature,* Paris, Gallimard, 1977.

Marin, L., « Lire un tableau. Une lettre de Poussin en 1639 », dans R. Chartier, *Pratiques de la lecture,* Paris, Rivages et Payot, 1993, p. 129-160.

—, *De la représentation,* Paris, Seuil et Gallimard, 1994.

Martin, H.-J., *Histoire et Pouvoirs de l'écrit,* Paris, Librairie Académique Perrin, 1988.

—, « Lectures et mises en textes », dans R. Chartier, *Histoires de la lecture,* Paris, Éditions de la Maison des Sciences de l'Homme, 1995, p. 249-258.

Massin, *La Lettre et l'Image,* Paris, Gallimard, 1973.

McLuhan, M., *La Galaxie Gutenberg,* Montréal, HMH, 1968.

Melot, M., *« Scripta volant », Le Débat,* n° 86, 1995, p. 165-172.

Meschonnic, H., *Pour la poétique,* Paris, Gallimard, 1970.

Miall, D. S. et D. Kuiken, « Foregrounding, Defamiliarization, and Affect : Response to Literary Stories », *Poetics,* n° 22, 1994, p. 389-407.

Michaud, G., *Lire le fragment,* Montréal, HMH Hurtubise, 1989.

Minsky, M., *The Society of Mind,* New York, Simon and Schuster, 1985. Version sur CD-ROM par Voyager, 1996.

Molino, J., « Le texte », *Corps écrit,* n° 33, 1990, p. 15-26.

Mouillaud, M. et J.-F. Tétu, *Le Journal quotidien,* Lyon, Presses Universitaires de Lyon, 1989.

Nadin, M., *The Civilization of Illiteracy,* Dresden, Dresden University Press, 1997.

Naissance de l'écriture, Paris, Éditions de la Réunion des musées nationaux, 1982.

Negroponte, N., *Being Digital,* New York, A. Knopf, 1995.

Nelson, T. H., *Dream Machines : New Freedoms through Computer Screens — A Minority Report,* Chicago, 1974.

—, *Literary Machines,* South Bend (Indiana), The Distributors, 1987.

Nodier, C., *Moi-même,* texte établi par D. Sangsue, Paris, José Corti, 1985.

Nunberg, G. (dir.), *The Future of the Book,* Berkeley, University of California Press, 1997.

Olson, D. « From Utterance to Text : The Bias of Language in Speech and Writing », *Harvard Educational Review,* vol. 47, 1977, p. 257-281.

Ong, W., *Interfaces of the Word,* Ithaca, Cornell University Press, 1977.

—, *Orality and Literacy. The Technologization of the Word,* Londres, Methuen, 1982.

Parkes, M. B., *Pause and Effect. An Introduction to the History of Punctuation in the West,* Berkeley, University of California Press, 1993.

Pascal, B., *Pensées,* texte établi par L. Lafuma, Paris, Seuil, 1962.

Paulhan, J., *Les Hain-Tenys,* Paris, Gallimard, 1938.

Peignot, C., « Préface », dans *De plomb, d'encre et de lumière,* Centre d'étude et de recherche typographique, Paris, Imprimerie nationale, 1982.

Pennac, D., *Comme un roman,* Paris, Gallimard, 1992.

Petrucci, A., « Lire pour lire, un avenir pour la lecture », dans G. Cavallo et R. Chartier, *Histoire de la lecture dans le monde occidental,* Paris, Seuil, 1997.

Piault, F., *Le Livre. La fin d'un règne,* Paris, Stock, 1995.

Pomeau, R., *« Exegi monumentum »,* dans *Corps écrit,* n° 33, 1990, p. 3-5.

Poulain, M., « Scènes de lecture dans la peinture, la photographie, l'affiche, de 1881 à 1989», dans A.-M. Chartier et J. Hébrard, *Discours sur la lecture,* Paris, Centre Georges-Pompidou, 1989, p. 427-463.

Prigogine, I. et I. Stengers, *La Nouvelle Alliance,* Paris, Gallimard, 1979.

Prince, G., « Introduction à l'étude du narrataire », *Poétique,* n° 14, 1973, p. 178-196.

Proust, M., *Chroniques,* Paris, Gallimard, 1949.

Queneau, R., « Un conte à votre façon », *Contes et propos,* Paris, Gallimard, 1981.

Quignard, P., *Une gêne technique à l'égard des fragments,* Paris, Fata Morgana, 1986.

—, *Petits traités,* t. III, Paris, Maeght Éditeur, 1990a.

—, *Petits traités,* t. V, Paris, Maeght Éditeur, 1990b.

—, *Rhétorique spéculative,* Paris, Calmann-Lévy, 1995.

Rao, R., « Quand l'information parle à nos yeux », *La Recherche,* n° 285, 1996, p. 66-73.

Rayner, K., A. Pollatsek et K. S. Binder, « Phonological Codes and Eyes Movement in Reading », *Journal of Experimental Psychology ; Learning, Memory and Cognition,* vol. 24, n° 2, 1998, p. 476-497.

Richaudeau, F., *La Lisibilité,* Paris, Retz, 1969.

Richards, I. A., *Practical Criticism,* New York, Harcourt Brace & World, 1929.

Ricœur, P., *Temps et Récit,* Paris, Seuil, 1985.

Roberts, C. H. et T. C. Skeat, *The Birth of the Codex,* Londres, Oxford University Press, 1983.

Rouet, J.-F. *et al., Hypertext and Cognition,* Mahwah, N. J., Lawrence Erlbaum, 1996.

Rousseau, J.-J., *La Nouvelle Héloïse,* Paris, Garnier-Flammarion, 1967.

Saenger, P., « Manières de lire médiévales », dans R. Chartier et H.-J. Martin, *Histoire de l'édition française,* I, Paris, Fayard, Cercle de la librairie, 1982, p. 131-141.

Saint-Martin, F., *Sémiologie du langage visuel,* Québec, Presses de l'Université du Québec, 1987.

Sartre, J.-P., *Situations II. Qu'est-ce que la littérature ?,* Paris, Gallimard, 1948.

Saussure, F. de, *Cours de linguistique générale,* Paris, Payot, 1969.

Searle, J., « Le sens littéral », *Langue française,* n° 42, 1979, p. 34-47.

Sergent, J. et M.-C. Fortin, « À la recherche du roman virtuel », *Lettres québécoises,* n° 88, 1997.

Serres, M., *L'Hermaphrodite. Sarrasine sculpteur,* Paris, Flammarion, 1987.

Shneiderman, B. et G. Kearsley, *Hypertext Hands-On ! An Introduction to a New Way of Organizing and Accessing Information,* Reading, Addison-Wesley, 1989.

Silberman, S., « The Joys of Curling Up with a Good Digital Reading device », *Wired,* 6.07 1998 [www.wired.com/wired/6.07/es_ebooks.html].

Simon, C., « Note sur le plan de montage de *La Route des Flandres* », dans M. Calle, *Claude Simon. Les chemins de la mémoire,* Québec/Grenoble, Le Griffon d'argile/Presses Universitaires de Grenoble, 1993, p. 185-201.

Sirat, C., « Du rouleau au codex », dans J. Glenison, *Le Livre au Moyen Âge,* Paris, Brepols, 1988.

Tricot, A., *Modélisation des processus cognitifs impliqués par la navigation dans les hypermédias,* thèse de doctorat, Université d'Aix-en-Provence, 1995.

Tufte, E. R., *Envisioning Information,* Cheshire, Graphics Press, 1990.

Valéry, P., *Cahiers,* I, Paris, Gallimard, coll. « Bibliothèque de la Pléiade », 1973.

Vandendorpe, C., *Apprendre à lire des fables,* Montréal, Balzac, 1989.

—, « Lecture et quête de sens », *Protée,* vol. 19, n° 1, 1991a, p. 95-101.

—, « Contexte, compréhension et littérarité », *RSSI,* vol. 11, n° 1, 1991b, p. 9-25.

—, « Comprendre et interpréter », dans C. Préfontaine et M. Lebrun, *La Lecture et l'Écriture,* Montréal, Logiques, 1992, p. 159-181.

—, « La lecture entre déchiffrement et automatisation », dans D. Saint-Jacques, *L'Acte de lecture,* Québec, Nuit blanche, 1994, p. 213-228.

—, « Maximes et marqueurs textuels », *Enjeux,* n°s 41-42, juin/décembre, 1998a, p. 103-128.

—, « De la textualité numérique. L'hypertexte et la *fin* du livre », *RS-SI,* vol. 17, n°s 1-2-3, 1998b, p. 271-286.

—, « La lecture de l'énigme », *Alsic,* vol. 1, n° 2, décembre, 1998c, p. 115-132. [alsic.univ-fcomte.fr]

—, « Allégorie et interprétation », *Poétique,* n° 117, février 1999, p. 75-94.

Zumthor, P., *Langue, texte, énigme,* Paris, Seuil, 1975.

OUVRAGES ÉLECTRONIQUES

ALSIC (Apprentissage des langues et systèmes d'information et de communication) : alsic.univ-fcomte.fr/

Fayet-Scribe, S., *Chronologie des supports, des dispositifs spatiaux, des outils de repérage de l'information,* consulté sur le Web en novembre 1998 : www.info.unicaen.fr/bnum/jelec/Solaris/d04/4fayet_1tab.html

Index

Aarseth, E., 9, 50
Académie française, 32
Adam, J.-M., 88
album, 68
Alcuin, 29
alinéa, 56
Alsic, 201
ambiguïté, 34, 35, 38, 39
Ambroise, 17
anacoluthe, 34
annotations, 53
Aristarque de Samothrace, 159
Aristote, 49, 159
articulations textuelles, 82, 93, 127
Augustin (saint), 17
auteur et lecteur, 107
automatisme, 46, 74, 77, 122

Bach, 49
Bakhtine, M., 72, 104, 105
Balthus, 179
Balzac, H. de, 47, 48, 106
Barthes, R., 37, 46, 48, 108, 142, 143, 150, 170, 196, 233, 237, 240
Baudelaire, C., 150
Baudin, F., 60, 61, 197
Benda, J., 39
Benveniste, É., 97
Bergson, H., 73
Bernard, M., 58
bibliographie, 56, 68, 166, 192
Birkerts, S., 243
Biron, M., 109
Blade Runner, 110
Blanchot, M., 20
blancs, 78, 89
Boileau, 33
Bolter, J., 9, 244
Bonet, J., 104
Borges, J. L., 13, 28, 86, 107, 108, 224
Botticelli, 177
boustrophedon, 51
Bransford, J. D., 72
Bremond, C., 47, 108
Breton, 45
Bronzino, 177
Buffon, 16
Bush, V., 114, 246
Butor, M., 91, 150, 152

calligramme, 90, 91, 151, 157
Calvino, I., 47, 106
Catach, N., 159, 160
Cavallo, G., 9

CD-ROM, 65, 109, 117, 131, 188, 191, 217, 219, 247
Céline, L.-F., 86, 209
censure, 85
Certeau, M. de, 170, 232
Cervantès, 224
césure, 61, 62
Cézanne, P., 179
chapitres, 65, 69, 94
Charlemagne, 29
Chartier, R., 9, 167
Chaurand, J., 33, 34, 75
Christin, A.-M., 10, 39, 44
cinéma, 137
codex, 16, 22, 42, 52, 53, 61, 117, 152, 165, 175, 176, 184, 193, 195, 201, 247
Cohen, J., 88
cohérence, 19, 38, 242, 244
cohésion, 242
Coleridge, S.T., 114
colonne, 30, 51, 54, 60, 63, 68, 125, 168, 192, 193, 195
composition foisonnante, 60, 125, 167
compréhension, 71, 83, 88, 104, 107, 163, 183, 225
Conklin, 114
contexte, 19, 39, 46, 71, 72, 73, 74, 83, 84, 93, 98, 100, 101, 110, 124, 151, 174, 213, 225, 230, 242
  nul, 75
Cooper, D., 136
Coover, R., 185
Cortázar, J., 47
courrier électronique, 162
Courtés, J., 43, 71
Crébillon, 34
Curtius, E. R., 22, 208

Dallaire, C., 153
Dante, 209
Danzin (rapport), 40
Dard, F., 106
Debray, R., 10, 53, 144, 229, 247
Deck, B., 136
Degas, E., 179
déictiques, 35, 97
Denys d'Halicarnasse, 35
dérive, 10, 28, 75, 108, 117, 242
Derrida, J., 10, 25, 26, 42
Descartes, R., 58
Desnos, R., 80
dialogique, 46, 95
dialogisme, 115
dialogue, 104, 107, 109
dialoguée, 104
dictionnaire, 45, 47, 116, 127
Diderot, D., 105, 107
Director, 114
discours, 97
Dolet, É., 160
Drillon, J., 161, 209
drois du lecteur, 169
Ducrot, O., 87
Duhamel, G., 151

EAO, 121
écran, 128
  d'ordinateur, 125
écrit, 26, 28, 40, 76, 97, 159, 183
écriture, 19
effet, 36, 79, 82, 93, 146, 250
Einstein, A., 42
Eliza, 101
émoticônes, 162, 163
Encyclopédie, 12, 117, 205
énigme, 49, 111, 120, 132, 136, 192, 210, 230, 231
enluminure, 81
énonciation, 35, 97
  dialogique, 94
Enzensberger, 171
Escher, M. C., 80
Estienne, R., 160
événement, 125
  sur la page, 203
Everaert-Desmedt, N., 146
extensive, 169

Febvre, L., 55
feuilleton, 231
fiction interactive, 186
film, 146
filtre idéologique, 84
Flaubert, G., 16, 77, 149, 246
Foucault, M., 229
Fourier, C., 32
Fra Angelico, 176, 177
fragment, 238-239, 240-241, 244, 247
François Ier, 85

Gadamer, H. G., 104, 142
Gadet, F., 75
García Márquez, G., 47
Genette, G., 47, 82, 89, 113, 114
Gervais, B., 147
Gestalt, 72
Gide, A., 232
Giffard, A., 239
gloses, 59, 61, 65, 167
Gombrich, E. H., 80, 141, 146
Goody, J., 127
graphique, 140, 157
Greimas, A.-J., 43, 46, 71, 108
Grevisse, M., 161
Gris, J., 179
Groupe μ, 44
Guitton, J., 39
Gutenberg, 53

Haddad, G., 94
hain-tenys, 27
Halasz, 114
Hamman, A.-G., 55
Hesse, H., 223
Heyer, M., 210
Hitchcock, A., 184
Hjelmslev, L., 26
Homère, 113
Horace, 52, 239
House, M. et R., 55
HTML, 114, 127, 214, 247, 249
Hugo, V., 69, 106
Hyperbolic Tree, 219
Hypercard, 114, 196
hyperfiction, 110, 131, 192, 210, 231
  tabulaire, 137
hyperlien, 162, 168, 213, 227
hyperlivre, 205
hypermanuel, 121, 203
hypermédia, 208, 221
hypermot, 12, 99, 116, 119, 213
hypertexte, 49, 91, 95, 99, 100, 107, 113, 125, 127, 143, 168, 183, 184, 191, 198, 205, 218
  éclaté, 89
  fictionnel, 116
  stratifié, 118, 246
  tabulaire, 168
hypertextuel, 48
Hyperties, 114

icône, 120, 113, 116, 147, 204
idéologie, 84
illustration, 64, 68, 223
image, 54, 76, 149, 155, 237, 250
incohérence, 107
incunable, 55, 57
index, 47, 54, 56, 68, 85, 116, 117, 121, 165, 192
interaction, 98, 115
interactivité, 90, 91, 101, 103, 104, 107, 109, 112, 203, 230, 249
Intermedia, 114
Internet, 98, 182, 199
intertitre, 64
Iser, W., 78, 171
italique, 56

Jabès, E., 22
Jackson, D., 21, 109, 132
Jakobson, R., 35
Java, 114
Jérôme (saint), 160
jeu, 109
Joubert, J.-L., 27
journal, 43, 63, 88, 125, 167, 207, 240
Joyce, J., 113
Joyce, M., 120, 131, 186
justification, 61

Kearsley, G., 198
Keep, C., 115
kenningar, 27
Kerckhove, D. de, 156
Klinkenberg, J.-M., 64
KMS, 114
Kristeva, J., 113
Kuiken, 38

Labarre, A., 52, 53
La Bruyère, 239
labyrinthe, 107, 132, 136
La Fontaine, J. de, 34
Lambert, S., 191
Landow, G.-P., 9, 196
Larbaud, V., 223
Laufer, R., 9, 193, 199
Laurette, P., 115
Le Gras, 34
lecteur dans le récit, 105

lecture, 76, 140
extensive, 165, 170, 173
intensive, 169, 170, 186
sélective, 173
silencieuse, 17
sur écran, 90, 173, 192, 193, 198
de l'image, 139
Léonard de Vinci, 176, 177
Lévi-Strauss, C., 108, 144
lexies, 196
lien, 99, 100
linéaire, 15, 27
linéarité, 39, 41, 42, 43, 45, 63, 231, 247
Lipovetsky, G., 228, 236
lisibilité, 29, 31, 38, 40, 77, 78, 81, 152, 193
lisible, 240
liste, 95, 127
littérature, avenir de la, 40
Livingstone, I., 109
logocentrisme, 39
Luther, 85
Lyotard, J.-F., 145

machine, 76
textuelle, 95, 163, 223, 250
magazine, 61, 64, 65, 155, 167, 173, 196, 207, 240, 247
Magritte, R., 146, 152
Mallarmé, S., 22, 31, 45, 91, 195
Malraux, A., 235, 239
Manet, É., 179
Manguel, A., 9
manuel technique, 118
Marin, L., 142, 144
Martial, 52
Martin, H.-J., 55, 56, 61
Martini, S., 177
Marty, É., 241
Matisse, H., 179
McLuhan, M., 63, 226, 237, 247
média, 240
Meschonnic, H., 45, 80
Michaud, G., 240
Michel-Ange, 239
Miles, A., 134
Miller, M., 132
Minsky, M., 73, 117, 197
mise en pages, 64
MLA, 166
Molino, J., 21
Montaigne, 31, 85, 233, 239
Mouillaud, M., 63
Moulthrop, S., 134, 196
musique, 79, 80
Myst, 110, 120, 136, 186

Nabokov, V., 47, 224
Nadin, M., 154, 237
narrateur, 101
Negroponte, N., 99
Nelson, T., 114, 115, 244, 245, 246
neutralité, 16, 36, 40
neutre, 36
nominalisation, 37
Notecards, 114
notes, 65, 100, 166
Nouvel Observateur, 240

objectivité, 40
Œdipe, 231
œil, 140, 161, 171, 183
Olson, D., 38, 76
Ong, W., 10, 19, 27, 28, 44, 61, 62, 156
oral, 25, 27, 28, 35, 37, 40, 74, 140, 155, 161, 165, 183, 231
orale, 19
oralisation, 32, 61, 62
oralité, 17, 26, 51, 103, 104, 237, 249
primaire, 26, 95
ordre alphabétique, 11
chronologique, 11
orthographe, 31
OuLiPo, 108

page, 53, 60, 99, 113, 184, 187, 195
de titre, 55, 62, 124
-écran, 184, 196, 197
pagination, 56, 68, 192
papyrus, 51, 54, 193
paradigmatique, 43, 46, 89
paragraphe, 43, 54, 56, 65, 69, 94, 109, 115, 159, 187, 192, 196, 198, 244, 246
paratexte, 98, 124, 182
Parkes, M. B., 22, 160, 161
parodie, 94
parole, 25, 42, 45, 51, 247
Pascal, B., 35, 239, 243
pastiche, 94
Paulhan, J., 27

Pavic, M., 47
PDF, 201
Peignot, C., 31
peinture, 48, 80
Péloquin, C., 104
Pennac, D., 173, 186
Perec, G., 47, 137
Petrucci, A., 171
Piaget, J., 228
Picasso, P., 179
Platon, 21, 104, 246
poésie, 18, 89
poétique, 80
ponctuation, 32, 69, 89, 159, 162, 163
Popovic, P., 109
Poulain, M., 177
Poussin, N., 142, 144
prédicat, 74
Prigogine, I., 41
Prince, G., 106
Propp, V., 46, 108
Proust, M., 37, 47, 48, 77
pseudo-texte, 111, 222
pseudonyme, 100
punctum, 142, 143

Queneau, R., 108, 109
Quignard, P., 9, 52, 84, 167, 240
quiproquo, 73, 93

Rabelais, 128
Rao, R., 157
Raphaël, 177
Rayner, K., 27
récit, 43, 46, 47, 88, 94, 97, 119
regard, 106
Renoir, P.-A., 179
rhème, 74
rhétorique, 38, 64, 78, 79, 82, 106, 136, 162, 163, 184, 250
Richards, I. A., 81
Richaudeau, F., 18
Ricœur, P., 246
Riffaterre, M., 113
Ring, 110, 120
Riven, 110, 111, 186, 204
roman, 46, 69, 78, 88, 95, 110, 136, 186, 207, 229
rouleau, 16, 17, 247
Rousseau, J.-J., 25, 169

Saenger, P., 54
Saint-Martin. F., 145
San Antonio, 106
Sarto, A. del, 177
Sartre, J.-P., 72, 144, 150, 170
Saussure, F. de, 25
Scavetta, D., 193, 199
schéma, 73
scientifique, 37, 38, 80, 117
scribes, 21
script, 73
scriptible, 240
scriptio continua, 17, 160
scriptoria, 29
Searle, J., 75
sens, 71, 72, 79, 82, 93, 110, 146, 250
séparation entre les mots, 54
Serres, M., 31
SGML, 114, 217
Shneiderman, B., 198
signification, 72
Signorelli, L., 177
Simon, C., 48
Sirat, C., 53
situation d'écoute, 15
Socrate, 22
Sollers, P., 48
Stengers, I., 41
stéréotype, 84
Sterne, L., 47, 105, 107, 124
studium, 142, 143
style, 16
subjectivité, 36, 37, 78, 105, 249
surfer, 209
suspense, 46, 77, 231
synonymie, 79
syntaxe, 33

table des matières, 54, 56, 68, 192
tableau, 49, 65, 144, 151
tablette, 16
tabulaires, 46
tabularité, 41, 42, 43, 45, 48, 53, 65, 68, 120, 127, 137, 167, 250
  auditive, 44
  fonctionnelle, 65
télévision, 230
Tétu, J.-F., 63
texte, 43
  -image, 251

textualité, 88, 90
thème, 74
Thot, 21
titre, 151, 244
  courant, 54
Todorov, T., 87
Tolkien, J. R. R., 137
Tomb Raider, 110
Toolbook, 114
Tournier, M., 17
TRIP, 132
typographie, 30, 32, 68, 77, 90, 91, 182, 223, 241

Un livre dont vous êtes le héros, 109

Valéry, P., 31, 73, 77, 207, 227, 240, 243
Van Eyck, J., 177
Van Gogh, V., 179
Vaugelas, C. F., 33
Verlaine, P., 45
Verreault, J.-F, 134
Virgile, 59, 208
virgule, 160
visible, 20
visuel, 16, 51, 54, 61, 62, 81, 82, 100, 127, 136, 154, 160, 163, 184, 251
Vlaminck, M. de, 179
voix, 106
volumen, 43, 51, 52, 54, 61, 152, 165, 187, 191

Warhol, A., 143
Web, 39, 65, 87, 99, 100, 115, 127, 128, 131, 153, 156, 173, 196, 201, 208, 209, 210, 214, 217, 220, 229, 238, 242
Weinrich, H., 88
Weizenbaum, J, 101
Wired, 201

Xanadu, 114
XML, 114, 214, 247

Zappa, F., 154
Zola, É., 78
Zumthor, P., 175

Table des matières

Présentation 9

Au commencement était l'écoute 15

Écrit et fixation de la pensée 19

Puissance du signe écrit 21

Écriture et oralité 25

Normes de lisibilité 29

Linéarité et tabularité 41

Vers la tabularité du texte 51

Contexte, sens et effet 71

Filtres de lecture 83

Textualité : forme et substance 87

Articulations textuelles 93

Instances énonciatives 97

De l'interactivité au langage hors jeu 103

Variétés de l'hypertexte 113

Contexte et hypertexte 123

Des limites de la liste 127

Vers une syntaxe de l'hyperfiction 131

Lecture de l'image 139

L'écrivain et les images 149

Montée du visuel 153

Du point et des soupirs 159

Op. cit. 165

Lecture intensive et extensive ou les droits du lecteur 169

Représentations du livre 175

Stabilité de l'écrit 181

Spatialité de l'écrit et contrôle du lecteur 183

Le CD-ROM : un nouveau papyrus ? 191

Retour à la page 195

Nouvelles dimensions du texte 203

Métaphores de la lecture 207

Mieux gérer les hyperliens 213

Frontières du livre 215

Lecteur, usager ou consommateur de signes ? 221

Je clique, donc je lis 227

Entre codex et hypertexte 235

Bibliographie 253

Index 263

MISE EN PAGES ET TYPOGRAPHIE :
LES ÉDITIONS DU BORÉAL

ACHEVÉ D'IMPRIMER EN SEPTEMBRE 1999
SUR LES PRESSES DE L'IMPRIMERIE AGMV MARQUIS
À CAP-SAINT-IGNACE (QUÉBEC).